Du même auteur
Romans
La Borie de Rivaux (2018)
La Lanterne des Maures, 24200 Sarlat (suite de *la Borie de Rivaux*, 2018)
Sarlat Leaks, les Editions du Perce-Oreille (2019)

Economie
Luttes sociales Sarlat-Périgord Noir 2011/2017 (2018)

Parution : juin 2018.

Vivre et travailler en Périgord Noir

*Eléments économiques.
Faits. Analyses – I*

Textes et photos :

Guillem Boyer

(sauf mentions contraires)

Remerciements :

A John Pedler ;

A Céline Audy-Duval ;

A Charles, qui fête ses deux cents ans cette année ;

A tous ceux qui, comme lui, m'ont donné envie, par leur génie, de m'intéresser à l'économie.

Table des matières

1. Introduction.. p.7
2. Repères... p.17
3. Agriculture.. p.39
4. Artisanat, savoir-faire locaux....................... p.61
5. Industrie...p.89
6. Tourisme..p.123
7. Forces et faiblesses...................................p.131
8. Les contradictions économiques................p.141
   8.1. Les dirigeants économiques..................p.142
   8.2. Une population appauvrie.....................p.176
   8.3. Politique économique : un échec.............p.197
   8.4. Une politique fiscale injuste..................p.207
9. Le passé..p.235
10. Imaginons le futur....................................p.275
11. La parole à deux habitants........................p.283
12. Des pistes de solutions.............................p.291
13. Les besoins des habitants.........................p.317

Conclusion et perspectives............................p.369

Annexe. Le *Who's who* éco du Sarladais..........p.373

1. Introduction

Sarlat vue du ciel (été 2012)

J'ai travaillé à *L'Essor Sarladais*, journal hebdomadaire local, de mai 2011 à décembre 2017. Pendant ces six ans et demi, j'ai été rédacteur localier polyvalent, mais aussi photographe, secrétaire de rédaction, webmaster puis responsable de la rédaction. J'étais le seul journaliste de la « rédaction ». L'économie n'était qu'un des domaines que j'avais à traiter, parmi de nombreux autres.

L'économie, notamment ses liens avec la politique, m'a toujours intéressé. J'ai décidé de réunir des articles ayant trait à l'économie dans un ouvrage. J'en ai remanié certains. Je crois que cela pourra intéresser des lecteurs, qu'ils soient amoureux du Périgord Noir, passionnés d'économie, ou les deux.

Le noyau de ce livre est constitué d'articles rédigés en 2016 et 2017. A l'automne 2016, par courrier postal ou électronique et par téléphone, j'ai contacté de nombreux élus, chefs d'entreprises, responsables syndicaux et habitants du Périgord Noir. J'ai aussi sollicité des lecteurs via des encarts, au fil des semaines. Je leur demandais de répondre à une série de questions sur l'économie *(lire à la fin de l'introduction)*.

Mon objectif était, en publiant chaque semaine à la même place dans *L'Essor Sarladais* un grand article sur l'économie, que les lecteurs prennent mieux conscience des enjeux et des problèmes économiques du territoire, et au-delà, avant les élections présidentielle et législatives. J'espérais même follement que la campagne des candidats locaux serait impactée par ce questionnaire. Un brin présomptueux...

Suis-je parvenu à influencer la campagne et la réflexion des lecteurs et des acteurs économiques et politiques locaux ? Probablement pas, ou très peu, en tous cas trop peu. Peut-être n'ai-je pas abordé les bons sujets, ou pas de la bonne manière. Peut-être aussi ne faut-il pas prêter à un journaliste une capacité d'influence exagérée...

Le nombre de réponses au questionnaire a été assez faible, du moins plus faible qu'escompté : une centaine environ. Comme si les Périgordins, bien qu'intéressés au premier chef à ces questions, qu'ils le veuillent ou non, avaient peur de donner leur avis, laissant le débat dans les mains d'experts ou de notables qui n'ont pourtant pas toujours fait la preuve de leur efficacité.

Tous ceux qui ont été sollicités ont répondu aux mêmes questions, ayant trait à l'économie. Les réponses étaient plus ou moins optimistes. La persistance d'un chômage élevé, les difficultés dans l'agroalimentaire et dans l'agriculture, la manne touristique amenée peut-être à se tarir, l'absence de pôles d'excellence technologique étaient pointés par les uns ou les autres. L'effet sur l'économie locale des supermarchés était jugé tantôt négatif (écrasement du commerce de proximité), tantôt positif (lutte contre la fuite des clients vers Brive ou Périgueux). L'absence d'une intercommunalité regroupant le Sarladais, le Salignacois, le Carluxais et la vallée de la Dordogne a parfois été évoquée.

Un élu sarladais, optimiste, voyait en rose le futur du Sarladais : implantation de nouvelles entreprises, renforcement de l'attractivité commerciale, étirement de la saison touristique. Pour d'autres, cette dépendance vis-à-vis du tourisme est un boulet. Ils pointaient surtout la précarité de la plupart des emplois générés par ce secteur. Morose, un haut cadre industriel imaginait une réduction lente mais inexorable de la présence des services publics de proximité, comme l'hôpital, la poste, les établissements éducatifs. Or, pour implanter ici d'autres activités que le tourisme, « il faut que les candidats sachent que l'on peut se faire soigner et faire former ses enfants, à une heure de route environ, comme en région parisienne. C'est à cette condition que le Sarladais pourra tirer parti de l'essor du numérique et peut-être du télétravail », faisait remarquer un responsable associatif.

L'agriculture et les circuits courts sont une chance. Tout comme le riche tissu de petites entreprises dans le bâtiment et les travaux publics (BTP), la restauration, l'hôtellerie, l'artisanat, les services... Encore faut-il que ces toutes petites unités économiques soient soutenues. Pierre Delfaud, ex-enseignant d'économie à l'université de Bordeaux, parlait des qualités du Périgord Noir (beaux paysages, art de vivre, culture, etc.) qui lui permettent « une triple récolte » : 1) de touristes, 2) de ceux qui y acquièrent une résidence secondaire, 3) et des retraités qui s'y installent. Sans eux, le pays de La Boétie se dépeuplerait. Pour l'avenir, Pierre Delfaud conseillait de mettre le paquet sur ses atouts (attractivité) et de choisir des créneaux de production (productions agricoles labellisées, par exemple).

Début décembre 2016, Roger Nouvel, 96 ans, ancien inspecteur d'Académie, fondateur de l'Apajh du Périgord Noir et de la Fondation de Selves, prônait le soutien à l'activité touristique et l'aide au développement des entreprises petites et moyennes. Il promouvait la création d'une route depuis Salignac ou Borrèze jusqu'à l'aéroport de Brive-Vallée de la Dordogne, afin de rapprocher celui-ci de Sarlat (en temps et en kilomètres) : « Cela peut provoquer l'essor... du Sarladais ! ».

La semaine suivante, l'ancien maire communiste de Sarlat-La Canéda, Louis Delmon, critiquait « la libre circulation, adoptée aux plans européen et mondial, qui se développe en laissant sur le bord de la route les petites structures. Le tabac, le lait en ont pâti. » L'ancien conseiller général soulignait aussi « l'affaiblissement de l'agriculture. Quand j'ai été élu au conseil général en 1973, la récolte de tabac payée aux producteurs en Sarladais était plus élevée que le budget des investissements du conseil général. » Que de temps a passé depuis !

Fin décembre 2016, Didier Bourdet, secrétaire de l'union locale des syndicats CGT du Sarladais, évoquait les évolutions économiques d'un territoire sur lequel il intervient depuis des décennies. Il regrettait les nombreuses suppressions de postes et d'emplois dans les entreprises. Et encore c'était avant la saignée annoncée début 2018 à Euralis... Ainsi, l'entreprise historique Porgès (désormais Coloplast) est passée de près de 600 salariés dans les années 1980 à environ 200, avec les intérimaires, aujourd'hui. Ceci tout en rapportant beaucoup d'argent aux différents groupes qui en ont eu successivement la propriété. Didier Bourdet exprimait sa peur pour l'emploi : « Coloplast-Porgès et Rougié seront-ils toujours là ? Qu'est-ce que les collectivités ont prévu pour faire venir des entreprises ? » Mais que peuvent les collectivités, et les élus, face à des groupes industriels ou financiers dont les capacités économiques les dépassent ? Ont-ils démissionné ?

En janvier 2017, la Marquayaise Martine Delmond, ancienne salariée des Foies gras Rougié, appelait à développer la haute gastronomie : « Le Périgord, et le Sarladais en particulier, ont de nombreux atouts pour que puisse être créé un véritable pôle gastronomique de haut niveau. Pour cela, il faudrait un site où l'on travaillerait sur les innovations gastronomiques [...]. » La semaine suivante, Francis Dousseau, exploitant forestier à Castels, proposait la mise en place d'une chaudière cogénératrice pour utiliser les ressources de la forêt. Elle serait située à Madrazès, et pourrait être reliée à la gare SNCF, aux HLM des Chênes Verts, aux entreprises Rougié et France Tabac et aux grandes surfaces du secteur, voire à la piscine municipale quand et si elle voyait le jour. « Un tel système créerait, j'en suis certain, plusieurs emplois, entre les récoltes du bois pour en faire de la plaquette en vue d'alimenter la chaudière, le travail des sols, le reboisement et l'entretien des parcelles avec l'aménagement de pistes et d'aires de stockage. »

Fin janvier 2017, Hervé Perez, directeur de Coloplast-Porgès, décrivait dans ces colonnes la bonne situation du groupe, qui souhaite pénétrer le marché américain. Cela demande des dépenses importantes pour un résultat pas assuré. Des investissements ont eu lieu sur le site sarladais. Début février, André Passos Maciel, conseiller de clientèle dans une banque, affirmait l'urgence de « développer un réseau de fibre Internet très haut débit, qui permettra au Sarladais d'attirer des entreprises, soucieuses de profiter d'un cadre de vie agréable pour leurs dirigeants et leurs salariés cadres ou non cadres ». Il appelait aussi de ses vœux l'amélioration des réseaux de transport (train, route, avion). Le 3 février 2017, le syndicat Jeunes Agriculteurs (JA) invitait ses partenaires, les agriculteurs et des élus à discuter de la situation agricole, dans une ferme de Marcillac-Saint-Quentin. L'occasion d'évoquer la question des revenus trop bas pour vivre. La méthanisation comme revenu complémentaire et levier de compétitivité était également à l'ordre du jour.

Le 21 mars, une action menée par la CGT permettait de constater les premiers effets de la loi Travail-el Khomri, adoptée dans la tempête l'année précédente. A la coopérative Sarlat Périgord Foies gras, employant moins de vingt personnes, les responsables proposaient aux salariés une révision de leurs conditions de travail (salaires, déplacements, etc.), au motif d'une dégradation de la situation de l'entreprise. A la clé, au nom de la sauvegarde des emplois, un accord d'entreprise moins favorable.

Voici quelques-uns des sujets abordés dans les pages qui suivent.

Il est à noter que certains articles ont été conservés tels que publiés, et non mis à jour. La date de parution est indiquée avant le titre du texte. Il faut donc tenir compte de cette date pour considérer les données présentées dans l'article, dont certaines ont pu évoluer, comme par exemple le taux de CSG, ou le montant des impôts sur le revenu et les sommes prélevées par ces impôts dans le territoire.

Avant de terminer cette introduction, je ne peux que souligner que cet ouvrage n'est pas celui d'un spécialiste de l'économie. Il n'a pas été réalisé dans les règles de l'art universitaire. Il n'a pas l'ambition d'être exhaustif. Certains sujets sont peu ou pas abordés, comme les circuits courts ou les monnaies locales, par exemple. Non pas qu'ils soient inintéressants ni révélateurs.

Si des spécialistes d'économie tombent sur ce livre, nul doute qu'ils pourront y déceler de nombreux oublis, erreurs théoriques, voire des incohérences. Peut-être. Mais c'est un ouvrage écrit avec passion, et avec le cœur. J'espère ainsi contribuer à la nécessaire réflexion pour l'amélioration de l'économie et de la vie des simples gens qui vivent entre Villefranche-du-Périgord et Hautefort.

Ajoutons que les ouvrages, ou articles d'une certaine ampleur, sur l'économie du Périgord Noir sont assez peu nombreux, à ma connaissance. C'est dommage. Je peux donc apporter ma pierre sans m'imaginer superfétatoire.

Bonne lecture !

Guillem Boyer

Encart paru durant plusieurs semaines dans *L'Essor Sarladais* incitant les lecteurs à participer à la réflexion sur l'économie.

« **Donnez votre avis !**
Les élections présidentielle puis législatives vont avoir lieu en 2017. La vie politique du pays va s'intensifier. Plus d'habitants vont s'intéresser à la politique, donc à l'économie. Pour participer à cette dynamique, *L'Essor Sarladais* a décidé de donner la parole à ses lecteurs en leur demandant de répondre à des questions sur l'économie. Pour accompagner la réflexion, des articles sur le sujet paraîtront au fil des éditions.
Le constat. 1) Comment jugez-vous l'évolution économique du Sarladais et du Périgord Noir depuis quarante ans ? Qu'est-ce qui est mieux ou moins bien qu'avant ? Quels événements économiques vous ont marqué, en bien ou en mal ? 2) Comment voyez-vous l'évolution économique du territoire dans cinq ans ? dans vingt ans ?
Les atouts et les problèmes. 3) Quelles sont les forces économiques du territoire ? Quelles sont les réussites économiques ? Quelles entreprises sont à mettre en avant ? 4) Quelles sont les faiblesses économiques du territoire ? Quelles erreurs ont été commises ? Par qui ?
Les solutions. 5) Quels changements, quelles solutions faudrait-il apporter, au plan local ou au plan national, pour améliorer la situation économique du Sarladais et du Périgord Noir ?
Renvoyez ou déposez vos réponses à *L'Essor Sarladais* […]. Les réponses seront synthétisées et publiées prochainement. »

Réunion des commerçants et des élus à Sarlat en mai 2011

2. *Repères* PIB, population, emplois

Quelques remarques avant de commencer. Certaines données présentées ici datent d'il y a quelques années. Je les ai conservées, soit parce qu'il n'y a pas d'informations plus récentes, soit parce qu'elles sont toujours pertinentes.

Le « Périgord Noir » est une expression utilisée pour évoquer plusieurs réalités quelque peu différentes, notamment : 1) l'arrondissement de Sarlat, dont le Terrassonnais fait partie ; 2) la zone d'emploi (ZE) de Sarlat, dont le Terrassonnais ne fait pas partie.

Les données proviennent souvent de l'Institut national de la statistique et des études économiques (Insee).

Superficies : département de la Dordogne, 9 060 km² ; arrondissement de Sarlat, 2 273 km².

Population : Dordogne, 415 417 (2015) ; arrondissement de Sarlat, 74 666 habitants ; ZE de Sarlat : 52 808.

Population active de 15 à 64 ans (ZE Sarlat) : en 2016, 22 735 ; en 2060 (projection), 25 000.
Nombre d'emplois en 2016 (ZE Sarlat) : 19 152.
Nombre d'emplois en 2014 (arrondissement de Sarlat) : 26 211 (2009 : 27 373).

On remarque que le nombre d'emplois a baissé entre 2009 et 2014 dans l'arrondissement. C'est une conséquence notamment de la crise financière et de ses suites, ainsi que des choix des directions des grandes entreprises et de l'Etat de diminuer leurs effectifs pour obtenir des gains de productivité et maintenir ou augmenter leurs profits.

La population active a augmenté, du fait de la pyramide des âges (arrivée de jeunes sur le marché du travail, moindres départs à la retraite) et des réformes des systèmes de retraite, qui ont tout à la fois reculé l'âge de départ et diminué le montant des pensions. Ces réformes sont l'exemple type de remèdes qui aggravent le mal. En voulant prétendument sauver une caisse de retraite déficitaire, on dégrade en réalité la situation générale et, in fine, la réforme n'est même pas efficace pour le seul problème qu'elle devait régler.

Il y a eu un effet ciseaux : baisse du nombre des emplois (crise économique, politique économique des multinationales et des Etats) et hausse des effectifs de main-d'œuvre disponible. Logiquement, le chômage a donc augmenté.

Arrondissement de Sarlat.
Effectifs par établissements à la fin 2015
Ensemble des établissements : 9 946.

Etablissements de 50 salariés ou plus : 48.

de 20 à 49 salariés : 109.   de 10 à 19 salariés : 198.

de 1 à 9 salariés : 2 328.   0 salarié : 7 263.

Les entreprises de plus de 100 salariés emploient 2 918 personnes. Celles de 50 à 99 salariés, 2 364 ; de 20 à 49 salariés, 3 268 ; 10 à 19, 2 659 ; 1 à 9, 6 500.

On constate que les trois quarts des entreprises sont en réalité des travailleurs qui ont créé leur emploi, souvent par impossibilité d'être embauchés comme salariés. Ils subissent plus encore les lois de l'économie capitaliste, car ils ne bénéficient pas des protections du droit du travail.

Des données concernant les effectifs employés par les entreprises de différentes tailles, je tire des conclusions éloignées des commentaires habituels, surtout ceux émanant des représentants des professions artisanales. Qu'on se rappelle le slogan des chambres de métiers et de l'artisanat : « L'artisanat, première entreprise de France ». Les salariés travaillant dans des entreprises employant de 1 à 9 salariés sont les plus nombreux. Mais cela ne signifie pas que ces petites entreprises auraient une influence économique et politique supérieure aux plus grosses. Au contraire, elles sont souvent isolées et leurs dirigeants n'ont pas les moyens d'employer des juristes ou du personnel pour défendre leurs intérêts.

Ce sont bien les plus grandes entreprises qui, parce qu'elles génèrent un profit plus important, ont les moyens d'employer des salariés dédiés à la défense de leurs intérêts, notamment auprès des élus ou de l'Administration. Ce sont elles qui, avec l'État et les collectivités, sont généralement les donneuses d'ordre de ces petites structures, lesquelles leur fournissent des services, des prestations ou des marchandises (sous-traitance). Ce sont donc ces grandes unités qui ont le poids politique le plus grand.

Source : Insee.

Arrondissement de Sarlat.
Population de 15 ans ou plus selon la catégorie socioprofessionnelle en 2014

Ensemble, 63 855.

Ouvriers, 8 616.   Employés, 9 725.

Professions intermédiaires, 6 133.

Cadres et professions intellectuelles supérieures (CPIS), 2 443.

Retraités, 24 356.

Agriculteurs exploitants, 1 495.

Artisans, commerçants, chefs d'entreprises, 3 907.

Autres personnes sans activité professionnelle, 7 180.

Source : Insee

Si l'on soustrait les retraités, le salariat (ouvriers, employés, professions intermédiaires, CPIS, chômeurs comptabilisées dans « Autres personnes... ») regroupe plus des trois quarts de la population active de l'arrondissement de Sarlat. C'est légèrement moins qu'au niveau national, car la part des agriculteurs et des artisans est proportionnellement légèrement supérieure dans le sud-est de la Dordogne par rapport au reste du pays.

Arrondissement de Sarlat. Population de 15 ans ou plus ayant un emploi selon le statut en 2014

Ensemble : 27 500. Salariés : 20 700 (75,3 %).

Non salariés : 6 799 (24,7 %).

Arrondissement de Sarlat.
Emplois selon le secteur d'activité en 2014

Ensemble : 26 354 (2009 : 27 564).

1) Commerce, transport, services divers : 10 536 (40 %) ; 2009 : 10 840 (39,3 %).

2) Administration publique, enseignement, santé, action sociale : 7 315 (27,8 %) ; 2009 : 7 291 (26,5 %).

3) Industrie : 3 721 (14,1 %) ; 2009 : 4 353 (15,8%).

4) Construction : 2 904 (11 %) ; 2009 : 3 013 (10,9 %).

5) Agriculture : 1 879 (7,1 %). 2009 : 2 066 (7,5 %).

Source : Insee

Il y a une importante diminution du nombre d'emplois dans l'industrie entre 2009 et 2014. Le seul secteur qui a vu une augmentation du nombre de ses emplois est celui de la sphère publique.

Arrondissement de Sarlat.
Statut et condition d'emploi des 15 ans ou plus selon le sexe en 2014

Ensemble : 27 500.

Salariés : 10 039 hommes (69,6 % des hommes) et 10 661 femmes (81,5 % des femmes). Dont :

Titulaires de la fonction publique et contrats à durée indéterminée : 8 516 hommes (59 % des hommes) et 8 821 femmes (67,5 % des femmes).

Contrats à durée déterminée : 836 h (5,8 %) et 1 412 f (10,8 %).

Intérim : 247 h (1,7 %) et 123 f (0,9%).

Emplois aidés : 87 h (0,6 %) et 149 f (1,1 %).

Apprentissage–stage : 352 h (2,4 %) et 156 f (1,2%).

Non-Salariés : 4 385 h (30,4 %) et 2 415 f (18,5 %). Dont :

Indépendants : 2 606 h (18,1 %) et 1 565 f (12 %).

Employeurs : 1 737 h (12 %) et 717 f (5,5 %).

Aides familiaux : 42 h (0,3 %) et 133 f (1 %).

La majeure partie des emplois sont salariés ou au sein de petites entreprises n'employant que le chef d'entreprise. Les femmes sont plus nombreuses en emplois salariés que les hommes. Elles connaissent beaucoup plus la précarité (CDD et emplois aidés). Elles sont proportionnellement et dans l'absolu beaucoup moins employeurs que les hommes.

Arrondissement de Sarlat.
Salaire net horaire moyen total selon l'âge et le sexe en 2015

De 18 à 25 ans : 9,1 euros. **Femmes**, 8,8 ; **hommes**, 9,3.

26 à 50 ans : 11,4 euros. **Femmes**, 10,6 ; **hommes**, 11,9.

+ de 50 ans : 13,3 euros. **Femmes**, 11,7 ; **hommes**, 14,6.

Les femmes ont en moyenne un salaire inférieur aux hommes. C'est le cas dans toutes les catégories (employés, ouvriers, cadres, etc.). La différence entre les deux sexes est présente dès 18/25 ans (presque 5 %) et s'accroît avec l'âge (20 % après 50 ans).

Arrondissement de Sarlat. Décomposition des revenus disponibles sur l'année 2014

Revenus d'activité : 56,2 %, dont **traitements, salaires et chômage,** 49,6 % ; dont **revenus des activités non salariées,** 6,6 %.

Pensions, retraites et rentes : 39,4 %.

Revenus du patrimoine et autres revenus : 13,8 %.

Ensemble des prestations sociales : 4,8 %, dont prestations familiales, 1,8 % ; dont minima sociaux, 1,7 % ; dont prestations logement, 1,4 %.

Source : Insee.

Arrondissement de Sarlat. Résidences principales selon le statut d'occupation en 2014

Ensemble : 34 541 (2009 : 33 391). 72 993 personnes logées.

Propriétaires : 24 126 (69,8 %). 52 188 personnes.

Locataires : 9 254 (26,8 %). 18 518 personnes.

Arrondissement de Sarlat.
Diplôme le plus élevé en 2014.
Population non scolarisée de 15 ans ou plus

1) Aucun diplôme ou au plus BEPC, brevet des collèges ou DNB : 37,5 % (hommes 33,5 % ; femmes 41,1 %).

2) CAP ou BEP : 26,5 % (hommes 32,4 % ; femmes 21,1%).

3) Baccalauréat (général, technologique, professionnel) : 16,8 % (hommes 16 % ; femmes 17,6 %).

4) Diplôme de l'enseignement supérieur : 19,2 % (hommes 18,1 % ; femmes 20,2%).

Source : Insee.

Les entreprises du Périgord Noir

Remarque préliminaire. Les statistiques présentées ci-après ne sont pas issues de la même source que celles qui précèdent : Insee pour les premières, chambre de commerce et d'industrie pour les secondes. Bien qu'elles concernent un même territoire, elles sont différentes, notamment au niveau du nombre des établissements. Probablement, sans que nous en soyons certains, qu'elles ne prennent pas en compte les mêmes ensembles d'établissements...

De Hautefort à Villefranche-du-Périgord, en passant par Le Bugue, Sarlat et Salignac-Eyvigues, le sud-ouest de la Dordogne regroupe 6 312 établissements économiques, soit un quart du total du département. Précisons qu'une entreprise peut avoir plusieurs établissements. La communauté de communes (CC) Sarlat-Périgord Noir (CCSPN) en regroupe près d'un quart (1 570, dont 1 037 à Sarlat), soit un peu plus que la CC Vallée de l'Homme (1 261) et que la CC Terrasson/Hautefort (1 261, dont 394 à Terrasson).

Les cafés, hôtels, restaurants, campings et autres hébergements touristiques sont au nombre de 1 044, dont 315 dans la CCSPN et 233 dans la CC Vallée de l'Homme. Sur ces 6 312 établissements, 66 % n'emploient aucun salarié et 27,4 % de 1 à 5 salariés. 69 salarient de 20 à 49 personnes, 8 comptent de 50 à 100 salariés et 8 plus de 100.

Le secteur marchand non agricole emploie 19 952 salariés en Périgord Noir. 6 434 travaillent dans une commune de la CC Terrasson/Hautefort, 5 365 sont employés dans la CCSPN, 3 265 dans la CC Vallée de l'Homme. Dans la CCSPN, le tourisme représente 35 % de l'emploi local et 150 millions d'euros de chiffre d'affaires annuel.

Entre 2000 et 2015, le Périgord Noir a perdu 80 établissements. Le solde est négatif dans les CCSPN (- 74), Domme/Villefranche (- 37) et Terrasson/Hautefort (- 42), mais positif dans les CC Pays de Fénelon (36), Vallée de l'Homme (22) et Vallée Dordogne (15). Signalons que le Bergeracois, dans la même période, a gagné 240 entreprises et la Dordogne en général 160.

Début 2017, 128 entreprises, soit 142 établissements, avaient été en procédures judiciaires en Périgord Noir depuis 2015. 81 étaient en liquidation et 34 en redressement.

67 % des chefs d'entreprise du Périgord Noir ont confiance dans l'avenir de leur entreprise, mais seulement 26 % ont le même sentiment pour l'économie française en général.

Le territoire accueille plus de trente zones d'activité économiques.

Que pèse l'économie du Sarladais dans l'économie mondiale ?

Tout d'abord, il faut prendre un peu de recul et se demander quelle a été la somme totale des richesses produites dans le monde. C'est la Banque mondiale qui calcule ce « produit intérieur brut » (PIB) de la Terre. En 2015, il s'est élevé à 73 434 milliards de dollars américains, soit 65 748 milliards d'euros. Ce PIB mondial a connu son plus haut en 2014, avec 78 106 milliards de dollars. Le PIB mondial a énormément augmenté ces dernières décennies, puisqu'il n'était que de 1 365 milliards de dollars en 1960 et de 22 563 milliards de dollars en 1990. Hélas, il est probable que cette hausse n'est pas liée à des investissements économiques productifs, créateurs d'emplois, mais plutôt à des opérations financières largement virtuelles, mais aux conséquences souvent bien réelles.

Dans ce chiffre astronomique, l'Union européenne représente 24 %, les Etats-Unis 22 %, la Chine 13 % et le Japon 6 %. Individuellement, l'Allemagne représente 5 % et la France 4 %, soit un peu plus que la Russie (3 %). Le total des richesses créées en France s'est élevé à 2 830 milliards de dollars en 2014, soit 2 533 milliards d'euros.

Quelle est la part de la région Nouvelle-Aquitaine dans ce total ? Le produit intérieur brut 2015 s'élève à 158 milliards d'euros. La Dordogne pèse 5,7 % de ce total, avec 9 milliards d'euros de richesses créées en 2015. Son taux de croissance annuel moyen entre 2011 et 2015 était de 0,5 %, soit moins que les Landes (1,3 %) et la Gironde (1 %), mais plus que la Charente (0,3), la Corrèze (0,2 %) ou la Creuse (- 0,1 %).

La Dordogne, et le Périgord Noir encore plus, est donc une goutte d'eau dans l'économie mondiale. De plus, toutes les activités économiques du Sarladais sont dépendantes de ressources, de machines, voire de matières premières, qui viennent d'ailleurs. C'est le cas pour toutes les économies d'Europe de l'Ouest, et du monde en général. Rien d'étonnant dans le cadre du capitalisme, qui s'est élaboré dès le départ, au Moyen Age, comme une économie mondialisée. Nous reviendrons sur ces problématiques dans d'autres chapitres.

La Dordogne exporte 846 millions d'euros de biens et services, soit 4 % des exportations de Nouvelle-Aquitaine. Son taux de chômage est supérieur à la moyenne régionale. Tout comme son taux de pauvreté (16,9 % contre 14 %).

Zoom : les salariés dans la zone d'emploi de Sarlat

Le Périgord Noir (zone d'emploi de Sarlat, sans le Terrassonnais) regroupe environ 53 000 habitants à l'année et 19 152 emplois (dont plus de 14 100 salariés) pour 22 735 actifs de 15 à 64 ans. La présence d'un tissu agricole et artisanal plus dense qu'ailleurs explique que le pourcentage d'emplois salariés (73,8 %) est moindre ici comparé à la France entière (87 %).

Quels sont les plus gros employeurs ? Le centre hospitalier de Sarlat, avec plus de 500 agents, suivi de la mairie et de la communauté de communes Sarlat-Périgord Noir, puis d'une entreprise comptant de 200 à 249 salariés (Coloplast-Porgès), puis de structures comptant un peu moins de 200 employés (Apajh du Périgord Noir, Euralis-Rougié et Suturex & Renodex), moins de 150 salariés (centre E.Leclerc Sarlat, la maison de retraite du Bugue, le collège La Boétie, le lycée Pré-de-Cordy).

Autre important employeur, mais présent dans tout le département : le conseil départemental. Par rapport au reste de l'Aquitaine, le Sarladais a pour particularité d'avoir, en proportion de la population, beaucoup plus d'emplois salariés dans le bâtiment et les travaux publics (1 195), dans l'hébergement médico-social et social (904), dans les industries alimentaires (675), dans l'hébergement (414) qu'ailleurs. Ce territoire abrite par contre, en proportion, beaucoup moins de salariés œuvrant dans l'administration publique, la défense, la sécurité sociale (1 100), l'enseignement (805, soit 217 de moins que la moyenne !), les transports (237) qu'ailleurs.

L'activité économique au second semestre 2016

Le Baromètre Eco renseigne sur la conjoncture économique dans le département de la Dordogne. Il est édité par la chambre économique de la Dordogne. C'est l'association des trois chambres consulaires du Département : commerce et industrie, métiers et artisanat et agriculture. Le numéro 17 du *Baromètre Eco* est sorti en janvier 2017. Il résulte d'une analyse auprès d'un échantillon de 583 chefs d'entreprise (artisanat, commerces de détail, supermarchés, commerce de gros, industrie, bâtiment et travaux publics, services aux personnes et aux entreprises, cafés, hôtels, restaurants, campings et agritourisme).

Ce baromètre porte sur l'activité économique au cours du second semestre 2016. Que dit-il ? Les auteurs mettent en avant quatre indicateurs :

1) 28 % des chefs d'entreprise déclarent que leur chiffre d'affaires s'est amélioré au cours de ce semestre. Cela signifie donc que, pour plus des deux tiers, il ne s'est pas amélioré. Mais les auteurs estiment que c'est un résultat encourageant qui devrait perdurer début 2017.

2) 32 % déclarent avoir investi et 22 % envisagent de le faire au prochain semestre.

3) 71 % ont confiance en l'avenir de leur structure, mais seulement 28 % en l'avenir de l'économie française.

4) 72 % ont réussi à maîtriser, voire à améliorer, leur trésorerie, mais les marges se sont réduites à cause d'une hausse des prix d'achat.

Artisanat et commerce de détail alimentaire. Par rapport aux semestres précédents, le nombre de patrons de ces secteurs qui sont satisfaits augmente, même s'ils sont toujours moins nombreux que les insatisfaits pour ce qui concerne le chiffre d'affaires, le nombre de clients ou la trésorerie. « Ce sont en grande majorité les meilleurs résultats depuis l'enquête conjoncture de 2012, estiment les rédacteurs de l'enquête. La tendance est à l'optimisme avec des perspectives en hausse. Mais les investissements restent stables et les projets plutôt faibles. »

Grandes et moyennes surfaces alimentaires. « Des résultats toujours supérieurs à l'ensemble des commerces. Une fréquentation importante qui a facilité sans doute la maîtrise du chiffre d'affaires [...]. Ce secteur est resté frileux sur ses moyens de production, autant en investissements qu'en effectifs. »

Commerce de détail non alimentaire. Un peu plus de clients, selon les dirigeants, au second semestre 2016, avec des « conséquences positives sur le chiffre d'affaires et la trésorerie. La filière stoppe son déclin constaté depuis quelques semestres. Les professionnels espèrent une continuité de cette reprise pour les mois à venir, mais restent sur des chiffres réalistes. »

Commerce de gros. « La reprise se confirme. Le chiffre d'affaires du premier semestre 2016 a été assez élevé, celui du second semestre diminue légèrement. Les résultats obtenus précédemment ont permis aussi à la filière d'améliorer fortement sa trésorerie. Des indicateurs performants depuis le début d'année 2016 ont favorisé les investissements du secteur. Les perspectives restent encourageantes pour les six mois à venir. »

Production artisanale. « Les chiffres confirment des tendances négatives même si les carnets de commandes restent meilleurs que les années précédentes. Face à une situation tendue, la filière a dû jouer sur des effectifs à la baisse. Ce phénomène ne devrait pas perdurer. »

Production industrielle. « Un semestre plus difficile après deux ans de bons résultats. La quasi-totalité des indicateurs est à la baisse [...]. Les carnets de commandes en repli sont sans doute la conséquence d'investissements plus limités pour la période passée mais aussi celle à venir. »

Artisanat du bâtiment. « Une situation fragile qui n'arrive pas à se redresser [...]. Les carnets de commandes mieux remplis n'amènent toutefois pas les entreprises à des résultats positifs. Elles affichent, certes, de meilleurs résultats mais ont une timide ambition pour les six mois à venir. »

Entreprises de construction avec plus de dix salariés. « L'évolution des indicateurs confirme la reprise du secteur ». Pas d'optimisme béat, toutefois, puisque « les entreprises n'osent s'autoriser des perspectives de chiffre d'affaires positives pour le semestre à venir. Les entrepreneurs sont restés frileux sur leurs investissements. Moins de dépenses et un meilleur chiffre d'affaires ont peut-être été la clé d'une trésorerie maîtrisée. »

Services à la personne. « Un bond pour l'ensemble des indicateurs. La filière a connu un très bon second semestre 2016, avec l'ensemble des résultats au vert et des soldes d'opinion très favorables sur le chiffre d'affaires et la fréquentation clients. Dans ce climat positif, des efforts ont été faits sur la masse salariale et les investissements. Les entreprises restent optimistes et escomptent encore de belles améliorations de leurs résultats. »

Services aux entreprises. « La demande existe dans ce secteur, les résultats en témoignent. La croissance du chiffre d'affaires permet d'enregistrer tous les indicateurs en positif. Une tendance à de meilleurs résultats qui s'est affichée pendant tout 2016. Les entreprises restent confiantes en l'avenir et les investissements se sont bien développés sur ce dernier semestre. »

Cafés, hôtels, restaurants. « Situation moins critique mais toujours négative. L'année 2016 aura été compliquée pour eux. Dans ce contexte « de crise » permanent, les entreprises se montrent peu optimistes pour les six mois à venir, même si elles visent des résultats moins négatifs. »

Hôtellerie de plein air. « C'est un secteur saisonnier, ce qui peut expliquer les fluctuations importantes qui sont à comparer par rapport à des périodes identiques. Les chiffres d'affaires et la fréquentation sont toujours plus favorables. A contrario, les effectifs sont systématiquement à la baisse en fin d'année, et 2016 n'échappe pas à cette tendance. Ces professionnels font régulièrement des efforts d'investissements. »

Agritourisme. « Une baisse sensible de l'activité. Même si cette filière connaît une légère reprise, force est de constater que, pour ce secteur touristique, les résultats sont décevants par rapport aux périodes identiques, c'est-à-dire les seconds semestres de chaque année. »

En Périgord Noir. En Sarladais, les chefs d'entreprise soulignent des difficultés, que ce soit sur le chiffre d'affaires, la trésorerie, le prix d'achat ou les marges. Plus des deux tiers (68 %) d'entre eux ont confiance dans l'avenir de leur entreprise. 27 % ont confiance dans l'avenir de l'économie française. Au niveau du chiffre d'affaires, les patrons du Périgord Noir ont été mécontents du second semestre 2016. Cela se ressent au niveau des effectifs de salariés et de la masse salariale, qui sont globalement encore en baisse. Ce chiffre d'affaires en déclin est confirmé par le pessimisme des employeurs concernant le carnet de commandes de leurs entreprises. La trésorerie suit la même pente. Comme dans les autres parties de la Dordogne, les entreprises du Sarladais ressentent une augmentation du prix d'achat des consommations et fournitures nécessaires à la production. Les marges commerciales ont aussi été en baisse en 2016. Les délais de paiement de leurs clients sont globalement insatisfaisants, selon les entrepreneurs. 33 % des entreprises du Périgord Noir ont investi en 2016.

Défaillances et créations en 2016

Défaillances. Dans l'artisanat, le commerce, l'industrie et les prestations de services, en 2016, en Dordogne, il y a eu 95 ouvertures de redressement judiciaire, 202 ouvertures de liquidations judiciaires et 35 procédures de sauvegardes. En 2015, il y avait eu plus de redressements et de sauvegardes, mais moins de liquidations.

Création et reprise d'entreprises. Artisanat de production : 139 créations et 4 reprises (24 créations et 1 reprise en Sarladais). Bâtiment : 451 créations et 45 reprises (85 créations et 11 reprises en Sarladais). Commerce : 723 créations et 250 reprises (181 créations et 63 reprises en Sarladais). Industrie : 136 créations et 20 reprises (19 créations et 6 reprises en Sarladais). Services : 951 créations et 187 reprises (207 créations et 42 reprises en Sarladais). Total : 2 400 créations et 506 reprises (516 créations et 123 reprises en Sarladais).

Suppression d'entreprises. Artisanat de production : 64, dont 13 en Sarladais. Bâtiment : 244, dont 42 en Sarladais. Commerce : 310, dont 82 en Sarladais. Industrie : 34, dont 2 en Sarladais. Services : 322, dont 72 en Sarladais. Total : 974 suppressions, dont 211 en Sarladais. Il y a donc eu 1 426 entreprises de plus en Dordogne en 2016 par rapport à 2015, dont 211 en Sarladais.

Vivre et travailler en Périgord Noir

3. Agriculture

Le nombre d'agriculteurs diminue

lentement mais sûrement

Nous allons commencer ce chapitre par un texte qui parle de la situation des agriculteurs sur le plan national. Le Périgord Noir sera évoqué ensuite.

En une cinquantaine d'années, la France a perdu plus de trois millions d'agriculteurs. Ils étaient quatre millions en 1963.

Selon la Mutualité sociale agricole (MSA), le revenu moyen annuel des agriculteurs français était de 15 000 euros en 2016. Un agriculteur sur trois gagne moins de 350 euros par mois. Le taux de suicides des agriculteurs dépasse de 20 % la moyenne nationale. Ces données cachent des disparités entre une poignée de très gros agriculteurs, notamment parmi les céréaliers, et les autres.

« L'avenir du secteur agricole français passe désormais par la viabilité de l'exploitation agricole devenue entreprise agricole et rurale, créatrice d'activités et d'emplois en milieu rural. » Cette phrase a été écrite en 2005 par Marc Bernier, alors député de la Mayenne, auteur d'un rapport suite à une mission parlementaire auprès de Dominique Bussereau, ministre de l'Agriculture et de la Pêche du gouvernement de Villepin. Toute la politique des partis de droite et de gauche au pouvoir en France depuis des décennies ne contredit-elle pas cette volonté de maintenir des emplois et des fermes dans les campagnes françaises ? Leur soutien aux intérêts des grands groupes industriels et financiers de l'industrie agroalimentaire semble sans faille. Cela ne leur fait-il pas totalement oublier les intérêts des petits et moyens agriculteurs ?

Une bonne indication se retrouve dans les chiffres des recensements agricoles qui, à chaque fois, annoncent une baisse du nombre de paysans.

« En 2004, la population active agricole, composée des travailleurs salariés et non salariés ayant une activité principale agricole, compte 929 000 personnes, soit moins de 4 % de la population active totale, contre 13 % en 1970. Le mouvement de ces actifs permanents suit celui des exploitations : leur nombre diminue de 2,2 % par an depuis 2000 », écrivait Marc Bernier en 2005. Cette évolution s'est confirmée dans les années suivantes : en 2010, il y avait 757 000 emplois UTA (salariés et exploitants - UTA : Unité de travail annuel, l'équivalent d'un emploi à temps plein à l'année). Ils n'étaient plus que 730 000 en 2013, soit une baisse de 4 %.

Si l'on affine en ne regardant que les moyennes et grandes exploitations, on découvre que la perte d'emplois est moins grande : seulement 1 % entre 2010 et 2013 (656 000 à 648 000 UTA). En 2005, Marc Bernier relevait la transformation des emplois d'exploitants, propriétaires de leurs outils de production, en emplois salariés : « L'augmentation des effectifs de salariés du secteur de la production agricole est due à un accroissement de l'embauche de salariés saisonniers (+ 13,1 % entre 1998 et

2001), le nombre de salariés permanents restant quasiment stable. Un transfert s'effectue, des exploitants vers le salariat permanent et du salariat permanent vers le salariat saisonnier. »

Cette évolution semble confirmée par une autre donnée, correspondant à une période plus récente : l'augmentation du nombre moyen d'UTA par exploitation. Cet indicateur a légèrement augmenté, passant de 1,54 à 1,62. Le député UMP signalait « une diminution chaque année en moyenne de 3,5 % du nombre total d'exploitations agricoles entre 1988 et 2000 (1 016 755 exploitations en 1988 ; 663 612 exploitations en 2000) qui est passée à 3,9 % entre 2000 et 2003 (589 771 exploitations en 2003). Cette évolution n'a pas ralenti, puisque le nombre d'exploitations est ensuite passé de 491 000 en 2010 à 452 000 en 2013, soit une diminution de 8 %.

Ces données concernaient l'ensemble des exploitations. L'évolution du nombre d'exploitations moyennes et grandes était un peu différente : une baisse de seulement 1 % de leur nombre entre 2010 et 2013, année où elles étaient 308 000. Ces données semblent signifier que ce sont surtout les petites exploitations, les moins aptes à résister à l'évolution économique et aux crises répétées, qui disparaissent. Dans le même temps, la surface moyenne d'une exploitation a augmenté : 56 ha en 2010 à 61 ha en 2013.

L'évolution économique et les rapports de force entre les différents acteurs de la filière dirigeraient-elles le monde agricole vers un paysage totalement nouveau ? Va-t-on vers la stabilisation d'un nouveau modèle avec des exploitations moins nombreuses, plus grandes, employant plus de salariés, au détriment de l'exploitation familiale vantée et promue pendant des siècles et jusqu'aux décennies ayant succédé à la Seconde Guerre mondiale avec la mise en place de la modernisation et de la politique agricole commune (PAC) ?

Sans surprise, les lois inhérentes au mode de production capitaliste s'appliquent avec vigueur à la campagne : hausse de la productivité (avec des dérives en termes de droits humains et environnementaux), écrasement des petits opérateurs par les gros, regroupements des activités au sein d'entités de plus en plus grandes, prolétarisation des travailleurs qui perdent la propriété de leurs moyens de production. Ce schéma classique est à l'œuvre sur toute la planète, avec une violence accrue dans les pays du Sud, qui ne disposent pas de « PAC » ou « d'une gestion sociale de la crise » pour amortir l'appauvrissement de leurs paysans. Les partis au pouvoir en France ont-ils fait quelque chose pour s'opposer à cette disparition de la classe paysanne ? Ne l'ont-ils pas plutôt accompagnée, voire promue et mise en place ? N'ont-ils pas, souvent, été aidés du syndicalisme dit « majoritaire » qui travaille à faire accepter cette saignée des effectifs paysans dans les campagnes, se dissimulant sous les prétextes de modernisation, de hausse de la productivité et des compétences ?

Pour faire vivre l'agriculture familiale à taille humaine, les agriculteurs et leurs organisations demandent de vendre leurs productions à un meilleur prix. Ils souhaitent un partage plus équitable des bénéfices réalisés par les industriels de l'agroalimentaire, les grandes surfaces et les banques.

De la paysannerie à l'exploitation agricole

Depuis la fin des années 1950, l'agriculture s'est transformée, on l'a vu dans le texte précédent. D'autres données l'illustrent. 43 % des agriculteurs sont désormais titulaires d'un diplôme de l'enseignement supérieur. En 2014, il y avait environ 450 000 exploitations, 750 000 en l'an 2000, 1,6 million en 1970 et plus de 2,3 millions en 1955. Dans ces entreprises travaillaient 854 000 personnes en 2014, 1,3 million en 2000 et 6,2 millions en 1955.

L'exploitation familiale est toujours bien présente, mais la coexploitation par plusieurs agriculteurs (Gaec ou EARL) a progressé, tout comme l'emploi salarié. Avec les saisonniers, il y avait en 2016, selon la MSA, 700 000 emplois salariés équivalents temps plein au régime agricole, pour 500 000 emplois non salariés. Ajoutons qu'il y a 525 000 salariés dans l'industrie agroalimentaire. La production alimentaire est donc désormais largement mise en œuvre par des salariés.

La taille des exploitations n'a cessé d'augmenter. En 2014, 60 % d'entre elles avaient une surface de plus de 100 hectares. Les petites exploitations (production brute standard inférieure à 25 000 euros) représentent désormais moins du quart de l'ensemble des exploitations. Elles sont tenues pour beaucoup par des agriculteurs proches de la retraite.

De nos jours, les agriculteurs sont donc soit des entrepreneurs soumis à la loi de la jungle du marché, soit des salariés agricoles souvent encore plus mal payés que les salariés de l'industrie.

Economie agricole française

En 2011, l'ensemble des branches de la filière agroalimentaire représente 3,2 % du produit intérieur brut français : 1,6 % pour l'agriculture, la sylviculture et la pêche et 1,6 % pour les industries agroalimentaires. La part de ces branches a diminué depuis les années 1980, notamment pour l'agriculture, suite à la baisse des prix des produits agricoles. Mais on peut se passer de certaines choses, mais pas de manger. L'agriculture étant l'activité permettant aux hommes et aux animaux de se nourrir, sa place est irremplaçable et bien plus importante que ce que ce pourcentage pourrait laisser penser.

Circuits courts

Les circuits courts se développent. C'est une volonté de certains agriculteurs et d'une partie de la population. Le but est de diminuer l'impact des intermédiaires pour maintenir un prix de vente et d'achat intéressant pour le producteur et pour le client. Le client apprécie de connaître l'origine du produit ainsi que l'échange avec l'agriculteur. De nombreuses initiatives sont liées à ce secteur en Périgord Noir. Signe de ce dynamisme, François Hollande, alors président de la République, a visité la Ferme de Vialard, une boutique de producteurs à Carsac-Aillac, en août 2013.

Mais allons plus loin. Pour beaucoup de gens, il est légitime de payer plus cher des produits à la provenance connue, locaux de préférence, pour mieux rémunérer les agriculteurs et manger des produits sains. Cette idée explique le développement des circuits courts, comme les boutiques de producteurs ou les associations pour le maintien de l'agriculture paysanne.

On l'a déjà dit, ces circuits courts restent marginaux, même dans un territoire sensibilisé comme le Sarladais. Ils ne peuvent satisfaire qu'un nombre réduit de consommateurs. Déjà pour une question du prix. Les produits proposés sont souvent, pas toujours certes, plus chers. L'une des raisons du développement du hard-discount ces dernières décennies a justement été la diminution du pouvoir d'achat des classes populaires et la hausse de la pauvreté. Et cela ne s'arrange pas.

Il y a ensuite des problèmes logistiques. 70 % de la production alimentaire passe par la grande distribution. Nourrir quotidiennement des millions d'habitants implique une sérieuse organisation. Regrouper des produits alimentaires sur de grands lieux de distribution, gérer les stocks, connaître les habitudes des consommateurs et leurs évolutions, c'est un rôle social indispensable. Le problème n'est pas dans la taille de ces entreprises, mais dans leur cupidité financière, liée au fait qu'elles appartiennent à quelques grandes familles parmi les plus riches du monde (lire le chapitre « Les Contradictions économiques »). Celles-ci n'ont que le profit en tête. C'est d'autant plus dangereux pour la population et les producteurs que ces sociétés ont logiquement acquis, de par leur fonction sociale, un pouvoir énorme en politique et en économie.

Vivre et travailler en Périgord Noir

Carsac, août 2013. François Hollande visite une boutique de producteurs avec Germinal Peiro et Thierry Boyer, agriculteur responsable de la boutique

En Dordogne

44 % du territoire de la Dordogne est recouvert de forêts. 57 % de sa surface agricole utile (SAU) sont en prairies destinées à l'élevage. En 2010, la Dordogne comptait 8 700 exploitations (dont seulement 4 166 moyennes et grandes) et 309 700 ha de surface agricole. Par rapport à 2000, le département avait perdu le quart de ses exploitations et près de 24 000 ha de terres agricoles. « Les grandes exploitations spécialisées résistent mieux. Les petites, orientées vers des productions combinées, reculent. En dix ans, une sur deux a disparu », expliquait alors la brochure Agreste Aquitaine. Les 309 700 ha de SAU étaient valorisées à 40 % par leurs propriétaires et à 58,2 % en fermage, donc par des agriculteurs louant la terre à un propriétaire.

En 2010, la Dordogne comptait 5 292 exploitants et coexploitants, 2 376 conjoints actifs non coexploitants et autres actifs familiaux et 2 170 salariés permanents. Environ 10 % de ces agriculteurs perçoivent le revenu de solidarité active (RSA). En 2012, la Dordogne comptait 11 940 salariés agricoles, dont 3 086 dans la viticulture et 4 857 dans les cultures spécialisées (bovins, lait, porc, céréales, etc.). 7 150 étaient des saisonniers. Ces effectifs totaux ne représentaient que 4 171 équivalents temps plein (639 pour les saisonniers). Le département recensait 474 producteurs de lait.

Fin 2013, la Dordogne regroupait 235 700 bovins, 78 600 porcins et 2,9 millions de volailles (dont 813 000 canards). La production totale agricole avait généré un chiffre d'affaires de 812,35 millions d'euros en 2013. Aujourd'hui, vingt-trois filières sont représentées dans le département. 50 % des produits sont sous label de qualité (AOC, AOP, IGP, Labels rouges, etc.). La filière agroalimentaire est le 2e plus important secteur économique après le tourisme.

Sources : chambre d'agriculture de la Dordogne, Agreste Aquitaine.

Arrondissement de Sarlat

Etablissements actifs dans l'agriculture, la sylviculture et la pêche fin 2015 : 1 088.

Nombre d'agriculteurs en 2014 : 1 495 (2,3 % de la population de 15 ans et plus). 2009 : 1 823 (2,9%). 2014 : 1 038 hommes et 457 femmes.

Cela équivaut à 5,7 % des emplois de l'arrondissement de Sarlat (26 354) en 2014.

Nombre d'emplois dans l'agriculture en 2014 : 1 879 (7,1 % du total), dont 26,4 % de salariés et 33,6 % de femmes. 2009 : 2 066 emplois (7,5 % du total).

Sur les 362 salariés, 335 travaillent dans des entreprises employant entre 1 et 9 personnes ; et 27 dans des entreprises employant de 10 à 19 salariés.

Données : Insee.

L'agriculture de Dordogne en 2016

Météo. « L'hiver doux et le printemps pluvieux ont pénalisé les grandes cultures et certaines cultures fruitières. Ces conditions météorologiques de début de campagne ont néanmoins permis une pousse de l'herbe importante et une offre fourragère en quantité, avec cependant des qualités variables. La sécheresse estivale qui a suivi a fortement pénalisé les rendements des cultures (notamment le maïs) et la repousse de l'herbe, obligeant les éleveurs à utiliser des stocks fourragers prévus pour l'hiver. La météo clémente de l'automne a permis de récolter les fruits dans de bonnes conditions. »

Aides PAC (Politique agricole commune). Retard des paiements et des avances inférieures aux versements de l'année précédente. Aides bio 2015 toujours pas versées début 2017. Pas encore *(janvier 2016, ndlr)* d'avance de paiement de l'indemnité compensatoire de handicap naturel 2016 pour les élevages laitiers. Seuils de productivité relevés pour les filières viande pénalisant des élevages ovins.

Châtaignes. « Marché dynamique avec des volumes en baisse ; sécheresse d'été et attaques de parasites ont réduit les rendements (de - 25 à - 50 % sur la variété marigoule) ; marché dynamique fin 2016 avec des cours supérieurs à la moyenne des cinq dernières années. »

Noix. « Récolte moyenne et cours en légère hausse, bons calibres grâce aux conditions météo de juin et juillet, pertes importantes dues à des attaques de bactérioses, carpocapses, mouches du brou et à la sécheresse, marché soutenu (de + 10 à + 15 %). »

Tabac. « 2016, une année en demi-teinte. Burley : des rendements inférieurs à l'année précédente du fait de conditions météo printanières très défavorables. La qualité reste néanmoins correcte. Virginie : rendements stabilisés ces 3 dernières récoltes autour de 2 800 kg par hectares. Volume de production global en baisse malgré un maintien des surfaces, avec des écarts de poids livrés par hectares conséquents d'un producteur à l'autre. Les prix se maintiennent, de plus en plus différenciés en fonction des marchés et des qualités produites. »

Forêts. « Volumes commercialisés stables et demandes contrastées selon les essences. Demande et prix stables pour les bois destinés à l'emballage (pin). Demande soutenue de bois de chêne maintenant des prix élevés. Regain d'activité locale pour le bois de châtaignier. Inquiétude sur le dépérissement de cette essence victime du cynips. Marché et prix du peuplier bien orientés, notamment pour les jeunes bois. Activité favorable pour les bois d'industrie résineux, mais plus délicate pour les bois d'industrie feuillus. Stocks de bois de chauffage importants mais prix stables. »

Palmipèdes à foie gras. « Gestion de la crise Influenza aviaire. Gestion des suites du vide sanitaire de début 2016 : formations biosécurité, mises aux normes des ateliers, difficultés de trésorerie plus particulièrement pour les exploitations en filière courte… Nouvelle crise dans le

Sud-Ouest fin 2016 pénalisant les gros opérateurs sur les marchés extérieurs. »

Volailles maigres. « Filière moins impactée par la crise sanitaire car plus en avance sur les mesures de biosécurité. Demande toujours forte des abattoirs pas satisfaite. Indications géographiques protégées Poulet du Périgord, Poularde du Périgord et Chapon du Périgord reconnues fin 2016. »

Ovins. « Maintien du cheptel départemental malgré une érosion du nombre d'élevages. Beaucoup de petits troupeaux (34 brebis en moyenne et seulement 10 élevages de plus de 500 brebis). Augmentation des abattages à partir de juillet du fait de reports de printemps, augmentation du nombre d'agneaux vendus en 2016. Remontée des cours en fin d'année après une baisse dans l'été. Seulement 4 élevages de brebis laitières mais demande de transformateurs locaux de lait de brebis bio. »

Bovins viande. « Baisse des prix et des revenus en 2016. Diminution du nombre de cheptels ralentie depuis 2015, remontée du nombre de vaches allaitantes depuis 2014. Sécheresse d'été et d'automne limitant les repousses d'herbe et obligeant à utiliser prématurément les stocks d'hiver (foin). Baisse des prix en 2016 (de - 1 à - 9 %), cours restant bas en fin d'année. Marché du vif (broutards) et des jeunes bovins de race à viande en baisse modérée, de moindre ampleur que les tendances nationales. Bonne résistance du marché du veau de lait sous la mère. Baisse de la rémunération des éleveurs en 2016 de 8 à 23 %. Légère baisse des sorties de veaux de boucherie en 2016

(- 2 %) permettant au marché de rester équilibré et de maintenir les cours malgré une demande atone. »

Bovins lait. « Poursuite de la baisse des volumes produits du fait de la baisse du nombre d'exploitations, de la disponibilité et qualité des fourrages récoltés en 2016. Après plus de deux ans de prix bas, amélioration du marché (reprise des achats chinois, forte demande de beurre, diminution de la production, etc.) qui devrait se traduire par une remontée des prix pour 2017, mais les trésoreries et le moral des éleveurs sont au plus bas. »

Porcs. « 145 000 porcs produits en Dordogne en 2016. Abattages en repli de 1 % en cumul sur douze mois avec près de 200 000 tonnes abattues en région Nouvelle-Aquitaine. 40 à 45 000 porcs abattus en plus en Dordogne suite à l'arrêt de l'abattoir de Ruffec. Amélioration des cours fin 2016 mais situation restant fragile, les cours ayant baissé de 10 % par rapport à la moyenne triennale 2013-14-15. Offre importante dans un contexte très dépendant de la demande chinoise. »

Défaillances d'entreprises. En 2016, il y a eu 29 ouvertures de redressement judiciaire, 31 ouvertures de liquidations judiciaires et 11 procédures de sauvegardes. Des niveaux en baisse par rapport aux années 2013-2015.

Installations. Productions animalières : 97, dont 31 en Sarladais. Productions végétales : 86, dont 22 en Sarladais.

Transmission au conjoint. Productions animalières : 59, dont 21 en Sarladais. Productions végétales : 33, dont 10 en Sarladais.

Cessations d'activité. Productions animalières : 166, dont 57 en Sarladais. Productions végétales : 81, dont 17 en Sarladais.

Le futur de l'économie du Périgord Noir
Les préoccupations des jeunes agriculteurs

Chaque hiver, le bureau départemental du syndicat Jeunes Agriculteurs (JA) organise des réunions d'arrondissements pour rencontrer des jeunes agriculteurs et des candidats à l'installation. Ils y invitent les représentants de l'Etat (préfet et sous-préfets), les parlementaires, les conseillers départementaux ainsi que les représentants des organismes économiques et professionnels agricoles.

En 2017, ces réunions ont eu lieu non pas dans des exploitations agricoles mais dans des entreprises. Celle concernant l'arrondissement de Sarlat s'est déroulée le 3 février 2017 au matin à l'unité de méthanisation agricole du Barry, à Marcillac-Saint-Quentin. Pierre Trémouille, un des agriculteurs associés dans le projet, a fait visiter l'installation. Une quarantaine de personnes ont répondu présentes, dont des élus et le sous-préfet, Jean-Baptiste Constant.

La rencontre a été l'occasion pour les Jeunes Agriculteurs de rappeler leur profonde inquiétude quant à l'avenir, dans un contexte où beaucoup d'agriculteurs n'arrivent plus à se payer : restera-t-il une agriculture familiale ? Veut-on une agriculture industrielle avec des salariés ? Si rien n'est fait sur le plan du revenu notamment, c'est bien ce qui pourrait advenir.

Parmi les jeunes agriculteurs participant, certains étaient intéressés par la découverte du procédé de méthanisation, avec éventuellement l'idée d'en créer également une sur leur secteur, si les conditions étaient réunies. Par la méthanisation, il est possible de transformer en électricité et en chaleur tout un tas de matières.

Pierre Trémouille a décrit les étapes qui ont conduit à la mise en place de cette unité. L'objectif de départ était de gérer les effluents des exploitations pour limiter les odeurs dans cette zone périurbaine également consacrée au tourisme. Trois exploitations se sont réunies au sein d'une coopérative d'utilisation du matériel agricole (Cuma). Une bonne entente entre les agriculteurs associés est indispensable. En 2016, l'activité a débouché sur un résultat positif, avec une production de 151 kilowatts (kW) d'électricité pour un maximum de 160 kW. Le fumier et le lisier des exploitations sont utilisés, ainsi que les effluents d'abattoirs. Un des gros postes de dépense est la maintenance, c'est même parfois un frein à la rentabilité, laquelle est aujourd'hui atteinte, dans la mesure où EDF est tenue de racheter l'électricité à un prix supérieur à celui du marché.

Ajoutons que ce projet a été rendu possible grâce au soutien des pouvoirs publics qui ont apporté une partie de l'argent nécessaire (environ 45 %). Un responsable des JA s'est inquiété du fait que les aides publiques étaient en baisse dans ce domaine, s'élevant désormais à 27/30 % du coût total : « On a du mal à en créer d'autres ». Certains projets périgordins ont même été annulés ces derniers temps.

Cette unité de méthanisation a permis d'améliorer le quotidien des exploitations associées, notamment par l'achat d'un télescopique et par d'autres biais. « Ces outils peuvent permettre d'aller chercher de la compétitivité », a avancé Jean-Marc Constant, secrétaire des JA 24.

Daglan, janvier 2013. Manifestation de la FDSEA en soutien à un projet agricole

Vivre et travailler en Périgord Noir

Vivre et travailler en Périgord Noir

4. Artisanat, construction, savoir-faire locaux...

Lauze du Périgord à Tamniès

Introduction

Selon les gouvernements successifs, l'apprentissage est la « voie d'excellence » pour trouver du travail. Des données montreraient qu'au niveau national, 70 % des apprentis qui finissent leur contrat trouveraient un emploi dans les six mois. Mais ce chiffre descend à un peu plus de 50 % si on décompte ceux qui abandonnent la formation en cours de route. En plus, ces emplois sont bien souvent précaires.

Et puis, surtout, les rémunérations vont de 287 euros net avant 18 ans à 895 euros net à partir de 21 ans ! Quelle misère ! Conclusion : 100 % des apprentis se font surexploiter, même si le gouvernement leur accorde une petite augmentation.

En Périgord Noir, secteur rural qui compte peu d'entreprises industrielles et tertiaires de pointe, l'apprentissage et l'artisanat sont souvent mis en avant comme des vecteurs d'emplois pour les jeunes qui veulent rester vivre au pays. Voyons ce qu'il en est à travers quelques articles.

Ce chapitre n'a pas la prétention de dresser un tableau exhaustif, loin de là, mais seulement de donner des pistes de réflexion. Il ne regroupe qu'une mince partie des articles sur le sujet de l'artisanat ou de l'apprentissage que j'ai pu écrire entre 2011 et 2017. Il y a notamment eu de nombreux articles sur la plateforme de formation interprofessionnelle, avant et après son inauguration en novembre 2013.

Sarlat. Chantier en novembre 2011

Quelques données chiffrées sur l'arrondissement de Sarlat

Nombre d'**artisans**, de **commerçants** et de **chefs d'entreprise :** 3 907 (6,1 % de la pop. de 15 ans ou plus). 2 737 hommes et 1 170 femmes. 2009 : 3 666 (5,8 %).

Emplois. Dans la **construction** : 2 904. 11 % des emplois totaux de l'arrondissement, dont 10,9 % de femmes. Emplois salariés, 63,8 %. Dans le **commerce,** les **transports** et les **services divers** : 10 536. 40 % des emplois, dont 48,6 % de femmes. Emplois salariés, 74,8 %.

Nombre d'entreprises fin 2015.

Total : 6 161.

Construction : 993 (16,1 %). Commerce, transports, hébergement et restauration : 2 251 (36,5 %). Services aux entreprises : 1 186 (19,3 %). Services aux particuliers : 1 213 (19,7 %).

Créations d'établissements par secteur d'activité en 2016.

Ensemble : 697. Construction, 80 (11,5 %). Commerce, transport, hébergement et restauration, 256 (36,7 %). Services aux entreprises, 182 (26,1 %). Services aux particuliers, 136 (19,5 %).

Depuis 2009, il y a une baisse du nombre d'entreprises et d'établissements créés chaque année.

Bézenac, novembre 2011. Chantier

2017

Pour un grand service public de la formation professionnelle

Michel Aucouturier connaît bien l'apprentissage. Selon lui, ce n'est pas la martingale contre le chômage

Dans une brochure intitulée *Développement de l'apprentissage : objectif 500 000*, parue en 2015, Michel Aucouturier partage les fruits de son expérience et règle des comptes avec certains de ses adversaires. Il rappelle les critiques émises par les chefs d'entreprise concernant l'apprentissage. Il demanderait « trop de paperasse », les candidats se tourneraient vers lui « par dépit », les formations seraient « inadaptées », le contrat serait « trop rigide », « l'instabilité fiscale est décourageante ». La brochure recueille également le témoignage négatif d'un apprenti de 19 ans, qui dit fournir le même travail qu'un ouvrier, « mais dont le salaire d'élève à 49 % du Smic » : « Mon employeur a toujours refusé de me payer mes heures supplémentaires ou de me proposer en compensation des journées de congés supplémentaires. J'ai l'ambition de préparer un second CAP ou une mention complémentaire. Tous les employeurs sollicités refusent de m'embaucher. Je vais avoir 20 ans et mon salaire s'élèvera alors à 65 % du Smic. » Il assure vouloir s'engager dans l'armée s'il ne trouve pas de maître d'apprentissage.

Activité en berne. Michel Aucouturier affirme que l'apprentissage n'est pas la solution miracle pour lutter contre le chômage des jeunes. « L'apprentissage se développe d'autant plus que l'activité économique se porte bien », explique-t-il, citant l'économiste Alberto Lopez, directeur du Centre d'études et de recherches sur les qualifications. Or, quand l'activité est en berne dans les secteurs de l'artisanat et du commerce, diminuer les droits des apprentis, « assouplir les règles », peut être préconisé par certains experts marqués par l'idéologie libérale. Sans que cela n'ait un effet positif ni sur le chômage, ni sur l'activité économique, selon M. Aucouturier. Concernant la formation professionnelle des adultes, Michel Aucouturier regrette que l'Association pour la formation professionnelle des adultes (Afpa), qui fut une référence pendant des décennies, ait « perdu toute autorité et toute légitimité » suite à des choix « libéraux » des gouvernements. « J'imagine un grand service public de l'enseignement professionnel qui respecterait la sensibilité et l'intelligence de chaque élève tout en stimulant sa créativité et son imagination, qu'il soit lycéen ou apprenti », assure-t-il. Et de conclure par une phrase provocante : « La formation professionnelle est une chose trop sérieuse pour être gérée par les professionnels ». Cela ne plaira pas à tout le monde...

Qui est Michel Aucouturier ? Michel Aucouturier a ses habitudes en Sarladais. Il y séjourne depuis longtemps pour les vacances. Il se rappelle avoir visité, enfant, la grotte de Lascaux originelle. Désormais retraité, il a acheté une maison à côté de Gourdon et s'y est installé à l'année. Fin 2016, ce Limougeaud originaire de Touraine était mandataire régional de Gérard Filoche pour la primaire de la gauche. En novembre 2016, l'ancien inspecteur du travail était venu défendre ses idées à Marquay, accompagné par M. Aucouturier. Les responsables de cette élection ont finalement retoqué sa candidature pour le premier tour.

Michel Aucouturier se bat pour la création d'un grand service public de la formation professionnelle. Il y a consacré une bonne partie de sa vie. Le sexagénaire a été directeur d'établissements de formation privés, dont des centres de formation d'apprentis (CFA), dans les années 80. Avec une velléité qui était déjà, à l'époque, hétérodoxe : rapprocher l'Education nationale de l'apprentissage professionnel. Il n'y a pas réussi. Et ses convictions lui ont coûté cher, selon ses dires.

Dans un ouvrage autobiographique intitulé (avec humour... noir) *Il m'a tuer*, il revient sur sa « descente aux enfers » dans les années 90. Il est licencié et mis à l'écart par « le système », parce qu'il n'accepte pas la marchandisation de l'apprentissage, promue y compris par les pouvoirs publics. « Les CFA et, d'une manière générale, les organismes privés de formation professionnelle, ne sont que des « usines à former » pour lesquelles le directeur du centre est le responsable de la production et le garde-chiourme », estime-t-il. D'où des « cadences infernales de travail » pour les enseignants, avec l'objectif d'afficher en fin d'année scolaire le meilleur « taux de productivité » possible aux examens.

Après des années d'errance et de souffrance morale suite à cette éviction, Michel Aucouturier a acquis, en 2009, le fonds de commerce d'une école technique privée, à Limoges. Il a cherché à y imposer un nouveau modèle pédagogique et social. Mais il dit avoir été victime d'une nouvelle manœuvre en 2010 avec une liquidation judiciaire de sa société. Il a alors dû se battre face à une justice commerciale qu'il qualifie de « mafia ».

Développement de l'apprentissage : objectif 500 000, *7 euros. Contact à* michelaucouturier@sfr.fr

Septembre 2017

Formations en alternance : vingt-cinq offres non pourvues en Sarladais

La Maison de l'emploi et ses partenaires veulent populariser cette voie de professionnalisation

Lors d'une conférence de presse le 25 septembre 2017 en fin de matinée au cinéma Rex, à Sarlat, Jean-Jacques de Peretti, président de la Maison de l'emploi du Périgord Noir (MDEPN), a voulu mettre la lumière sur l'apprentissage et l'alternance. Il a regretté que certaines entreprises importantes ne prennent pas assez de personnes en formation. A l'inverse, chaque année, des offres d'emplois pour des contrats en alternance ne trouvent pas preneurs. En ce moment, il y en a vingt-cinq : comptable, électrotechnicien, ébéniste, technico-commercial, pâtissier, agent de tri, cuisinier, serveur, mécanicien, chargé d'accueil, maçon, aide à domicile ou encore aide ménagère. Ces offres sont consultables à la MDEPN (place Marc-Busson à Sarlat) ou sur son site Web. « Nous voudrions qu'il y ait zéro offre à pourvoir fin 2017 », ambitionne François Vidilles, directeur.

Pour promouvoir l'alternance et l'apprentissage, la MDEPN a réalisé un clip qui a été diffusé dans les cinémas de Sarlat, Montignac et Terrasson-Lavilledieu ainsi que par Ciné Passion, pendant deux mois. Cette courte animation de trente secondes donne la parole à trois jeunes gens scolarisés à la MFR du Périgord Noir, au lycée de Sarlat ou auprès d'Agir Concepts (sur le site de la plateforme de formation interprofessionnelle). Ils ont bénéficié de ces dispositifs dans des domaines différents (relation clients, maintenance industrielle, maçon du bâti ancien). L'objectif est de convaincre des jeunes, leur famille ou des employeurs de passer par cette voie.

Selon Philippe Mesturoux, directeur des travaux du lycée Pré-de-Cordy, il faut dès le collège faire un effort de communication pour promouvoir l'apprentissage, qui pâtit parfois d'une mauvaise image. Tout comme lui, Dominique Boussat-Michelet, directrice de la MFR du Périgord Noir, a expliqué qu'il est parfois difficile de recruter des élèves pour certaines classes en alternance. « Il y a zéro maçon du bâti ancien au chômage », a quant à lui précisé Frédéric Suire, directeur d'Agir Concepts. Reste à dialoguer afin que les attentes et les besoins des entreprises et ceux des jeunes se coordonnent, ce qui n'est pas toujours évident. Reste aussi à solutionner les problèmes de mobilité pour des publics disposant souvent de revenus modestes.

Des différences

Dans l'alternance se succèdent des périodes d'enseignement théorique dans un établissement et des périodes de mise en pratique en entreprise. On peut suivre une formation de ce type dans le cadre : d'un contrat d'apprentissage (formation initiale, de 16 à 25 ans, statut scolaire ou salarié) qui peut être signé trois mois avant ou trois mois après le début de la formation ; d'un contrat de professionnalisation (statut salarié), lequel peut être signé tout au long de l'année.

Les meilleurs apprentis du Périgord récompensés

La préfète les a reçus pour leur remettre des médailles

La cérémonie de remise des prix du 32ᵉ concours Un des meilleurs apprentis en Dordogne a eu lieu le 29 mai 2017 à la préfecture, à Périgueux. Ce concours s'adresse aux jeunes âgés de moins de 21 ans, en formation initiale (CAP, BEP et bac pro). Il est organisé par la Société des Meilleurs Ouvriers de France sous l'égide du Sénat et du ministère du Travail. Il permet de détecter les jeunes talents et de leur permettre une meilleure insertion. Il valorise aussi la formation professionnelle en tant que voie d'excellence, d'avenir et de réussite.

Cette année, en Dordogne, 129 apprentis issus de 13 établissements se sont inscrits au concours : 44 femmes et 85 hommes. 25 spécialités étaient représentées dont, entre autres, ferronnerie, peinture, couture, esthétique, marqueterie, tourneur sur bois, art de la table et du service, carrosserie. 80 médailles ont été remises (29 en or, 23 en argent et 28 en bronze) ainsi que 17 certificats de par-ticipation.

La préfète Anne-Gaëlle Baudouin-Clerc *(photo page précédente)* a reçu les apprentis lauréats, leurs familles et des formateurs. « Ce concours a pour ambition de valoriser l'apprentissage, qui est une véritable chance pour les jeunes d'acquérir une expérience, un savoir-faire exceptionnels grâce à l'engagement de leurs maîtres d'apprentissage. Son objectif est de transmettre une culture artistique et technique afin d'assurer la pérennité de nos savoir-faire irremplaçables et de les doter de moyens incontestables de réussite », a-t-elle déclaré. « Alors que le chômage des jeunes fait tant de ravages et ferme trop souvent les routes de l'avenir à toute une génération, l'alternance apporte une des réponses pertinentes. Personne ne doit l'oublier : 8 jeunes apprentis sur 10 trouvent un emploi dans l'année qui suit l'obtention de leur diplôme », a affirmé la représentante de l'État qui est revenue sur l'effort réalisé par chaque jeune : « Des mois de travail vous ont été nécessaires pour acquérir les bons gestes techniques, la bonne vitesse d'exécution, dans le respect des règles du métier. En obtenant cette médaille, vous montrez que seuls le travail et la persévérance permettent de passer de l'échelon de la maîtrise technique à celui de l'excellence du résultat. »

Anne-Gaëlle Baudouin-Clerc a décrit d'autres difficultés rencontrées par ces adolescents : « Je n'ignore pas non plus le sentiment d'isolement qui a été le vôtre, loin de vos familles, afin de poursuivre la voie que vous vous êtes tracée. Je sais qu'à vos âges cela représente un vrai sacrifice. »

La préfète a aussi évoqué les problèmes ressentis par les patrons : « J'entends parfois des chefs d'entreprise évoquer la prise de risque que représente l'embauche d'un apprenti. Oui, c'est un pari ! Oui cela peut être compliqué d'avoir à forger la première expérience d'un jeune parfois désorienté. Mais quelle richesse au final ! Combien d'artisans et de chefs d'entreprise ne seraient pas ce qu'ils sont aujourd'hui si un patron, un jour, n'avait pas eu le courage de franchir le pas ? »

Décembre 2016
La lauze : « La technique utilisée en Périgord est unique au monde »

Jean-Paul Simon, passionné de ce savoir-faire, publie un livre sur le sujet et lance un appel pour sauvegarder ce patrimoine

« C'est un livre militant pour moi. Je voulais qu'il soit technique, mais il fallait aussi le rendre agréable afin qu'il soit susceptible d'intéresser un large public. » Maire de Savignac-de-Miremont depuis 2014, Jean-Paul Simon est soucieux du devenir de la lauze en Périgord. Il a réalisé un ouvrage* pour faire connaître plus largement ce savoir-faire si particulier, mais aussi pour alerter sur les menaces qui planent sur cette tradition. Un livre en couleur agrémenté de magnifiques photographies et dessins.

Comment avez-vous découvert la lauze ?

Jean-Paul Simon (JPS). J'ai été entrepreneur dans la charpente, la couverture et la rénovation du bâti ancien pendant trente ans. J'ai découvert la lauze sur les chantiers dans les années 1985-89. C'était toujours épisodique, je n'ai pas fait que de la lauze. Je me suis formé au fur et à mesure sur ce savoir-faire, ainsi que mes compagnons. Mes chantiers préférés ont été ceux où j'ai associé la couverture et le travail de la pierre sèche : des encorbellements, des pigeonniers, des fours à pain... J'ai souvent rencontré des difficultés pour trouver des matériaux.

Combien de temps vous a pris la conception de cet ouvrage dont vous avez réalisé le texte et les photos ?

JPS. Cela fait longtemps que le sujet me préoccupe, mais j'ai commencé à rédiger il y a environ deux ans. Auparavant, j'ai fait beaucoup de photos de ce patrimoine qui me plaît beaucoup. J'avais déjà pris environ 1 500 clichés pour mon premier ouvrage*[2]. Il a fallu faire le tri... Au final, on retrouve 150 photographies et 40 dessins dans le livre. Au fil du temps, j'ai constaté que le patrimoine lié à la lauze était en péril. Puis, sur un chantier de rénovation d'une toiture, j'ai constaté que les gens n'étaient pas suffisamment formés et que le matériau utilisé n'avait pas toujours la qualité suffisante. Certains chantiers ont dû être recommencés à cause de cela.

Quelle est la particularité de la lauze du Périgord ?

JPS. La technique utilisée ici est unique au monde, sur la charpente en particulier. Je ne sais pas si les Périgordins en ont conscience. Il y a de la lauze ailleurs, mais ce n'est pas le même type de pose. Ici, c'est au tas de charge, c'est de l'empilage de la pierre. On ne retrouve cela qu'un peu dans le Lot et en Bourgogne.

Si je souhaite devenir lauzier, que dois-je faire ?

JPS. Il faut entrer en apprentissage chez un couvreur-lauzier et avoir la chance de bénéficier d'une formation de lauzier, comme celle qui a été un temps dispensée à la plateforme de formation de Sarlat. Jusqu'à présent, la formation était orale. Je n'ai pas de souvenirs d'écrits sur la technique de la lauze. Avec cet ouvrage, je n'ai certes pas la prétention d'apprendre leur métier aux professionnels, mais plutôt de transmettre un certain savoir-faire.

Quelles solutions pour relancer la lauze en Périgord Noir ?

JPS. Le savoir-faire se perd. Si l'on veut le remettre en route, il faut que trois paramètres soient réunis. D'abord, il faut que, sur chaque commune où la lauze est présente, un état des lieux, un recensement du patrimoine soit réalisé. Ensuite, il faut rouvrir des carrières. La lauze exige du temps, il faut laisser sécher et durcir la pierre. Il faut donc s'y prendre à l'avance. Enfin, il faut former des gens. A ce niveau, nous pourrions peut-être avoir des aides de l'Europe au titre de la préservation d'un patrimoine unique. Evidemment, il y a déjà eu cette formation de lauzier à la plateforme de formation aux métiers du bâtiment, à Sarlat. C'était bien, mais s'il n'y a pas de chantiers, il ne sert à rien de former des professionnels. Si mon livre peut relancer le sujet, ce sera bien... L'absence d'aides financières au maintien de la lauze est un frein. Évidemment, cette technique a un coût. Il faudrait donc dégager un budget pour aider à son maintien.

Il existe bien une aide de la Fondation du patrimoine ?

JPS. Oui, elle est à destination des particuliers. Il faut que l'édifice soit visible depuis l'espace public. Il faudrait qu'une aide soit accessible aux gens aux revenus modestes, non imposables à l'impôt sur le revenu, et donc non via un abattement d'impôts après travaux, comme c'est le cas pour ceux qui paient l'impôt sur le revenu. Aujourd'hui, autour de Sarlat et dans le Salignacois notamment, l'architecte des Bâtiments de France exige le maintien de la lauze en cas de demande de travaux, y compris si ceux qui veulent les faire n'ont pas les moyens. On pourrait aussi donner une aide de compensation pour ceux qui accepteraient de renoncer à la tuile plate lors de leur chantier. Il est temps de s'occuper de tout cela, car il y a bien des endroits où le petit patrimoine rural s'abîme beaucoup. Dans mon livre, je n'ai pas mis les photos les plus tristes…

Les politiques évoquent le développement durable. La lauze n'entrerait-elle pas dans ce cadre ?

JPS. La lauze est ici, à disposition, dans notre sous-sol, issue du crétacé supérieur. Cette couverture dure cent ans au moins, soit bien plus longtemps qu'une toiture en tuiles. Je rappelle que, quand Malraux a classé Sarlat, au début des années 1960, il a fallu rouvrir les carrières et faire travailler les lauziers. Si nous oublions les carrières, elles se fermeront.

La lauze est aussi un atout touristique...

JPS. Les vacanciers viennent dans les vallées de la Dordogne et de la Vézère pour découvrir cette architecture religieuse, castrale et rurale exceptionnelle. Quand un pavillon avec toiture plate type provençal s'implante n'importe où, n'importe comment, cela pose problème. Il faut de la place pour tout le monde. Mais il faut définir et faire respecter des zones. Sinon, on court à notre perte. Le problème est bien souvent d'ordre économique : mais les gens qui font bâtir des pavillons oublient qu'ils dévalorisent le bien d'autrui, dans des villages où d'autres ont fait l'effort de construire dans le style périgordin.

* La lauze en Périgord, architecture et savoir-faire. *Editions Fanlac, 2016. Format 21 x 21 cm, 112 pages, 23 euros.*

*[2] L'architecture paysanne en Périgord et sa restauration. *Editions Fanlac, 1991 et 2005.*

*Restaurant d'application du lycée de Sarlat
(décembre 2011). Un lycéen en formation au service*

2017
Prêts pour améliorer l'isolation des bâtis

Ils ont suivi une formation de coordinateur en rénovation énergétique et sanitaire à la plateforme Pré-de-Cordy, à Sarlat

Comment consommer moins d'énergie ? Comment produire de l'énergie à domicile ? Des questions dans l'air du temps... Mais y répondre implique un certain nombre de connaissances qui ne sont pas toujours partagées, même chez les professionnels du bâtiment. Le 19 mai 2017 à la plateforme de formation interprofessionnelle Pré-de-Cordy, à Sarlat, a eu lieu le bilan d'une formation qui doit permettre de diffuser un peu plus ce savoir dans le territoire. Outre les apprenants, étaient présents les gestionnaires de la plateforme, les responsables de la formation ainsi que des professionnels du bâtiment ayant accueilli des stagiaires.

La formation en question est nouvelle, du moins en Périgord, car ailleurs elle existe depuis une dizaine d'années*. Le nom du diplôme, de niveau 3, auquel les dix stagiaires (dont une femme) prétendent : Coordinateur en rénovation énergétique et sanitaire. Le tout sous le prisme bien spécifique des matériaux biosourcés (écologiques) : chanvre, fibre ou ouate de bois, liège, terre, entre autres. Le centre de formation Perf a organisé ces études. Elles ont été pilotées par Lionel Ampilhac, formateur référent Aquitaine Nord. Basé dans les Landes, cet organisme a été choisi par le conseil régional dans le cadre d'un appel d'offres. Entre fin octobre et fin mai, une vingtaine de professionnels en activité dans le domaine de la rénovation écologique du bâti ancien ont transmis leurs savoirs aux stagiaires.

Tous demandeurs d'emploi au départ, mais ayant déjà une expérience dans le bâtiment, les stagiaires ont effectué six semaines de stage dans des entreprises. Ils ont rendu un mémoire sur une question liée à leur formation. L'obtention ou non du diplôme dépend de ce travail écrit, mais aussi de la réussite à des examens qui ont eu lieu. Verdict fin juin *(2017, ndlr)*. Certains stagiaires ont déjà des pistes pour décrocher un emploi, d'autres, plus nombreux, sont encore en recherche. Ils peuvent travailler dans divers domaines, notamment l'assistance à maîtrise d'ouvrage, la maîtrise d'œuvre, le conseil aux particuliers, aux entreprises ou aux collectivités. « Nous avons désormais envie d'expérimenter ce que nous avons appris », a témoigné l'un d'eux. A l'avenir, d'autres formations de ce type devraient se tenir dans la région. « Cette formation peut permettre de développer un réseau local », a espéré une professionnelle.

* Sur l'initiative d'Init-Environnement.

Le contenu de la formation

Qu'ils soient récents ou plus anciens (même avant 1948), tous les bâtiments sont concernés par une éventuelle rénovation. Voici les missions du coordinateur en rénovation énergétique et sanitaire : apporter une vue d'ensemble ; diagnostiquer le bâtiment ; étudier les facteurs bioclimatiques et avoisinants ; réaliser un bilan thermique approfondi ; proposer différents scénarios d'intervention ; aider au choix des matériaux et des équipements ; enfin, apporter un appui technique et organisationnel.

De nombreuses solutions existent pour mieux isoler le bâtiment. Les enjeux sous-entendus par la question de la rénovation du bâti sont importants, que ce soit dans le cadre des politiques de maintien des personnes âgées à domicile, mais aussi des problèmes de précarité, notamment énergétiques. Jean-Luc, un des stagiaires, a souligné que des solutions d'isolation étaient accessibles aussi aux personnes ayant peu d'argent. Il a mis en avant le travail indispensable des services sociaux pour détecter les foyers qui pourraient prétendre à une aide sur ce plan.

2017
Fibre optique : le lycée Pré-de-Cordy équipé d'un plateau de formation

Il est le seul lycée dordognot à en bénéficier

Opération fibre optique à Sarlat ! Des patrons et responsables d'entreprises du bâtiment et des travaux publics, des élus, des responsables d'organismes de formation ou de placement des chômeurs ont été invités le 3 octobre 2017 en fin d'après-midi au lycée Pré-de-Cordy, à Sarlat. Philippe Mesturoux, directeur des travaux de l'établissement, a travaillé pendant des mois pour mettre en place un plateau dédié aux métiers de la fibre optique : « Il y a à ce jour vingt-deux centres de formation labellisés fibre optique en France. Nous voulons être référencés aussi, espérons-le, dès 2018 ». Le projet a été financé par le lycée, sur fonds propres grâce à la taxe d'apprentissage versée par les entreprises, le Gréta (groupement d'établissements) Est Aquitaine, les conseils régional et départemental (CD). Les fonds ont manqué pour acheter la totalité des équipements. « On attend des réponses pour le financement », a précisé M. Mesturoux.

Daniel Barbier, enseignant, a proposé une démonstration de soudure de deux fibres optiques. Un appareil de soudure coûte des milliers d'euros. C'est une technique délicate, que le professionnel doit savoir réaliser par tous les temps, au rythme de deux cents, en moyenne, par jour.

Ce plateau « est une merveille ! », a déclaré Nathalie Saubadu, nouvelle proviseure. « C'est un outil essentiel pour le travail que nous souhaitons faire dans l'accompagnement des entreprises », a quant à elle souligné Marie-Charlotte Bouthier, présidente du Gréta Est Aquitaine. « Il est important que la formation se rapproche de nos territoires », selon Germinal Peiro, président du CD et du Syndicat mixte Périgord numérique (SMPN). « Il faut former les jeunes partout et sur les métiers d'aujourd'hui et de demain », a renchéri Benjamin Delrieux, conseiller régional PS. Cette technologie de télécommunication est un enjeu majeur, à en croire élus et professionnels : 40 000 formations devraient être dispensées entre 2017 et 2025, dans le cadre du déploiement national (30 millions de prises à poser dans l'Hexagone), puis de la maintenance de ce réseau qui promet un débit Internet jusqu'à dix fois plus rapide qu'avec le cuivre actuel. Avec la fibre, fini de ramer, promis ! Les Périgordins pourront-ils enfin regarder la télévision par Internet et télécharger des films en haute définition en moins d'une heure ?

Mais avant de pouvoir surfer à toute vitesse, en prenant garde aux virus, pirates et autres chevaux de Troie, les contribuables seront mis à contribution. Car, en cette affaire comme en bien d'autres, le monde rural est désavantagé par rapport aux villes. En effet, seules Bergerac, Périgueux et douze communes de son agglomération vont être équipées par les opérateurs Internet eux-mêmes. Ainsi, le SMPN, piloté par le CD, est en train de dépenser sur la période 2015/début 2020 quelque 168 millions d'euros (ME) pour fibrer le Périgord des campagnes. D'abord, depuis 2015 et jusqu'à 2018, le SMPN équipe de fibre optique deux cents répartiteurs aux quatre coins du département (coût : 55 ME). Maintenant vient le temps du raccordement des domiciles, entreprises, etc. C'est la FTTH, sigle dissimulant les mots anglais Fiber to the home (« fibre vers la maison », coût : 103 ME*).

La priorité sera donnée aux entreprises, aux sites touristiques, aux établissements scolaires, a détaillé Germinal Peiro. « Ce syndicat va donc créer un réseau public qui sera ensuite loué aux opérateurs, a-t-il souligné. C'est un peu la même logique que pour l'électricité, avec un réseau basse tension qui appartient au Syndicat départemental d'énergies de la Dordogne (SDE 24). »

Germinal Peiro estime que, d'ici 2022, 80 à 90 % de la population périgordine bénéficiera de ce réseau. Pour les 10 à 20 % restants, des solutions comme le Wi-Fi ou la 4G sont évoquées. « Ce sera le chantier de ma mandature !, s'enthousiasme l'ancien député socialiste. La fibre optique va casser les distances et connecter le monde rural au reste de la planète. »

Tous ces chantiers exigent des travailleurs compétents dans cette technique très particulière. D'où un sérieux besoin en formation. Et, en cette affaire, la Dordogne ne serait pas le département le plus mal loti. Le centre Afpa*[2] de Boulazac dispose déjà d'un programme dédié. Et avec son nouveau plateau technique, le lycée public sarladais va faire des envieux. Il n'y pas d'autres cursus sur ce thème en Dordogne et il n'y en a ni en Corrèze, ni dans le Lot.

* *Financés par l'Etat (57 ME), le Département (24 ME), la Région (24 ME), le SDE 24 et les intercommunalités.*

*² *Association pour la formation professionnelle des adultes.*

Quelles formations ?

Au lycée Pré-de-Cordy, les élèves du nouveau BTS Domotique utilisent déjà l'installation. « Nous aurons besoin d'entreprises d'accueil pour les stages », a fait savoir aux employeurs présents Philippe Mesturoux. Pierre-Jean Panelay, conseiller formation continue au Gréta Est Aquitaine, a présenté les offres de formation qui seront à disposition des salariés et des entreprises d'ici à quelques semaines. Pour les demandeurs d'emploi, il y aura le certificat de qualification professionnelle Monteur raccordeur FTTH dès février 2018, d'une durée de trois mois et demi, en alternance, (cinq semaines de stage). Pour les salariés, deux modules de cinq jours seront à disposition dès 2018 : Raccordeur fibre optique et Test et mesures. Dès 2019 sera proposé le titre professionnel Installateur de réseaux câbles et communication, d'une durée de six mois.

Cheveu porteur

La fibre optique, faite de verre, est grosse comme un cheveu : ¼ de millimètre de diamètre environ. Dans ce canal passent les ondes porteuses d'informations. Ce procédé existe depuis des décennies, mais les pouvoirs publics n'ont véritablement décidé de s'en servir pour l'accès des entreprises et des particuliers au Web qu'il y a quelques années.

5. Industrie

A Suturex & Renodex, sur la zone de Vialard, à Carsac-Aillac

Introduction

Ne figurent ici que quelques articles retravaillés que j'ai écrits sur le sujet de l'industrie. J'ai quitté *L'Essor Sarladais* fin 2017 au moment où l'entreprise coopérative Euralis annonçait une saignée des emplois sur ses sites de Sarlat et de Brive, notamment. J'ai donc ajouté à ce chapitre une petite réflexion sur les entreprises coopératives.

Quelques données chiffrées sur l'arrondissement de Sarlat

Nombre d'ouvriers dans la population de 15 ans ou plus en 2014 : 8 616 (2009 : 8 568), soit 13,5 % de cette population. Dont 1 902 femmes.

Le nombre d'ouvriers augmente. Notons qu'ils ne sont pas forcément employés dans l'industrie, comme la statistique suivante le prouve.

Emplois dans l'industrie en 2014 : 3 721, soit 14,1 % du total des emplois de la zone. Il y a 33,2 % de femmes et 88,3 % de salariés. 2009 : 4 353 (15,8 % de l'emploi total).

L'industrie est le secteur, après l'Administration, la santé et l'enseignement, où la part des salariés employés est la plus importante. Logique pour une activité, la transformation, qui nécessite le travail collectif d'un grand nombre de personnes, à la différence de l'artisanat ou du petit commerce, par exemple.

L'industrie a perdu beaucoup d'emplois entre 2009 et 2014.

Nombre d'entreprises dans l'industrie à la fin 2015 : 518, soit 8,4 % du total (6 161). **Création d'entreprises** dans l'industrie en 2016 : 32 (sur 591), soit 5,4 % du total des entreprises créées.

Effectif des établissements de l'industrie à la fin 2015.
Nombre d'établissements : 645 (6,5 % du total des éts). 0 salarié : 402 éts ; 1 à 9 salariés : 188 ; 10 à 19 salariés : 30 ; 20 à 49 salariés : 16 ; 50 salariés et plus : 9.

Quelques conclusions de ces données. Sur les 3 721 emplois dans l'industrie, au moins 450, soit plus de 10 %, sont situés dans les 1,5 % des établissements les plus importants. A l'autre bout de l'échelle, 402 établissements n'emploient que leur gérant et aucun salarié, soit à peine plus de 10 % des emplois pour 10 % des établissements. On se demande bien quel type d'industrie peut être réalisée sans salariés.

Les statistiques suivantes précisent cette tendance. Il y avait 3 116 postes de salariés à la fin 2015 dans l'industrie, soit 17,6 % de l'emploi salarié total de l'arrondissement. Plus d'un tiers des salariés (1 392) sont employés dans une entreprise de plus de cent salariés. Seulement 233 sont employés dans une entreprise employant de 50 à 99 salariés. 440 salariés le sont dans des entreprises de 20 à 49 salariés. Moins d'un tiers (904) dans des entreprises employant entre 1 et 9 salariés.

Sur l'arrondissement de Sarlat, on a donc 1 625 salariés dans neuf établissements regroupant plus de 50 salariés. Il s'agit notamment des entreprises bien connues, comme la Papeterie de Condat, Coloplast-Porgès ou encore Suturex & Renodex. Ce sont des entreprises exportatrices.

Elles sont intégrées à des acteurs de poids de l'économie : fonds d'investissements CVC Capital Partners pour la papeterie, multinationales du matériel médical pour les deux autres.

L'économie dans la région Nouvelle-Aquitaine

L'industrie, incontournable et fragilisée

La Semaine de l'industrie s'est déroulée du 20 au 26 mars 2017. Zoom sur ce secteur fondamental à la situation contrastée

La Semaine de l'industrie est une manifestation annuelle nationale pilotée par le ministère de l'Economie et des Finances via la direction générale des Entreprises (DGE). « Elle a pour objectifs de renforcer l'attractivité de l'industrie et de ses métiers, de sensibiliser les jeunes aux métiers de l'industrie et notamment à l'industrie du futur, de promouvoir la mixité des métiers et la place des femmes dans l'industrie, d'informer le grand public des besoins en recrutement de l'industrie », explique le conseil régional de Nouvelle-Aquitaine.

L'édition 2017 a pour thème : L'industrie aussi, c'est écologique ! Près de 2 400 événements vont être proposés partout en France, dont 200 en Nouvelle-Aquitaine.

L'industrie en Nouvelle-Aquitaine, c'est 284 000 emplois, soit 12 % de l'emploi régional, avec 29 % de femmes. Il y a 51 % d'ouvriers, 26 % d'agents de maîtrise, 13 % de cadres et 10 % d'employés. 22 % travaillent dans la métallurgie et la mécanique industrielle, 14 % dans l'industrie agroalimentaire, 13 % dans le bois papier carton, imprimerie et ameublement, 13 % dans l'énergie, eau et déchets, 12 % dans les matériels de transport...

Les produits-phares à l'export sont, selon le conseil régional, le matériel de transport (aéronautique et spatial, équipements pour automobiles), les vins et spiritueux, le matériel électrique, le bois papier carton et pâte à papier, et les produits issus de la santé-cosmétique. En Nouvelle-Aquitaine, 9 salariés de l'industrie sur 10 sont en CDI. 47 000 départs à la retraite sont prévus d'ici 2020 dans ce secteur, mais tous ne devraient pas être remplacés. Près de 400 sites de formation préparent aux métiers de l'industrie.

En Dordogne, les principaux secteurs sont l'agro-alimentaire, la métallurgie et la mécanique, le bois, papier, ameublement. Le premier employeur industriel est la Papeterie de Condat, au Lardin-Saint-Lazare. Selon la CGT, « l'emploi industriel en Dordogne c'est 17 640 salariés soit 15 % de l'emploi du département et 1 470 emplois industriels détruits en cinq ans ». D'après ce syndicat, de 2014 à 2015, l'intérim en Dordogne dans l'industrie a augmenté de 20 %. Des plans de licenciements directs ou indirects (intérimaires non renouvelés) ont touché le département « chez Grégoire, les ateliers SNCF du Toulon à Périgueux, Condat, Eurenco, etc. Il y a eu également des fermetures d'entreprises, comme BNC, MEM, la destruction du secteur textile (hormis Hermès) ».

En Périgord Noir, outre Condat, la principale usine, en termes d'emplois, était celle d'Euralis Gastronomie, à

Sarlat (du moins jusqu'au plan social annoncé fin 2017), suivie de Coloplast-Porgès, à Sarlat, et de Suturex & Renodex, à Carsac-Aillac.

En France, une situation contrastée

Quel est le poids de l'industrie dans le pays, aujourd'hui ? Ce secteur a généré en 2015 un chiffre d'affaires de 1 000 milliards d'euros (MdsE), pour une richesse produite (valeur ajoutée) de 274 MdsE, soit 30 MdsE de plus qu'en 2000. Cette hausse de la production s'est accompagnée d'une forte diminution des emplois. Ainsi, depuis l'année 2000, la France a perdu 800 000 emplois industriels. Ils ne sont plus aujourd'hui que 3,1 millions. « Seule l'Espagne a fait pire au niveau européen sur la même période. Même si le rythme de destruction s'est ralenti, 30 000 ont encore disparu l'an dernier malgré la reprise de l'activité », précise le Gouvernement. Ceci alors que les résultats et les bénéfices ont pourtant été au rendez-vous pour les grands groupes qui dominent le secteur. Cela a pu provoquer des incompréhensions et des mouvements de colère de la part de salariés en butte à la fermeture de leur usine, comme à Florange, à PSA à Aulnay-sous-Bois ou encore plus récemment à Whirlpool, à Amiens.

Le poids relatif de l'industrie dans l'économie s'est réduit, passant de 16,5 % à 12,6 % de la richesse produite (produit intérieur brut), car les autres activités (dont les services) ont connu une progression plus rapide. Cette évolution est à relativiser, étant donnée la place primordiale de la production des biens matériels (le rôle de l'industrie) dans l'économie. Aucune activité de services ne peut se développer sans activité industrielle : impossible d'imaginer des sociétés de prestation informatique sans serveurs ou sans ordinateurs, des cliniques ou des hôpitaux sans matériel médical, des restaurants sans lave-vaisselle et sans couverts, des boutiques de téléphonie sans... téléphones mobiles à vendre.

Biens d'équipement. Selon le Gouvernement, cette désindustrialisation s'est stabilisée depuis 2010. Cette tendance se constate dans tous les pays développés, bien que l'Allemagne ait mieux résisté (23 % du PIB en 2015). La part de marché de la France industrielle à l'export au plan mondial est tombée de 6 % à 3,7 %. « Depuis une dizaine d'années, le solde commercial extérieur de l'industrie est structurellement déficitaire : le déséquilibre était de 66 MdsE en 2015 », assure le Gouvernement.

Côté investissements, les résultats sont meilleurs, selon le Gouvernement : « Après la forte chute du début des années 2000, le taux d'investissement ramené à la valeur ajoutée a retrouvé un niveau rassurant : 29,3 % en 2015 pour une progression en volume de 3,5 %. Une reprise qui s'accélère depuis trois ans, soutenue pour partie par le CICE et le pacte de responsabilité qui ont permis aux entreprises de restaurer leurs marges. »

Mais, outre le fait que cela n'a pas permis de stopper la saignée dans les emplois, on l'a vu, cette analyse est contestée par des économistes, qui critiquent le sous-investissement dans l'appareil productif depuis des décennies. « L'outil industriel français reste vieillissant et le retard loin d'être comblé, lit-on ainsi dans *Les Echos* du 3 janvier 2017, sous la plume d'Emmanuel Grasland. Au troisième trimestre 2016, l'investissement en biens d'équipement était encore en retrait de 11,5 % par rapport au niveau de début 2008, selon l'OFCE. »

Question : pourquoi investir dans les outils de production quand la financiarisation (spéculation, rachat de dettes des

Etats, etc.) permet aux grandes entreprises, industrielles ou non, de réaliser des profits bien supérieurs à ce qu'elles pourraient attendre de la production industrielle ?

Secteurs industriels

Classement des secteurs manufacturiers selon le poids dans la valeur ajoutée industrielle en 2014 en France :

1) Industries alimentaires 14,6 % ;

2) Réparation et installation de machines et d'équipements 8,8 % ;

3) Fabrication de produits métalliques 7,4 % ;

4) Industrie chimique 6,6 % ;

5) Machines et équipements 4,8 % ;

6) Industrie pharmaceutique 4,4 % ;

7) Fabrication de produits en caoutchouc et en plastique 4 % ;

8) Fabrication d'autres matériels de transport 3,9 % ;

9) Fabrication de produits informatiques, électroniques et optiques 3,8 % ;

10) Industrie automobile 3,7 %.

Début 2017

Le futur de l'économie du Périgord Noir : Porgès-Coloplast veut se développer aux Etats-Unis

L'usine sarladaise Porgès-Coloplast fait partie de la division Urologie du groupe danois *(lire Un groupe qui se porte bien)*. Le marché mondial annuel pour l'urologie est estimé à environ 1,35 milliard d'euros et affiche une croissance de 3 à 5 % par an. Les facteurs de développement sont notamment le vieillissement et le développement de l'obésité. Les produits fabriqués par la division Urologie viennent en aide aux personnes qui souffrent d'un dysfonctionnement des systèmes urinaires ou reproductifs. Cela va des implants péniens aux sondes urinaires en passant par les extracteurs de calculs : en tout, 2 700 références, et leur nombre augmente.

Protectionnisme. La division Urologie commercialise ses produits dans 75 pays. Elle a réalisé en 2014/2015 un chiffre d'affaires de 1,4 milliard de DKK (187,9 ME), soit environ 10 % du revenu total du groupe. Les ventes se font surtout en Europe (45 %) et aux Etats-Unis (45 %). La division détient entre 10 et 20 % des parts de marché en Europe, et entre 5 et 15 % dans les autres pays développés et dans les pays émergents. Les concurrents de Coloplast sont essentiellement américains (Bard, Ethicon ou Boston Scientific). Coloplast propose des produits pour les soins masculins, les soins pelviens féminins, l'endo-urologie et l'urologie générale. Ses concurrents ne sont pas forcément présents sur tous ces segments.

La direction de la société estime qu'elle a un beau potentiel de développement aux Etats-Unis, vu ses très faibles parts de marché actuelles. En 2017, elle va continuer à travailler pour gagner des clients dans ce pays. Cela demande des investissements importants pour un résultat qui ne peut être assuré. Le commerce est en effet influencé par de multiples facteurs incontrôlables, parmi lesquels les changements fiscaux ou salariaux et l'évolution des relations entre pays ou aires économiques. Qui sait ce que le nouveau président des Etats-Unis, Donald Trump, qui se dit « protectionniste », réserve sur le plan des échanges commerciaux ?

Recherche et développement. A Sarlat sont fabriqués notamment des produits urologiques chirurgicaux à usage unique. Comme c'est le cas pour toute l'économie à notre époque, les matières premières (métaux, comme le nickel ou le titane, latex, silice...) utilisées viennent du monde entier. Porgès-Coloplast n'hésite pas non plus à acheter des technologies qu'elle ne maîtrise pas si c'est utile à son développement. Le service Recherche et développement est également très dynamique, avec par exemple le dépôt de brevets et le lancement d'Isiris, un appareil miniaturisé de vision à destination des urologues.

Travaux sur le site. Entre 2013 et 2016, 58 personnes ont été embauchées sur le site de Sarlat, dont 72 % en CDI. C'est à 59 % des cadres et à 21 % des ouvriers. De source syndicale, cela n'aurait pas permis de compenser les départs à la retraite chez les ouvriers. Douze embauches sont prévues en 2017, ainsi que le remplacement des départs à la retraite, mais elles sont conditionnées à la signature d'un accord sur le travail de nuit, actuellement en négociation avec les syndicats.

Sur le plan de la rémunération, l'entreprise propose à ses employés un treizième mois, une prime de contribution de 1 370 euros par an et l'intéressement. Avec + 10 % entre 2010 et 2016, Porgès-Coloplast se targue de proposer à ses collaborateurs des augmentations de salaires supérieures à l'inflation* et à ce qui est proposé dans les autres entreprises de la branche Caoutchouc. L'entreprise a également une politique d'investissements et fait travailler des entreprises locales. Ainsi, en 2016, plus de 150 000 euros ont été investis dans les bâtiments et les extérieurs. Il y a eu aussi des investissements pour améliorer les conditions de travail, sur les postes. En 2017 sont inscrits au budget plus d'1,4 ME d'investissements pour les sites dépendant de Sarlat, dont 0,6 ME pour les locaux du Pontet.

Porgès-Coloplast a reçu fin 2016 une certification ISO14001 qui vient valoriser une politique de gestion des déchets et des énergies soucieuse de l'environnement. En 2017, la direction veut décrocher la certification Ohsas 18001 qui vient valider une amélioration de la sécurité au travail.

L'inflation, telle que l'Institut national de la statistique et des études économiques la calcule, est mise en doute par les syndicats qui l'estime inférieure à l'inflation réelle.

Les sites

Coloplast emploie actuellement environ 10 275 personnes. Si son plan de développement se réalise, elle espère recruter 3 000 salariés supplémentaires (dont 250 cadres) d'ici 2019/2020. Le site de Sarlat emploie désormais près de 165 personnes auxquelles il faut ajouter plusieurs dizaines d'intérimaires. Il a compté jusqu'à 600 salariés il y a une trentaine d'années. Mais la direction explique que le marché a évolué, notamment concernant les produits liés au latex, ce qui a amené à une baisse du nombre d'employés. Outre Sarlat (environ 150 employés permanents à la production), Coloplast dispose de sites de production au Danemark, Modrup (env. 400) et Thisted (env. 200), aux Etats-Unis, Minneapolis (env. 100) et Mankato (env. 75), en Hongrie, Tatabanya (env. 1 400), Tata (env. 350) et Nyirbator (env. 1 500), en Chine à Zhuhai (env. 1 000). Les sites de Minneapolis et de Tatabanya font également partie de la division Urologie.

Un groupe qui se porte bien

Depuis 2006, l'entreprise Porgès fait partie du groupe danois Coloplast. Auparavant, depuis sa vente par la famille du fondateur en 1979, elle a appartenu à Sanofi-Synthélabo puis au groupe américain Mentor à partir de 2001. Coloplast a été fondé dans les années 1950.

Sa renommée a été basée sur la production d'une poche à usage unique pour stomie (opération chirurgicale consistant à connecter l'intestin à la poche). Elle s'est développée et, aujourd'hui, son activité comprend les soins des stomies (n° 1 mondial), des plaies et de la peau (n° 5), des troubles de la continence (n° 1) et l'urologie (n° 4). C'est dans cette dernière division que se trouve le site sarladais et les unités franciliennes qui lui sont rattachées. L'entreprise a également développé un service d'assistance pour aider ses clients à vivre le mieux possible leur pathologie avec ses produits.

En 2016, Coloplast a été classé 22e entreprise la plus innovante au monde par le magazine américain Forbes.

Vieillissement de la population. En 2015/2016, Coloplast a réalisé un chiffre d'affaires de 1,97 milliard d'euros (14,7 milliards de couronnes danoises, DKK). Ces recettes ont été réalisées surtout en Europe (63 %), mais aussi dans d'autres pays développés (22 %), notamment les Etats-Unis, et dans les pays émergents (Asie du Sud-Est, Inde, Brésil... 15 % en tout). Les activités du groupe Coloplast se portent bien. Ses résultats après impôts ont ainsi été de 120,9 millions d'euros (ME) en 2014/2015, 321,43 ME en 2013/2014 et 364,6 ME en 2012/2013. « Les résultats du groupe et de la division Urologie Care ont progressé ces dernières années », assure Hervé Perez, directeur de l'unité de Sarlat et salarié de Porgès depuis 1992. Et des syndicats estiment que les profits réels sont bien supérieurs à ceux publiés officiellement, notamment pour le site de Sarlat.

Le vieillissement de la population augmente naturellement le nombre des clients potentiels de l'entreprise. Parallèlement, dans les pays émergents, voire en développement, des millions d'habitants accèdent à des soins médicaux et à une couverture santé, ce qui contribue à élargir le marché de l'entreprise. Les limites à l'extension de ce marché sont paradoxalement les progrès de certains traitements médicaux préventifs et curatifs qui permettent aux patients d'éviter d'avoir recours aux stomies, aux implants péniens ou aux sondes urinaires fabriqués par cette entreprise.

Enfin, les risques pesant sur l'activité de Coloplast sont aussi politiques et économiques. Baisse du pouvoir d'achat des clients, réformes des systèmes de protection sociale amenant à un moindre remboursement des produits et des traitements : tous ces phénomènes pourraient entraîner une baisse des ventes. Selon Hervé Perez, Coloplast doit réduire régulièrement le prix de vente de nombre de ses produits pour faire face à la concurrence et aux exigences des clients (souvent des hôpitaux ou des médecins). Dans les années qui viennent, l'objectif de Coloplast est de continuer à gagner en efficacité et d'innover, le tout en faisant attention à ses coûts de production. L'entreprise entend passer la barre des 20 milliards de DKK (2,68 milliards d'euros) de chiffre d'affaires annuel et investir chaque année 2 milliards de DKK (268 ME) à l'horizon 2020.

Euralis Rougié : un plan social par une coopérative

Qu'un groupe aussi puissant que la coopérative Euralis annonce un plan social a pu surprendre. D'autant plus qu'il s'agit d'un groupe coopératif. Ces entreprises ont l'image d'associations de producteurs cherchant à protéger leurs adhérents des lois de la concurrence capitaliste. Dans le secteur de l'agroalimentaire, elles sont censées protéger, si ce n'est leurs salariés (ils sont 165 000 employés dans le secteur), au moins les paysans, qui en sont les coopérateurs. En réalité, ces entreprises sont des capitalistes comme les autres. Voici quelques exemples.

De nombreux paysans producteurs de lait subissent la domination du numéro deux du secteur, Sodiial-Yoplait. Les dizaines de milliers d'adhérents, « propriétaires », se font payer le lait toujours moins cher, menant les uns à la faillite ou parfois au suicide. La coopérative Cooperl (porc) a dénoncé le prix minimum du porc convenu avec le Gouvernement, contre l'intérêt de ses dizaines de milliers de coopérateurs, sans ignorer que cette décision ruinerait une partie de ses adhérents paysans.

Dans la production maraîchère et l'abattage du bétail, des paysans subissent la dictature de la coopérative Cecab, propriétaire de la marque D'Aucy et des abattoirs Gad. Ils sont contraints d'accepter des prix à la limite de la rentabilité. N'oublions pas aussi le Crédit Agricole, banque coopérative du monde rural qui rançonne paysans coopérateurs et autres clients.

Quoi qu'aient cru au départ leurs fondateurs, les coopératives ont souhaité soutenir la compétitivité imposée par le marché. Elles ont donc fait la guerre à leurs salariés pour les payer toujours moins et leur faire produire toujours plus, y compris en les licenciant si nécessaire. Elles appliquent le même régime à leurs adhérents. Conséquence : des dirigeants se sont détachés de la masse des coopérateurs et sont devenus de vrais capitalistes.

Un syndicat devant la coopérative Sarlat Périgord foie gras

Le 21 mars 2017 au matin, une quinzaine de personnes, en grande partie des adhérents de la CGT en Sarladais, se sont réunis devant les portes de la coopérative Sarlat-Périgord Foie gras. Objectif : présenter les revendications de ce syndicat à l'occasion de la journée nationale d'action pour l'industrie.

Le lieu a été choisi pour mettre en lumière la situation des salariés dans cette entreprise qui emploie en tout moins de vingt personnes. Des salariés de la coopérative ont contacté la CGT il y a quelques semaines au sujet d'une remise en cause de leurs conditions de travail. Ils ont reçu un courrier de la direction qui semblait prête à mettre en place des mesures très pénalisantes pour eux, sans négociations. Ils craignent de voir leur temps de travail augmenter, de perdre du salaire et d'être obligés de travailler sur d'autres sites du groupe (Gignac, Prats-de-Carlux) sans être défrayés.

Nancy Arpontet, représentante de Force ouvrière dans l'établissement, est chargée de négocier avec le directeur Jean-Francois Fanner. Celui-ci explique que la coopérative a gravement subi l'épisode d'influenza aviaire en 2016 avec une perte de plus de 20 % de chiffre d'affaires et presque la moitié de palmipèdes traités en moins. Dans ces conditions, il ne souhaite pas entrer dans le détail de la négociation, mais parle de tout faire pour maintenir l'emploi, par la modulation des horaires et la polyvalence.

La direction s'est donc emparé des nouvelles possibilités permises par la loi El Khomri. Celle-ci permet de mettre en place, après une négociation, et si besoin un référendum, des accords d'entreprise moins favorables aux salariés que la convention collective ou l'accord de branche.

Des jeunes visitent des entreprises

A l'occasion de la Semaine nationale de l'industrie, l'espace Métiers (basé à la Maison de l'emploi du Périgord Noir) a mobilisé plusieurs entreprises du Périgord Noir pour accueillir des scolaires et des jeunes en orientation professionnelle et leur donner envie de métiers. Ces jeunes ont rencontré des salariés ou échangé avec les responsables, avec pour objectif de comprendre les enjeux et les obligations du monde de l'entreprise. Sont concernés en tout plus de 140 élèves dans 6 classes. Cinq entreprises les ont accueillies, dont une à Souillac, dans le Lot. Les visites ont commencé le 20 mars 2017 en début d'après-midi, dans le magasin Bricorama, qui emploie dix-neuf personnes à Sarlat, avec une surface de vente de 5 000 m^2.

Accompagnés par Dominique Arnal-Milhac et Sandrine Joanez, enseignantes, dix lycéens en Certificat d'aptitude professionnelle Employé vente spécialisé au lycée Pré-de-Cordy ont découvert cette entreprise grâce à Etienne Cloup. Le fondateur et ancien patron a désormais passé la main à sa fille. Dans ses recrutements, ils recherchent des personnes qui aiment la vente. Celui qui est également responsable de la Maison de l'emploi du Périgord Noir, de la Chambre de commerce et d'industrie et conseiller municipal leur a fait découvrir la diversité des activités du commerce de détail : le stockage et l'organisation du magasin, la diversité des métiers exercés (plus d'une dizaine), les compétences attendues.

Les autres visites d'entreprises lors de la Semaine de l'industrie auront lieu à Euralis-Rougié et au supermarché

Leclerc (avec son système de chauffage par biomasse) à Sarlat, à la laiterie Péchalou à Saint-Cyprien et à Pivaudran à Souillac.

Mais aussi...

Suturex & Renodex

Février 2013

Suturex & Renodex veut doubler sa production en dix ans

Les élus ont découvert le Projet Eiffel. Le déménagement des deux sites actuels vers un nouveau bâtiment à Vialard aurait lieu fin 2014

Le 25 janvier, Joaquin Valls, directeur général de Suturex & Renodex, a reçu pendant près de trois heures les élus locaux ainsi que le président du conseil général, Bernard Cazeau. Pierre Lebas, directeur Production et développement, leur a proposé une visite du site situé sur la zone d'activité économique (ZAE) de Vialard. Puis Joaquin Valls a présenté le projet de la société. Les journalistes invités ont été priés de ne pas faire n'importe quelle photographie, notamment dans l'atelier : secret de fabrication oblige. Celui-ci réside dans les outils industriels, dont 90 % sont conçus par la société.

Au niveau mondial, la production des aiguilles chirurgicales occupe une poignée de sociétés qui sont en concurrence et se livrent une « guerre des prix ». Chacun est attentif aux autres, notamment par le biais de la presse, selon M. Valls. « Concevoir nos propres outils industriels est un savoir-faire essentiel de l'entreprise, a-t-il expliqué. Nos machines ne sont connues que par nos employés. »

Difficultés à recruter. En 2012, le conseil général a versé une subvention de 150 000 euros à l'entreprise dans le cadre de l'acquisition d'un bâtiment de 7 500 m² appartenant à France-Tabac. « Cette carcasse métallique » est située à quelques dizaines de mètres du principal site actuel, sur la ZAE de Vialard (l'autre étant à Sarlat-Madrazès). L'activité des deux sites sarladais sera ainsi regroupée dans ce nouveau bâtiment, bien plus grand que les deux autres réunis. Les travaux commenceront au plus tôt fin 2013 et le déménagement pourrait avoir lieu au plus tôt à l'été 2014.

Bernard Cazeau a demandé combien de créations d'emploi le développement ultérieur de la production pourrait susciter. Joaquin Valls a évoqué un chiffre entre 20 et 40, mais pas immédiatement, tout en sous-entendant que des recrutements étaient en cours. 191 personnes sont actuellement salariées, en comptant les contrats précaires. « Nous voulons garantir l'emploi pour tout le monde, explique le directeur général. A Sarlat, nous avons des difficultés à recruter des personnes avec un profil technique élevé. »

Eiffel : « Métallique, pointu, innovateur, français ». L'entreprise a baptisé Projet Eiffel le développement de l'entreprise dans les prochaines années. L'objectif est de doubler le nombre d'aiguilles* fabriquées sans beaucoup modifier les effectifs. Actuellement, la capacité maximale de production est atteinte. La fabrication a lieu jour et nuit, du lundi au dimanche. Le Projet Eiffel annonce une réorganisation du travail couplée à une augmentation de la production. La filiale de B. Braun Espagne souhaite passer de 90 millions d'aiguilles fabriquées chaque année à 200 millions en 2022.

Le groupe Suturex & Renodex a réalisé un bénéfice de 1,4 ME en 2012, un peu moins qu'en 2011. Mais « tout a été réinvesti, sans versement de dividendes. Nous sommes même en train de nous endetter pour mettre en place le plan d'entreprise », avance le directeur général. De nouvelles aiguilles sont en phase de conception et de commercialisation. Près de 5 ME d'investissements sont annoncés ces prochaines années pour aménager le bâtiment et moderniser les moyens de production.

Elles sont de deux types : rondes et triangulaires.

Historique de l'entreprise

Joaquin Valls a procédé à une présentation détaillée de l'environnement économique de Suturex & Renodex. Cette société appartient à B. Braun, une « multinationale familiale » allemande créée en 1839, qui est dans le « Top ranking » d'un marché du matériel médical dominé par des sociétés états-uniennes. La multinationale emploie 43 000 personnes, dont environ 15 000 en Allemagne et 2 000 en France. Elle fabrique des produits pour l'anesthésie, la cardiologie, la chirurgie, les soins ambulatoires, l'hémodialyse...

B. Braun a réalisé en 2011 un chiffre d'affaires de 4,6 milliards d'euros, dont 300 millions d'euros (ME) en France et... 14,5 ME par la société sarladaise. B. Braun n'avait pas dans son giron un fabricant d'aiguilles chirurgicales. Il était le principal client de Suturex & Renodex, qu'il a fini par racheter en 2010. Dans le domaine des sutures, le groupe est n° 3 mondial, derrière deux entreprises états-uniennes.

Suturex a été créée en 1953 à Sarlat. La société a fusionné avec Renodex en 1996. En 2008, il y eut l'ouverture d'une usine « à bas coûts » employant une soixantaine de personnes près de Bangkok, en Thaïlande, pour un travail « très intensif en main-d'œuvre » (« l'affûtage des aiguilles triangulaires ») qu'il n'est pas possible d'automatiser. Un tiers de l'activité industrielle est réalisé sur ce site qui contribue fortement aux bénéfices.

Octobre 2015
Suturex & Renodex : le nouveau site inauguré

Le 8 octobre, les dirigeants du groupe allemand B. Braun étaient présents ainsi que les élus et le préfet

Depuis le 17 août, l'usine de production d'aiguilles chirurgicales Suturex & Renodex (S&R) est installée dans de nouveaux locaux de 7 400 m², à quelques mètres de l'ancien bâtiment, sur la zone de Vialard, à Carsac-Aillac. Le déménagement s'est fait avec la participation d'une quarantaine d'employés volontaires (rémunérés pour cette mission). Les activités sont concentrées sur cet unique lieu, baptisé Eiffel. L'autre site, à Madrazès, n'est plus utilisé.

Le 8 octobre a eu lieu l'inauguration. C'est l'aboutissement d'un projet commencé en octobre 2012 par le rachat d'un ancien entrepôt de France Tabac à Vialard dans lequel a pris place le nouveau site. Les travaux ont débuté en juin 2014. Le conseil départemental de la Dordogne a apporté une subvention de 150 000 euros en 2012.

Un membre de la famille. Le coût de cet investissement est de 7 millions d'euros (ME). Il a pour but de permettre à l'entreprise de poursuivre son développement. Objectif : doubler la production à l'horizon 2023, en atteignant les 200 millions d'aiguilles par an, et rester compétitif. En

2014, la filiale de B. Braun a réalisé un chiffre d'affaires de 16,4 ME et 1,5 ME de résultat net. Celui-ci est en hausse de 46 % par rapport à 2013. Il retrouve et dépasse légèrement les bénéfices de 2012 (1,4 ME).

A Vialard, 170 personnes œuvrent à la production des aiguilles. Depuis 2010, le groupe a investi 15,3 ME dans sa filiale périgordine, en comptant le projet Eiffel. Depuis 2008, S &R dispose également d'une usine en Thaïlande, à Bangkok, où travaillent 90 personnes. Pour cette inauguration, des dirigeants de B. Braun ont fait le déplacement, dont Otto Philip Braun, membre de la famille propriétaire de l'entreprise depuis plus d'un siècle et demi.

Après une présentation par Joaquin Valls, directeur général de S&R, ce trentenaire a pris la parole en anglais et en français devant les élus et les dirigeants des sites français et espagnols. Sa société emploie 55 000 personnes dans 62 pays. Elle fait partie des cinq plus gros groupes de production de matériel médical dans le monde.

Grand dirigeant. Après lui, les salariés Nadège Ribeiro et Frédéric Gratadou (Force ouvrière), membres du comité d'entreprise, ont décrit devant les invités « la lueur d'espoir revenue en 2010 avec le rachat par B. Braun. Le climat social est plutôt bon ici malgré les inquiétudes quand des machines sont parties à Bangkok il y a quelques années. » Puis tous deux ont offert un cadeau au professeur Große, président du conseil d'administration du groupe.

Les élus ont ensuite pris la parole : Patrick Bonnefon, maire de Carsac-Aillac, Jean-Jacques de Peretti, maire de Sarlat-La Canéda et président du Syndicat intercommunal pour le développement économique du Sarladais (Sides,

Vivre et travailler en Périgord Noir

gestionnaire de la zone de Vialard), et Germinal Peiro. Le député et président du conseil départemental a particulièrement voulu rendre hommage à Joaquin Valls : « Il n'y a pas de grande entreprise sans grands dirigeants ni sans grands employés. M. Valls, cette réussite est pour beaucoup la vôtre. » Le préfet de Dordogne Christophe Bay, accompagné de Maryline Gardner, sous-préfète, a rappelé la disponibilité des services de l'État pour accompagner les projets des entreprises.

Un laboratoire. Les invités ont visité le site, dont certains postes fonctionnent 7 jours sur 7 et 24 heures sur 24. « Une particularité de l'usine est qu'elle dispose des ressources pour concevoir ses propres équipements de production, sur mesure et adaptés à nos besoins », a expliqué Philippe Lebas, directeur Production et Développement.

La direction tient à ne pas laisser filtrer les méthodes de fabrication, par peur d'espionnage industriel. De l'usine sont expédiées environ 500 000 aiguilles par jour. Quinze tonnes de matières premières sont utilisées par an, notamment de l'acier inoxydable et des produits chimiques. S&R compte une soixantaine de clients dans cinquante pays. Lesquels réalisent par eux-mêmes l'assemblage de l'aiguille et du fil utilisé pour les sutures.

La majeure partie de la production est destinée à B. Braun. Avec les plans d'austérité, certains clients, par exemple en Grèce, ont eu des difficultés à payer les factures. L'établissement carsacois dispose aussi d'un laboratoire permettant d'évaluer ses produits et ceux de ses concurrents. Les aiguilles doivent avoir des qualités de pénétration, de flexion et de ductilité. L'année prochaine, une unité de fabrication de toutes petites aiguilles destinées à l'ophtalmologie, actuellement située au siège de B. Braun, à Tuttlingen, va être transférée vers Carsac-Aillac, sans augmentation d'effectif.

Le Lardin-Saint-Lazare
Papeterie de Condat

Premier employeur privé de la Dordogne, la Papeterie de Condat a perdu de nombreux emplois depuis plus de vingt ans. La productivité de l'usine n'a pas cessé d'augmenter en parallèle.

La situation de cette entreprise sera évoquée largement dans un prochain ouvrage qui traitera des luttes sociales en Sarladais.

Vivre et travailler en Périgord Noir

Vivre et travailler en Périgord Noir

6. Tourisme

Touristes dans le secteur sauvegardé de Sarlat

2017
Le poids du tourisme dans la grande région et en Périgord Noir

Près de 86 000 emplois en dépendent en Nouvelle-Aquitaine

Près de 104 000 emplois relèvent de l'économie touristique en Nouvelle-Aquitaine*. Parmi eux, 86 000, soit 4 % de l'emploi total de la région, dépendent de la présence de touristes, précise l'Institut national de la statistique et des études économiques (Insee) dans une étude parue en 2017. Par rapport à 2009, cet emploi lié à l'accueil de touristes progresse de 5,6 %, plus sensiblement avant et après la saison estivale.

La Nouvelle-Aquitaine est au cinquième rang des régions métropolitaines pour ce type d'emploi, derrière l'Île-de-France (254 200), l'Auvergne-Rhône-Alpes (137 600), Provence-Alpes-Côte-d'Azur (118 200) et Occitanie (90 600). Il y a évidemment bien plus d'emplois touristiques pendant la belle saison que l'hiver. C'est le phénomène de saisonnalité. Il reste fort dans la région, surtout sur le littoral, mais aussi bien sûr en Périgord Noir.

L'hébergement et la restauration concentrent six emplois touristiques sur dix. Ces emplois sont majoritairement peu qualifiés et souvent occupés par des jeunes. Le poids du tourisme est élevé sur les zones côtières, le massif pyrénéen ou le Périgord Noir. L'activité touristique pèse moins dans les grandes agglomérations, mais ces dernières profitent d'un important tourisme d'affaires. Ainsi, les quatre principales agglomérations de la région concentrent

23,5 % de l'emploi touristique régional. Sur les 2,77 milliards d'euros de richesse dégagée par le tourisme néo-aquitain, 40 % proviennent des communes du littoral. L'hébergement arrive en tête des secteurs : un tiers de cette richesse (918 millions d'euros, ME) en découle. Viennent ensuite les restaurants et cafés (634 ME), le commerce de détail non alimentaire (237 ME) et les sports et loisirs (233 ME).

Dordogne. Le département compte 6 400 emplois touristiques, soit 4,7 % de l'emploi total. C'est 7,8 % de plus qu'en 2013. 2 700 exercent dans l'hébergement, 1 300 dans la restauration et les cafés, 800 dans les commerces, 600 dans les offices de tourisme, les sites patrimoniaux et culturels et 400 dans les activités sports et loisirs. En Dordogne, 54 % des emplois sont occupés par des femmes. C'est un tout petit peu plus qu'en moyenne dans la région (53 %). Ils sont à 69 % de niveau employés et 16 % ouvriers. 71 % sont à temps complet. Le salaire net horaire moyen est de 10,10 euros, soit 0,50 euros de moins qu'au niveau régional et 1,10 euros de moins qu'en Gironde.

En Dordogne, l'âge moyen de l'employé touristique est de 40 ans. Il y a 18 % de moins de 25 ans, 55 % de 25 à 50 ans et 27 % de plus de 50 ans.

En Dordogne, la richesse totale dégagée par le tourisme est de 198 ME. Le département arrive derrière la Gironde qui dégage 774 ME, la Charente-Maritime 495 ME, les Pyrénées-Atlantiques 456 ME et les Landes 279 ME. La part du tourisme dans la richesse totale est seulement plus importante en Charente-Maritime (6,3 %), dans les Landes

(5,2 %) et dans les Pyrénées-Atlantiques (4,3 %). La Dordogne dépasse, et de loin, tous les autres départements non balnéaires de la région.

Périgord Noir. Sur les 6 400 emplois touristiques du département, on en trouve 2 760 en Périgord Noir. C'est 10,9 % de l'emploi total de ce territoire. Le reste du Périgord recouvre 3 610 emplois, soit 3,3 % du total. On est loin des pourcentages atteints sur l'île de Ré (1 980 emplois, soit 29,2 % du total) ou sur le littoral médocain (2 100 emplois, 21,2 %). En Périgord Noir, le tourisme génèrerait plus de 100 ME de richesse chaque année.

Ce sont les dernières données connues. Elles datent de 2013.

Office de tourisme de Sarlat

Comparatif : la Dordogne loin du peloton de tête

En prenant en compte les statistiques de chaque pays, il y a eu 1,19 milliard d'arrivées de touristes dans le monde en 2015. Elles n'étaient que 284,8 millions en 1980. La France est le pays où les arrivées ont été les plus nombreuses : 84,5 millions en 2015, devant les Etats-Unis (77,5), l'Espagne (68,2), la Chine (hors Hong Kong et Macao, 56,9) et l'Italie (50,7).

Que de chemin parcouru depuis 1980 ! Il n'y avait alors eu que 30,1 millions d'arrivées de touristes en France, 22,5 millions aux Etats-Unis, 22,4 millions en Espagne et seulement 3,5 millions en Chine.

Globalement, c'est en Europe que se rendent les touristes (607,6 millions en 2015), devant l'Asie et le Pacifique (279,2), l'Amérique (192,6) et l'Afrique (53,5).

Dordogne, trentième. Les Etats-Unis sont le pays qui réalise le plus de recettes liées au tourisme : 184,3 milliards d'euros (MdE) en 2015, loin devant la Chine (102,8 MdE), l'Espagne (50,9 MdE) et la France (41,4 MdE). Le Royaume-Uni est juste derrière avec 41 MdE.

Concernant les déplacements touristiques des Français, il existe un classement des départements selon le nombre de nuitées accueillies (921 millions de nuitées recensées en 2015). La Dordogne y figure au trentième rang, avec 1,1 % des nuitées totales accueillies (soit un peu plus de

9 millions). La Charente-Maritime est première (3,9 %), devant l'Hérault (3,8 %), le Var (3,8 %), la Vendée (3,1 %) et les Pyrénées-Orientales (2,6 %).

Concernant les monuments et sites culturels les plus fréquentés de France, malgré ce qui est parfois répété, aucun site de Dordogne ne figure dans les cinquante premiers. Le premier est Disneyland, à Marne-La Vallée, avec 14,8 millions d'entrées en 2015, puis viennent le musée du Louvre (8,4 millions), la tour Eiffel (7) et le château de Versailles (5,9).

Le gouffre de Padirac (Lot) est en 64e position, avec 452 250 entrées en 2015. Pour sa première année pleine d'exercice, Lascaux IV vise les 400 000 entrées. L'attraction la plus populaire de Dordogne est Lascaux II, huitième site le plus visité de la région, avec 267 000 entrées en 2015. Viennent ensuite le château de Castelnaud (235 000 visiteurs, *photo page précédente*), la Roque Saint-Christophe à Peyzac-Le Moustier (172 836), le château de Beynac (140 000) et l'Aquarium du Bugue (130 000).

Source : Mémento du tourisme 2016, Direction générale des entreprises.

Vivre et travailler en Périgord Noir

# 7. Forces et faiblesses

Fin 2016

Les forces du Sarladais et du Périgord Noir sur le plan économique.

Le tourisme, les habitants, la qualité de vie : quelques pistes de réflexion

Voici des extraits des réponses aux questions posées à de nombreux élus, chefs d'entreprises et habitants du Périgord Noir.

Selon l'agent immobilier cypriote Jean-François Laquièze, la force du Sarladais réside dans « son attraction touristique qui ne se dément pas ». Dans le même sens, un patron sarladais évoque « le tourisme, la notoriété internationale de Sarlat, son terroir, sa culture, son authenticité, son patrimoine, sa qualité de vie, sa capacité à s'adapter. Il y en a trop ! » Le directeur d'un site industriel souligne lui aussi « les forts atouts dans le secteur touristique : villes médiévales très bien conservées et restaurées, grottes, châteaux, nature, etc. ». Il rappelle « la très haute qualité de vie par rapport à la vie urbaine et la présence de bons services publics, sans les inconvénients de la grande ville que sont l'insécurité, la pollution, le manque d'espaces verts et le coût de la vie plus élevé ».

L'ancien maire communiste de Sarlat Louis Delmon les rejoint pour ce qui est de l'apport du tourisme, pour lequel « la Dordogne a des atouts sérieux. Il faut promouvoir un tourisme riche de contenu et de qualité de l'environnement et les productions locales. » Selon un élu de Sarlat-La Canéda, « la force et la faiblesse du territoire, c'est son isolement. C'est un atout, car les habitants jouissent d'une certaine qualité de vie. Ils prennent le temps de vivre, ont des loisirs, etc. Le logement est, en général, de qualité. » Un patron d'une entreprise de taille moyenne évoque « la qualité de vie, le coût de la vie raisonnable, la main-d'œuvre stable et peu syndiquée, les réussites tournent autour du tourisme, de l'artisanat, des pôles agroalimentaires et médicaux ».

Pierre Maceron a été salarié puis agent public tout en menant une activité de militant syndical et politique. Il évoque, pour les forces du Sarladais, « le dynamisme de ses habitants, qui sont très attachés à leur territoire, avec beaucoup moins « d'émigration » vers les grands centres qu'ailleurs ». Selon lui, les réussites principales se situent « dans le tourisme, à nuancer toutefois quant aux emplois, qui sont essentiellement saisonniers ».

Quelles sont les faiblesses du territoire ?

Enclavement, absence de vision de développement, chômage...

Les interviewés (élus, chefs d'entreprises et habitants du Périgord Noir) ont donné quelques éléments de réponse concernant les faiblesses du Sarladais et du Périgord Noir sur le plan économique.

Vivre et travailler en Périgord Noir

Un chef d'entreprise de Sarlat qui souhaite rester anonyme évoque l'absence d'une piscine couverte et, en général, le manque d'expertise de la municipalité sur les questions économiques : « Je reproche à la mairie de ne pas faire respecter les équilibres entre le centre historique et les extérieurs ». Il aimerait « une vision de transition énergétique dans les permis de construire et une charte de construction, plutôt que de faire des bâtiments moches », évoquant un magasin récemment construit dans le secteur de Madrazès. Autre faiblesse : « Le manque d'imagination à regrouper les forces de notre territoire ».

« **Rétroviseur** ». Ancien adjoint au maire d'une ville du nord de la France, le Calviacois Michel Cuvillon *(photo)* a une certaine habitude de la chose politique, dont il se sert pour rédiger le journal *Poil à gratter gratuit* distribué aux habitants du Carluxais. Il porte un regard sévère sur l'action des élus locaux en matière de développement économique : « Le Périgord vend une image rétrograde tournée vers la gastronomie et la féodalité… Le tourisme occupe une place qui enferme les élus locaux dans la culture excessive du passé. On ne vit pas en ne regardant que dans son rétroviseur. » Michel Cuvillon s'attriste aussi, comme beaucoup d'autres, de l'enclavement. Ainsi, selon le Cypriote Jean-François Laquièze, les liaisons routières, ferroviaires et aériennes sont faibles. « L'éloignement des grands centres urbains et, par conséquent, le manque de grandes infrastructures comme des universités ou des pôles industriels provoquent un manque d'attractivité pour les initiatives industrielles », regrette un directeur d'usine.

Le tourisme. Jean-François Laquièze déplore aussi « l'insuffisance de l'offre hôtelière haut de gamme, l'image uniquement touristique et décalée avec la réalité, comme parfois pour la gastronomie et l'éparpillement de l'offre touristique avec l'absence de politique commune : c'est le chacun pour soi. » Si l'attraction touristique est une force qui ne se dément pas, selon lui, « c'est aussi une faiblesse, car elle a longtemps occulté la lente décadence du secteur industriel, sans parler de l'agriculture moribonde. » Un président d'association corrobore : « Le tourisme est à la fois la force et la faiblesse du Sarladais. Un emploi sur deux en dépend, et seulement quatre à cinq mois sur douze. Les décideurs politiques sont tétanisés sur ce sujet et leurs efforts de diversification, quand ils en font, sont d'une grande timidité. Pourtant un petit nombre d'entreprises, telles Suturex & Renodex et Güdel-Sumer à Carsac-Aillac, excellent dans leurs créneaux et pourraient servir d'amorçage pour en attirer d'autres. »

Un employeur souligne aussi les difficultés pour obtenir des terrains pour des projets économiques, les problèmes de travail pour les conjoints de cadres venant de l'extérieur, les transports collectifs déficients et les compétences humaines locales parfois insuffisantes.

Le chômage, un boulet. Un commerçant sarladais pointe « un hôpital en perte de vitesse, l'attractivité du centre-ville de Sarlat à recréer, des bâtiments classés à ouvrir et à mettre en valeur, tout comme notre artisanat, et enfin de vraies pistes cyclables à créer ». Un maire du Carluxais évoque la catastrophe que représenteraient des plans de licenciements, voire des fermetures de certaines entreprises qui comptent de nombreux emplois. Et encore n'évoque-t-il pas le plan social silencieux qui se déroule dans le monde des petites ou très petites entreprises, dont bon nombre ont réduit leurs effectifs ces dernières années. Avec les propositions de suppressions de postes de fonctionnaires qui figurent dans les programmes de certains candidats à la présidentielle [2017, ndlr], des emplois seraient également menacés dans les établissements de santé, au trésor public, au centre des impôts, à La Poste, dans l'Education nationale ou dans la fonction publique territoriale. Où sont les gisements d'emplois pour pallier ces disparitions, si jamais elles deviennent réalité ?

Avec 3 306 chômeurs et un taux de chômage des 15 à 64 ans de 14,6 % – dont 32,4 % chez les hommes de 15 à 24 ans et 39,2 % chez les femmes de 15 à 24 ans (chiffres 2013) – le Sarladais a un besoin urgent de réponse. Car outre qu'il est souvent vécu très péniblement (moralement ou financièrement) par la personne privée d'emploi, le chômage est un frein au dynamisme économique, puisque les chômeurs ont par définition de petits revenus et ne dépensent donc pas autant qu'ils le feraient s'ils avaient un emploi et, donc, un revenu plus important.

Conclusion partielle et provisoire...

Un atout de ce territoire, non évoqué par les répondants, car probablement trop évident, est qu'il se situe au sein d'un des Etats les plus puissants de la planète. Cet Etat dispose d'une main-d'œuvre réputée parmi les plus techniques et productives du monde. La France possède une économie dont les ramifications se prolongent dans tous les pays du globe ou presque. Que serait l'économie de la France sans les matières premières (énergie, métaux, caoutchouc, etc.) extraits aux quatre coins du monde, souvent par des entreprises françaises, et utilisées par les entreprises résidant sur le territoire national ? Rien.

Nous reviendrons sur cette question dans un prochain chapitre.

Vivre et travailler en Périgord Noir

Vivre et travailler en Périgord Noir

8. Les contradictions économiques

Classes sociales, inégalités sociales, conflits. Le chômage. La précarité. La fiscalité prédatrice

Champagne pour les uns… Colis aux Restos du Cœur pour les autres

1) Les dirigeants économiques : une belle santé

Avant d'évoquer les leaders économiques négro-périgordins, un petit zoom sur les plus grandes fortunes françaises, dont la santé s'améliore énormément depuis deux décennies, en proportion inverse de celle des classes populaires. Si les millions et les milliards vont font tourner la tête, passez ce chapitre !

Mi 2017

La contribution des habitants du Périgord Noir à l'amélioration du sort des milliardaires

En passant à la caisse, en payant ses factures ou ses impôts, chacun participe, parfois sans le savoir, à la prospérité de ces grandes familles

Comme chaque année depuis 1996, le mensuel *Challenges* (propriété de Claude Perdriel, 365e fortune française avec 200 millions d'euros) a dévoilé, il y a quelques jours, son classement des 500 familles françaises les plus riches*. Aucune n'est basée en Dordogne. 3 500 grands actionnaires français sont suivis pour élaborer la liste.

En vingt et un ans, le nombre de milliardaires tricolores est passé de 11 à 92. La somme de ces 500 patrimoines a bondi de 80 à 570 milliards d'euros (MdE). Pendant ce temps, le revenu des autres habitants (99,999 % de la population) progressait à pas de tortue. En moyenne, le patrimoine (déclaré) de ces grandes fortunes s'est accrue trois fois et demie plus vite que le produit intérieur brut de la France (pour les dix premiers, dix fois plus vite). Conclusion logique : la répartition des richesses est chaque année de plus en plus inégalitaire.

Juin 2011. Inauguration du Carrefour Market de Sarlat modernisé. Visite des locaux par MM. Peretti, Pomarel (propriétaire de la zone) et Olivier (directeur)

Mariage présidentiel. Comme tous les autres habitants du pays, les Périgordins ont contribué à faire grandir le patrimoine de ces « 500 familles ». Il est impossible de consommer au quotidien ou de payer ses factures et ses impôts (TVA, impôts sur le revenu...) sans qu'une partie de la somme acquittée ne termine, plus ou moins directement, sur les comptes d'une de leurs sociétés. La première fortune française est Bernard Arnault. Son patrimoine, 46,9 MdE, a été multiplié par 17 depuis 1996. Il a augmenté de 42 % entre 2016 et 2017 ! Outre de nombreuses marques de luxe via LVMH et Hermès (dont une usine se trouve à Nontron), il possède le groupe de presse *Les Echos/Le Parisien*. A chaque fois que les

Périgordins font leurs courses dans un magasin Carrefour, ils contribuent à accroître sa fortune. En effet, celui qui a été témoin du mariage de Nicolas Sarkozy et Carla Bruni, en 2007, possède 8,8 % du groupe de grande distribution, n° 1 européen.

Libéral en théorie... Liliane Bettencourt et la famille Meyers sont 2es du classement (35,8 MdE). Elles possèdent 33 % du n° 1 mondial des cosmétiques, L'Oréal, fondé par le grand-père de Liliane. Ce géant se porte très bien puisque son cours en bourse a grimpé de 15 % en un an. 3es plus riches, Axel Dumas et la famille Hermès ont 65 % de ce groupe de luxe dans lequel Bernard Arnault a aussi des parts. La très pieuse famille Mulliez est en 4e place du classement de *Challenges* (et à la 1ère du classement de *Capital**). Ils ont 30 MdE (+ 4 MdE en un an). Tous ceux qui se rendent à Auchan, Flunch, Pizza Paï, Pimkie, Kiabi, Norauto, Boulanger, Décathlon, Leroy Merlin, Kiloutou, Jules, entre autres, contribuent à améliorer son pouvoir d'achat. Elle gère aussi un empire immobilier de centaines de centre commerciaux en France et dans le monde. Toute personne qui veut s'installer dans l'un d'eux doit leur payer son écot.

... Etatiste en pratique. L'homme politique et éditorialiste Serge Dassault est farouchement opposé à l'intervention de l'Etat dans l'économie et à « l'assistanat »... envers les pauvres. Mais, sur le plan économique, l'empire du capitaliste Dassault Serge, récemment décédé, est sous perfusion d'argent public. La 5e fortune française (21,6 MdE, en hausse de « seulement » 1,6 MdE en un an) prospère grâce aux deniers des contribuables et à la tant critiquée « dépense publique », que ce soit via la vente des avions de guerre à l'armée, via les activités spatiales ou même *Le Figaro*. Le quotidien de droite perçoit chaque année des millions d'euros au titre des aides à la presse.

La bienveillance de l'Etat envers les propriétaires d'entreprises ne se limite pas aux héritiers Dassault. C'est un classique de l'économie, depuis Louis XIV et Colbert et même avant. Quand les Sarladais, ou bien d'autres, payent leur facture d'eau à Veolia, ils participent aussi à la prospérité de la famille Dassault, qui en possèdent des parts.

Les amateurs de parfums et de luxe contribuent à sortir du pétrin la famille Wertheimer, 6e du classement avec 21 MdE (+ 4,5 MdE en un an) et propriétaire de Chanel. Le groupe a vu son chiffre d'affaires (CA) reculer de 17 % entre 2014 et 2015 (5,6 MdE). Mais il a réalisé une modeste marge (25 %), dont une partie est allée enjoliver les comptes des descendants de Pierre Wertheimer, qui a été l'associé, en son temps, de Coco Chanel.

Ivres de joie. La holding Kering, de François Pinault et sa famille (7e fortune, 19 MdE, en hausse de 7,3 MdE en un an), c'est pêle-mêle Gucci, Yves Saint-Laurent, Boucheron, Balenciaga (luxe), Puma... Les abonnés à SFR reversent chaque mois une partie de leurs revenus à Patrick Drahi, 8e au classement (14,7 MdE, + 90 % en un an après une forte baisse l'année précédente). Il possède Altice, un groupe d'audiovisuel... très endetté, auquel les banques continuent courageusement à faire confiance !

9es, Pierre Castel et sa famille sont les premiers d'une belle guirlande de Bordelais dans ce classement, notamment grâce au commerce d'un psychotrope légal : l'alcool. Ils

Vivre et travailler en Périgord Noir

sont à la tête d'un groupe de boissons et de vins. De La Villageoise à... Beychevelle, il y en a pour tous les goûts et tous les portefeuilles ! Outre ses salariés, Xavier Niel remercie également ses nombreux abonnés Web et mobile (notamment via Free) : ils ont fait de celui qui a commencé dans le Minitel rose la 10e fortune nationale avec 9,4 MdE (seulement + 2,2 MdE en un an) : ils ont Free, il a tout compris !

Certains éleveurs le maudissent : Emmanuel Besnier leur paierait trop peu cher le lait. Est-ce lié ? Lui et sa famille seraient à la tête de 8 MdE (+ 2,2 MdE en un an) de fortune professionnelle via Lactalis (17 MdE de CA en 2017).

* D'autres classements, comme celui de Forbes *pour les fortunes mondiales, celui du magazine* Capital *ou du newsweek* L'Express, *pour la France, présentent des résultats un peu différents. En effet, celui de* Capital *prend en compte les dettes, contrairement à celui de* Challenges. *Mais la hausse des patrimoines des grands bourgeois est constatée par tous.*

Idées reçues ou réalité

Au niveau mondial, les 10 % les plus aisés détiennent 86 % de la richesse. Les ultra-fortunés (0,7 % de la population) ont plus de 41 % du patrimoine total. 30,3 millions de chanceux ont mis de côté entre 1 et 50 millions de dollars (M$). La fortune de 98 663 personnes est supérieure à 50 M$. A l'opposé, les 50 % des individus les moins fortunés ont à peine 1 % du patrimoine mondial. Près de la moitié des habitants de la planète ne possèdent quasiment rien, ou des biens de valeur monétaire presque nulle : une case en tôle, quelques poules, une voiture ancienne... Heureusement, l'argent ne fait pas le bonheur !

C'est aux Etats-Unis qu'il y a le plus de millionnaires (en dollars) : un peu plus de 13 millions de personnes. Suivent le Japon et la France, avec respectivement 2,6 et 2,2 millions d'individus, nationaux ou étrangers. Quasiment un habitant de l'Hexagone sur trente serait donc millionnaire ! Pas mal, pour un « enfer fiscal ». On ne dénombre « que » 1,6 million de millionnaires au Royaume-Uni et 1,5 million en Allemagne. Et encore beaucoup moins en Suisse !

Source : inegalites.fr

Les disparus du classement

Challenges évoque les disparus du classement : ceux qui ne font plus partie des 500 plus riches de France. Le niveau de fortune minimal pour intégrer la liste a augmenté de 30 millions d'euros (ME) en un an ! Il est passé de 100 ME en 2016 à 130 ME en 2017. C'est presque un tiers d'augmentation de son patrimoine en 365 jours. La hausse moyenne pour l'ensemble des 500 fortunes a été de 20 %. « Certains nous ont fait part de leur frustration de ne plus être dans le classement », se désolent les rédacteurs du magazine.

Parmi ces exclus, certains ont pourtant augmenté leur richesse, comme Sophie Dulac, héritière de la société de communication Publicis, qui en détient moins de 1 % : sa fortune est passée de 110 à 119 ME en un an. Même désagrément pour la famille d'Agnès Troublé (propriétaire de la marque de vêtements Agnès B), les Cougnaud (constructeurs de structures modulaires), les Séché (spécialistes du traitement des déchets), Jonathan Benassaya et Daniel Marhély (site Web de musique Deezer).

D'autres ont vu carrément leur fortune diminuer. Feue-Evelyne Prouvost-Berry et sa famille, propriétaires de plus de 50 % du journal féminin Marie-Claire, ont vu leur bas de laine passer de 125 à 106 ME en un an. Le lunettier Alain Afflelou est aussi en perte de vitesse. Attention au découvert ?

Effectifs des entreprises

Voici les 24 entreprises françaises qui employaient le plus grand nombre de salariés (en France et dans le monde) en 2017 : Sodexo (428 000 salariés), Carrefour (380 920), groupe Mulliez-Auchan (351 474), Finatis-Casino (330 433), La Poste (251 249), Peugeot-Citroën (187 347), Vinci (185 452), BNP Paribas (181 551), Saint-Gobain (168 114), EDF (156 312), Orange (156 191), Engie (154 935), Société générale (151 149), SNCF (149 500), LVMH (135 000), Bouygues (120 254), Renault (120 136), Sanofi (115 631), Banque populaire-Caisse d'épargne (102 886), AXA (98 279), Total (96 019), L'Oréal (89 300), Lactalis (75 000), Crédit agricole (71 499), Bolloré (55 000)…

Sources : données officielles des groupes, Wikipédia.

Des marques bien de chez nous

D'autres noms très connus sont dans le classement de Challenges : Bolloré (Havas, Canal +, Vivendi, 12e), Decaux (mobilier urbain, 14e), Louis-Dreyfus (négoce, 17e), Guerlain, Rothschild, Ricard, Peugeot, ou encore l'ami de François Fillon, Marc Ladreit-de-Lacharrière. Et aussi les propriétaires de Bouygues, TF1, LCI, Clarins,

Vivre et travailler en Périgord Noir

Sodexo, CMA CGM, les Galeries Lafayette, SEB, Ipsen, Rémy-Cointreau, Somfy, Altrad, Yves Rocher, Petit Bateau, Plastic Omnium, Wendel, Bic, Sisley, Cora, Match, Vicat, *vente-privee.com*, Michelin, Fayat, OVH, Tarkett, Longchamp, Porto Cruz, Label 5, Saint-James, Marie Brizard, Ogic, Théâtre Bobino, Mane, Oberthur, Pathé, l'Olympique lyonnais, Elior, Odalys, Andros, Labeyrie, Materne, Publicis, AB, Trigano, Fiducial, Saint-Mamet, CMN, Boiron, Loxam, Groupe Atlantic, Sepro, Valrhona, Soufflet, Zodiac, Zadig & Voltaire, Lacoste, Urgo, Patrice Pichet, les Carmes de Haut-Brion, Baron Philippe-de-Rothschild, Mouton-Cadet, Casinos Barrière, Monoprix, Franprix, Casino, Ubisoft, Guillemot, Lyreco, Betclic, Louboutin, NRJ, Bernard Magrez, Trianon Palace de Versailles, Grand hôtel de Bordeaux, château Margaux, Crit-intérim, Adecco, Laboratoires Théa, Pierre Cardin, Maxim's, Gifi, Bonduelle, Lafite-Rothschild, Samsic, Bigard, Charal, Socopa, Accor Hotels, Eolane, Monnoyeur, Derichebourg, Pomona, Air Caraïbes, Petroplus, Figeac aéro, Cémoi, Proman, Onet, UGC, Orpéa, Château Pétrus, Parrot, Vetoquinol, Upsa, Jacadi, Okaïdi, Comptoir des Cotonniers, ID Logistics, *showroomprive*, TAT Group, Promod, Manitou, Vygon, L'Equipe, le Tour de France, Eram, Tati, Gémo, Fabio Lucci, Paprec, Newrest, Toulouse FC, Bioderma, Esthederm, Etat Pur, Loué, Le Gaulois, Maître Coq, Lectra, Burger King, Burton, Devred, Bouchara, Mustela, Radiall, PhotoService, Grand Optical, Générale d'Optique, Acuitis, Hôtel Negresco, Chausson Matériaux... Comme quoi, tout n'a pas encore été racheté par les Chinois...

Fin 2016

Qui a le plus de pouvoir et d'influence dans l'économie du Périgord Noir ?

Décembre 2012. Assemblée générale de l'Association interprofessionnelle du Sarladais. Avec MM. Cloup, Cabanel, Vaunac, Carcenac, Chatenoud et Mme Guy

Sont évidemment mis en avant des chefs d'entreprises, comme Thierry Gauthier, patron de l'entreprise leader dans son secteur, TPL, et de TPL boutiques. Il revient très souvent comme un exemple à suivre.

Pour le Sarladais, voici les autres noms souvent prononcés : le patron de l'entreprise du bâtiment et travaux publics (BTP) Michel Vaunac, le président du club de rugby de Sarlat Xavier Trichet, qui développe la Coverpa en dehors du Sarladais, le patron de McDonald's et de l'association des commerçants Etienne Aussedat, le directeur de Suturex & Renodex Joaquin Valls, le directeur des Carrefour Market de Terrasson, Saint-Cyprien et Siorac Loïc Prevost, les entrepreneurs du tourisme Kléber Rossillon et Jean-Max Touron, le directeur de Porgès-Coloplast Hervé Perez, le pharmacien Vincent Lagoubie, le Tamniécois entrepreneur du numérique Laurent Tripied, le patron de Sarlat travaux publics Rémy Royère, le directeur d'Euralis Périgord François Piveteau (qui a quitté ces fonctions depuis), le patron du cinéma Rex Arnaud Vialle, Gérard Chevrier (entreprise De Lama à Carsac) et le patron des menuiseries du Montignacois Jean-Pierre Séguy.

A Terrasson, on parle du directeur des Fermiers du Périgord Benjamin Conan, du gérant d'une chocolaterie Valter Bovetti, sans oublier le maire de Terrasson-Lavilledieu, Pierre Delmon, également créateur de la Socat, qui devait passer la main à Sylvain Broux.

Juin 2012. AG de la Mission locale du Périgord Noir. Avec Mme Guibert et MM. Delmon et de Peretti

Les politiques cités sont, sans surprise, Germinal Peiro, Jean-Jacques de Peretti ou encore Franck Duval. Egalement évoqués, James Chatenoud, ancien directeur de France Tabac et président de l'Association interprofessionnelle du Sarladais et François Vidilles, directeur de la Maison de l'Emploi du Périgord Noir.

L'un des patrons cités évoque l'influence de la franc-maçonnerie. L'appartenance à l'une des deux loges du Sarladais peut être utile, par exemple pour développer un projet économique.

Evidemment, le Périgord Noir est riche d'un tissu de petites entreprises, dans le BTP, la restauration, l'hôtellerie, l'artisanat, les services... Impossibles de citer tous les entrepreneurs qui les animent. Certains d'entre eux ont une certaine influence dans la population et acquièrent, de ce fait, l'oreille des gens de pouvoir.

Le responsable d'une importante association médico-sociale apporte un éclairage : « Les gens de pouvoir et d'influence réels sont en général très discrets. La notoriété n'est pas nécessairement un signe de pouvoir. La présence médiatique, liée ou non à la fonction, est probablement un moyen d'influence. D'autres sont très discrets et pourtant très actifs... »

* Mise en contact rapide des clients et des professionnels grâce à l'utilisation des nouvelles technologies.

Thierry Gauthier

Parmi les entrepreneurs, le nom de Thierry Gauthier *(à droite sur la photo en compagnie de M. Peiro)* est souvent cité. Il dirige TPL Systèmes, créée en 1989 et spécialisée dans la radio-communication. Bien placée dans son secteur d'activité, cette entreprise emploie 59 salariés et a réalisé 18,4 millions d'euros (ME) de chiffre d'affaires en 2014*. Il a aussi mis en place une pépinière d'entreprises sur la zone d'activités économiques de Vialard. Celui qui a été le président du comité de soutien à la liste de Peretti aux municipales 2014 est aussi le patron de TPL boutiques. Cette société gère des commerces à Sarlat et va encore se développer avec la création de nouvelles surfaces. Elle a réalisé 3,4 ME de CA et a employé 22 salariés* en 2015. Elle a acquis le domaine du château de Monrecour, à Saint-Vincent-de-Cosse.

* *Source,* verif.com

Concernant ce sujet, lire également le « Who's who éco du Sarladais » à la fin de l'ouvrage.

Sarlat, Fête de la truffe, janvier 2012. A gauche, Franck Duval, élu chargé notamment des questions économiques et directeur du Sictom, en compagnie de chefs étoilés et d'Alain Rougié

Automne 2015

Entreprises du Périgord Noir et du Sarladais

Les plus gros chiffres d'affaires

L'arrondissement de Sarlat regroupe 5 618 entreprises. Sur les 500 plus importantes de Dordogne (en termes de chiffre d'affaires), 86 sont situées dans le Périgord Noir. Si l'on additionne leurs chiffres d'affaires 2014, on obtient la somme de 1,125 milliard d'euros, ce qui donne un aperçu de la richesse produite par les habitants du secteur. Cependant, cette somme ne recouvre pas parfaitement la réalité. Il faudrait plutôt la revoir à la hausse. Pour plusieurs raisons. D'abord, il y a forcément quelques oublis, car la liste recense quasi exclusivement des entreprises qui ont leur siège en Dordogne. Ainsi vous ne trouverez pas certains supermarchés d'importance, notamment à Sarlat.

Ensuite, des sociétés n'ont pas déposé leurs comptes en 2014. Elles se trouvent ainsi exclues de la base de données qui a permis de rédiger l'article. Celle-ci ne comporte presque que des entreprises ayant déposé leurs comptes 2014 et accepté qu'ils soient rendus publics sur Internet. Les entreprises ont obligation de déposer leurs comptes, mais celles qui ne le font pas n'encourent qu'une amende de cinquième classe.

Autre raison, certaines entreprises, comme l'usine Euralis Rougié de Sarlat ou certains supermarchés, ne figurent pas dans la liste, car elles sont intégrées à des groupes plus importants. Pour information, le pôle alimentaire d'Euralis, dont fait partie l'usine sarladaise, a réalisé un chiffre d'affaires de 493 millions d'euros (ME) en 2014. Une bonne partie de ce résultat provient du travail des employés périgordin et des éleveurs.

Enfin, il y a des entreprises qui font partie d'un groupe international. Leur direction, basée à l'étranger, rapatrie tout ou partie du chiffre d'affaires réalisé dans une filiale basée en dehors du pays, notamment pour des raisons fiscales. Le chiffre d'affaires annoncé ci-dessous, et déclaré au tribunal de commerce, sera donc moindre que ce qui est effectivement produit sur le site basé en Périgord Noir.

Située au Lardin-Saint-Lazare, la Papeterie de Condat apparaît comme la première entreprise du Périgord Noir et de Dordogne, que ce soit au niveau du chiffre d'affaires (410 millions d'euros en 2014) ou des effectifs (plus de 500 salariés). Cette richesse produite en Périgord n'est pas déclarée ici mais auprès du tribunal de commerce de Nanterre, dans les Hauts-de-Seine, département où se trouve le siège social de Condat. La Papeterie de Condat fait partie du groupe Lecta, lequel est propriété d'un fonds d'investissement, CVC Capital Partners.

Au sujet de Condat, une réunion très importante devait se tenir ce jeudi 26 novembre [2015, ndlr]. La décision d'investir ou non sur le site de la vallée de la Vézère pourrait être lourde de conséquences, selon le maire de

Terrasson-Lavilledieu, M. Delmon, cité par le site d'information *EwaNews*.

Les plus grosses entreprises sont soit industrielles, soit commerciales, avec de nombreux supermarchés dans les principales communes du Périgord Noir. Les principales grandes surfaces, marchands de gros et de détail, ont réalisé un chiffre d'affaires de 241,7 ME en 2014. Ce secteur économique produit une manne supérieure à celui de l'agroalimentaire (155,1 ME) et à celui du bâtiment et travaux publics (74,5 ME).

Industrie, fabrication

Le chiffre d'affaires cumulé des 11 premières entreprises industrielles et de fabrication du Périgord Noir s'élève à 553,2 ME, dont les 4/5ᵉ rien que pour la première.

1) Papeterie de Condat au Lardin-Saint-Lazare (410 ME) ; 2) Coloplast (Porgès) à Sarlat-La Canéda (47,5 ME) ; 3) Société d'outillage, caoutchouc et application technique (Socat) à Terrasson-Lavilledieu (30,4 ME) ; 4) TPL Systèmes à Sarlat-La Canéda (18,4 ME) ; 5) Suturex & Renodex à Carsac-Aillac (15,5 ME) ; 6) Société périgourdine d'emballage métallique à Terrasson-Lavilledieu (10,4 ME) ; 7) Menuiserie Seguy à Montignac (6,2 ME) ; 8) Alcal à Rouffignac-Saint-Cernin-de-Reilhac (4 ME) ; 9) Inova à Campagnac-lès-Quercy (3,9 ME) ;

10) Aquifrance à Terrasson-Lavilledieu (3,9 ME) ;
11) Abrifinal à Cénac-et-Saint-Julien (3 ME).

Juillet 2013. Des responsables de l'association de commerçants AVenir Sarlat avec des clients de la navette

Commerce, supermarchés

Le chiffre d'affaires cumulé des 25 principales entreprises du commerce du Périgord Noir s'élève à 241,7 ME.
1) Sarlat Distribution (Leclerc) à Sarlat-La Canéda (35,9 ME, CA de 2011, le dernier connu au moment de l'enquête) ; 2) Siniht (Intermarché) au Bugue (29,2 ME) ; 3) Medea (Intermarché) à Montignac-sur-Vézère (20,6 ME) ; 4) Reverderie (Intermarché) à Terrasson-La

Villedieu (17,5 ME) ; 5) Bopredis (Carrefour market) à Saint-Cyprien (15,6 ME) ; 6) Etablissements Bouyssou à Saint-Pompon (14,7 ME) ; 7) Crilodis (Carrefour Market) à Siorac-en-Périgord (13,6 ME) ; 8) Etablissements Souillac à Sarlat-La Canéda (8,2 ME) ; 9) Leader Dordogne Distribution (Leader Price) à Montignac (7,6 ME) ; 10) SARL Cadiot à Salignac-Eyvigues (7,6 ME) ; 11) Julien-de-Savignac au Bugue (7,5 ME) ; 12) Terdis (Carrefour Market) à Terrasson-Lavilledieu (6,6 ME).

Mais aussi : Société Périgord Distribution cénacoise à Cénac-et-Saint-Julien (6 ME), Barbigua (Intermarché) à Salignac-Eyvigues (5,3 ME), RC Comm à Tamniès (5,2 ME), Ets Poilleux au Buisson-de-Cadouin (5,1 ME), Maison Serre à Terrasson (4,8 ME), Ets Freytet à Daglan (4,5 ME), Numavera (Bricomarché) au Bugue (4,2 ME), TPL Boutiques à Sarlat (3,8 ME), SA Sovemas à Sarlat (3,7 ME), Laleu à Sarlat (3,3 ME), Ets Borde à Saint-Cyprien (2,9 ME), Société GRM à Sarlat (2,9 ME), Gautier-Sarlat à Sarlat (2,7 ME), Bouyssou et Fils à Belvès (2,7 ME).

Travaux publics, bâtiment...

Le chiffre d'affaires cumulé des 17 principales entreprises du BTP du Périgord Noir s'élève à 74,5 ME.

1) Société de menuiserie Mercier-Vaunac à Sarlat-La Canéda (6,5 ME) ; 2) ATSE Bordes à Saint-Geniès (6,3 ME) ; 3) Etablissements Coste à Castelnaud-La Chapelle (6 ME) ; 4) Jacques Sudrie et fils au Bugue

(5,5 ME) ; 5) Entreprise Héraut au Bugue (5,4 ME) ; 6) Etablissements Bouscasse « Froid climatisation cuisine équipement » à Carsac-Aillac (4,8 ME) ; 7) Etablissements Brel à Sarlat (4,6 ME) ; 8) Société sarladaise de construction Vaunac à Sarlat (4,4 ME) ; 9) Dallages centre à La Feuillade (4 ME) ; 10) Périgord Travaux publics Egire à Sarlat (3,8 ME).

Mais aussi : Entreprise Gardarein Denis à Terrasson (3,7 ME), Montastier au Bugue (3,6 ME), Entreprise Guy au Buisson-de-Cadouin (3,5 ME), Garrigou TP Carrières à Grolejac (3,2 ME), Sarlat Travaux publics à Sarlat (3,2 ME), Carrières Lafaure à Mazeyrolles (3,1 ME), Prouillac et fils à Salignac-Eyvigues (2,9 ME).

Agroalimentaire, agriculture

Le chiffre d'affaires cumulé des 17 premières entreprises agroalimentaires et agricoles du Périgord Noir s'élève à 155,1 ME.

1) Les Fermiers du Périgord à Terrasson (31,2 ME) ; 2) SAS Cerno à Cénac-et-Saint-Julien (30,7 ME) ; 3) Traditions du Périgord à Carsac-Aillac (17,5 ME en 2005) ; 4) Les Vergers des coteaux du Périgord Noir à Nabirat (10,7 ME) ; 5) Aqui Frais à Sarlat-La Canéda (11,7 ME) ; 6) Coop Cerno du Périgord Noir à Cénac-et-Saint-Julien (9,7 ME) ; 7) Toques et distillerie du Périgord à Sarlat-La Canéda (5,3 ME) ; 8) Volailles Dumas Périgord

Noir à Aubas (5 ME) ; 9) Maison Coudeyrat au Bugue (4,3 ME) ; 10) Charcuterie de campagne Vaux à Sarlat-La Canéda (4,3 ME) ; 11) Sarlat Périgord Foie gras SA à Sarlat-La Canéda (4,1 ME).

Dans la suite du classement, on trouve également Bovetti Chocolats à Terrasson-Lavilledieu (3,9 ME), la Coopérative des éleveurs de palmipèdes prêts à gaver Corrèze/Périgord à Terrasson (3,8 ME), le Cellier du Périgord à Sarlat-La Canéda (3,4 ME), Périfruit au Bugue (3,2 ME), la société coopérative agricole Sarlat foie gras (3,2 ME), Sélection Fruits à Nadaillac (3,1 ME).

Paramédical, services, tourisme...

Paramédical. Pharmacie Lagoubie à Sarlat-La Canéda (6,7 ME), Biocentre laboratoires d'analyses à Sarlat-La Canéda (6 ME).

Services. Expert Conseil entreprise (comptabilité) à Sarlat-La Canéda (5,7 ME), Société Hydrel (ingénierie) au Buisson-de-Cadouin (4,5 ME), Fulgator (recherche scientifique) à Sarlat (4 ME), Centrale intervention prévention sûreté (sécurité) à Pazayac (3,9 ME), Adéquat 020 (intérim) à Terrasson (3 ME).

Tourisme, restauration. Kléber Rossillon SARL à Castelnaud-La Chapelle (4,3 ME), Le Vieux Logis à Trémolat (3,1 ME).

Garages, transports

Garages. Le Grand Garage de la Dordogne (Peugeot) à Sarlat-La Canéda (13,7 ME), Garage Robert (Renault) à Sarlat-La Canéda (10,3 ME), Sarlat Autos (Citroën) à Sarlat-La Canéda (7,6 ME), Kioti France SARL à Pazayac (7 ME).

Transports. Transports Malaurie au Buisson-de-Cadouin (10,2 ME), SVL Pilote au Lardin-Saint-Lazare (7,2 ME), Périgord Voyages à Carsac-Aillac (3,1 ME).

Dordogne

En Dordogne, les principales entreprises sont Sobeval à Boulazac (178,99 ME), Polyrey à Baneuil (122 ME), Beauty Success à Marsac-sur-l'Isle (103,2 ME), Trelidis (Leclerc) à Trélissac (95,9 ME), Munksjo à Lalinde (81,9 ME), Veau Allaitement Schils (Sobeval) à Boulazac (81,6 ME). Certaines entreprises qui ont leur siège dans ce département ne réalisent pas tout leur chiffre d'affaires ici. Ainsi de Beauty Success, par exemple.

Tout est relatif

La comparaison entre les chiffres d'affaires (CA) des entreprises permet de se faire une idée du poids économique de tel ou tel département. Exemple : la 500ᵉ plus importante entreprise de Dordogne annonce un CA de 2,6 ME. C'est plus que la 500ᵉ plus grosse entreprise de Haute-Vienne (2,3 ME) mais beaucoup moins que la 500ᵉ du Val-d'Oise (9,9 ME), sans parler de celle qui occupe ce rang dans les Hauts-de-Seine (144 ME).

Cette perspective confirme la place de la Dordogne à la fin du classement des départements français pour ce qui est du produit intérieur brut.

L'argent public destiné aux entreprises

A écouter les patrons, leurs représentants syndicaux, des politiques, des économistes et des journalistes, la France serait un pays cauchemardesque pour les entrepreneurs. Chaque année, ils seraient nombreux à quitter le pays « pour faire du business ailleurs ». En cause, une Administration trop tatillonne et un niveau de « prélèvements obligatoires », de « taxes » et de « charges » beaucoup trop élevé par rapport à ce qui se pratique chez « nos voisins ».

Qu'en est-il en réalité ?

Dans le budget 2018 de l'Etat, les exonérations fiscales atteignent 99 milliards d'euros (MdE), contre 93 MdE en 2017. C'est ainsi l'équivalent de plus d'un tiers du budget de l'État qui est ainsi abandonné volontairement par le Parlement et le Gouvernement.

Qui en profite ? Rien que les exonérations de cotisations sociales, le crédit d'impôt pour la compétitivité et l'emploi (CICE) et le crédit impôt recherche (CIR), mis en place sous les précédents gouvernements, de gauche comme de droite, représentent 63,5 MdE d'aides aux employeurs. Pas moins de 2 024 aides financières nationales, européennes ou locales existent pour eux.

Précisons une petite chose. Avec 100 MdE, il serait possible de financer les salaires (« charges » comprises) de 2 100 575 travailleurs payés 2 000 euros net par mois sur treize mois. On voit ainsi qu'il ne serait pas impossible de faire baisser le chômage, si l'argent évaporé était utilement investi...

Aux données concernant les exonérations fiscales, il faut ajouter la fraude et l'évasion fiscale, qui sont presque toujours le fait des milieux aisés, donc des dirigeants des entreprises grandes et moyennes. L'État perdrait 200 MdE par an à cause de ces deux phénomènes. Même si d'autres études évoquent une somme moins élevée, on parle toujours de plusieurs dizaines de milliards d'euros qui sont volés à l'État, c'est-à-dire, en l'occurrence, à ceux qui le financent par leur travail.

Ajoutons qu'Emmanuel Macron a également supprimé l'impôt sur la fortune. Au nom de l'aide aux investisseurs... La baisse d'impôt totale pour les plus riches sera de plus de 4 MdE en 2018. Dans le même temps, l'Insee a estimé que la facture fiscale pour les ménages s'alourdira de 4,5 MdE, en raison de l'augmentation de la CSG, des taxes sur le tabac ou l'énergie : « La combinaison de ces hausses et de ces baisses (fiscalité et cotisations sociales) augmenterait les prélèvements obligatoires sur les ménages (...), ce qui ôterait 0,3 % à l'évolution du pouvoir d'achat », explique pudiquement l'organisme de statistiques.

Drôle d'enfer antipatronal !

Il faut évidemment faire une distinction entre les petites entreprises, qui subissent la loi du marché dictée par les grandes et sont pressurées par leurs fournisseurs, leurs clients et l'État, et les moyennes et grandes, qui ont plus de latitudes pour agir et exploiter tout à la fois leurs salariés, leurs clients et leurs fournisseurs. Les premières sont celles qui disparaissent en masse lors des passages économiques difficiles ; leur activité est absorbée par des sociétés plus grandes, qui réalisent la même production avec souvent une meilleure productivité.

Loin des rêves ou des mensonges des penseurs libéraux, la réalité est que l'Etat a toujours injecté de l'argent dans l'économie afin de permettre sa bonne marche... et de favoriser les classes dominantes. Et ce depuis des siècles. Dès l'époque de la royauté, de la monarchie absolue, l'État a aidé à la constitution d'un marché, a financé des campagnes dans « le Nouveau Monde » afin d'en piller les richesses et d'en exploiter les habitants, a passé des commandes publiques à des chantiers privés divers, ou a créé des chantiers avant de les privatiser une fois qu'ils étaient sur les rails. L'histoire regorge d'exemples, dans tous les pays. En Russie tsariste, au XIXe siècle, l'industrie a poussé presque uniquement sous l'impulsion de l'État central, avec l'aide du capital financier étranger (français et allemand notamment). Pensons aussi aux départements d'outre-mer, qui vivent en grande partie grâce à l'argent public lié aux paiements des fonctionnaires et aux « investissements » de l'État. Lesquels ne bénéficient qu'à quelques gros capitalistes et commerçants locaux, la population laborieuse survivant avec des salaires de misère ou des petits jobs.

Déviation de Beynac. Ce grand projet déchaîne les passions. Il peut être analysé sous l'angle de l'aide publique à l'économie privée. Les fonds nécessaires à sa réalisation, si elle a lieu, iront abonder les recettes des entreprises du BTP. Les collectivités locales et l'État participent ainsi, grâce à l'argent du contribuable, au maintien d'une activité économique (donc temporairement à la survie de quelques emplois…), avec à la clé de confortables profits pour les patrons du secteur (du moins pour les plus gros). Quant au bénéfice pour l'usager et le territoire, il est sujet à débat entre les partisans et les opposants au projet.

Toute cette économie du BTP vit sous perfusion de l'argent public. Ne serait-il pas plus rationnel, pour la collectivité, de la nationaliser ? Cela ne coûterait-il pas moins cher au contribuable ?

Au cours des quelques années que j'ai passées en Périgord Noir, j'ai constaté les multiples interventions financières du conseil départemental, de la Région ou des communautés de communes dans l'aide à des entreprises. Souvent, cela s'est fait au nom de la lutte contre le chômage, lequel a pourtant continué à augmenter année après année, de pair avec la précarité. Bien des directions d'entreprises pratiquent le chantage à l'emploi. Etat et collectivités se montrent toujours très arrangeants.

Vivre et travailler en Périgord Noir

Teton *(photo)* a fermé en 2011, mettant sur le carreau des dizaines de salariés. Les patrons avaient touché de l'argent public, notamment du Département. En pure perte donc, sauf pour certaines personnes peut-être !

Gascogne Wood a été également « soutenu » par les collectivités. Au final, l'entreprise a presque complétement disparu en Périgord Noir. Un nouveau projet serait sur la table pour maintenir quelques emplois, mais l'entrepreneur potentiel demande un nouveau « soutien » des pouvoirs publics…

Les exemples ne manquent pas. Toutes les entreprises ou presque sont ou peuvent être aidées. Mais ce sont les plus grosses qui bénéficient des cadeaux les plus imposants. La Papeterie de Condat est la propriété d'un fonds d'investissement parmi les plus riches du monde. Les dirigeants de Lecta, la maison-mère de l'entreprise

– « premier employeur de Dordogne », comme aiment à le répéter les élus locaux –, recourent souvent à la menace de suppressions d'emplois. Ils invoquent diverses raisons pour cela, souvent mensongères, comme le fait que le site du Lardin-Saint-Lazare ne serait pas rentable ! Des artifices et des montages fiscaux et juridiques sont présentés pour le prouver. Au final, les collectivités ont donné de l'argent sans contreparties à plusieurs reprises à la société Lecta, ce qui ne l'a pas empêchée de supprimer des emplois, faisant exploser la productivité par l'exploitation accrue des travailleurs restants.

Comment la population pourra-t-elle « vivre et travailler au pays » après cela ? Comment les jeunes Négro-Périgordins ne deviendraient-ils pas des « migrants », voués à vendre leur force de travail ou à créer une entreprise loin du pays de leurs aïeux ? Les voyages forment la jeunesse certes, et le monde est devenu un village...

Evoquons en passant les nombreuses aides du conseil régional, dont la compétence principale est justement « l'économie », c'est-à-dire, en termes clairs, la distribution sans aucun contrôle de l'argent public à des privés.

Un mot aussi concernant France Tabac, la fameuse usine de première transformation de tabac, située à Sarlat, qui a fait la fierté du Périgord Noir pendant des années. Ses effectifs ont été réduits à la portion congrue suite à plusieurs plans sociaux décidés par les « paysans » qui dirigent cette coopérative. Alors que l'un de ces plans était en gestation, il y a quelques années, la communauté de communes Sarlat-Périgord Noir (CCSPN) s'est entichée d'un ancien hangar de France Tabac, situé face au stade de rugby de Madrazès *(photo)*. Son président Jean-Jacques de Peretti a voulu acheter ce bâtiment de 6 000 m² pour en faire des bureaux de la CCSPN ainsi qu'une pépinière d'entreprises du numérique. « Pépinière » est un mot à la mode pour présenter un lieu où de nombreuses petites entreprises sont accueillies avec des facilités.

La collectivité a finalement acquis ce vieux bâtiment à rénover pour plusieurs centaines de milliers d'euros auprès d'un opérateur économique qui avait licencié des dizaines d'habitants du territoire en quelques années. Ajoutons que cela n'a choqué aucun élu, gauche comprise !

Suturex & Renodex, propriété d'une multinationale allemande, a également « reçu le soutien », comme on dit, du Département, au moment de la réalisation de son projet de modernisation de ses locaux (le projet Eiffel).

Encore une fois, ce ne sont que quelques exemples.

2) Une population majoritairement appauvrie

Août 2013

Périgord Noir : zoom sur l'impôt sur le revenu

Sarlat-La Canéda compte beaucoup de personnes pauvres, et aussi une cinquantaine de foyers fiscaux à plus de 100 000 euros de revenus annuels

Le revenu fiscal de référence (RFF) est une notion utilisée par les services des impôts pour calculer les contributions à payer. Il est censé donner un aperçu réaliste du niveau de revenus du foyer fiscal, lequel peut être composé d'une ou de plusieurs personnes. Cependant, le RFF ne prend pas en compte les éventuelles aides sociales auxquelles peuvent prétendre les foyers *(lire Quels revenus ?)*. Les données mises à disposition du public par l'Administration permettent de découvrir le Périgord fiscal... Ces chiffres sont ceux de 2011, les derniers publiés.

Vivre et travailler en Périgord Noir

En Dordogne. La recette de l'impôt sur le revenu se monte à environ 177 ME, soit près de 0,36 % des recettes de cet impôt au niveau national. Rappelons que la population périgordine (414 000 habitants) représente une proportion plus importante (0,63 %) de la population nationale. Cela montre que la Dordogne est un département où les revenus sont plutôt inférieurs à ceux connus ailleurs, notamment dans les zones urbaines.

247 293 foyers fiscaux sont recensés en Dordogne et moins de la moitié (113 596) sont imposables. L'impôt moyen payé est de 1 588 euros. Les foyers disposent d'un revenu total de près de 4,9 milliards d'euros (MdE). Avec de grands écarts : les 75 950 foyers fiscaux les plus pauvres gagnent en moyenne 5 003 euros par an, soit 416 euros par mois. Si l'on additionne tous leurs maigres revenus, on arrive à une somme d'environ 380 millions d'euros (ME). A l'autre bout de l'échelle sociale, les 1 924 foyers fiscaux les plus aisés ont déclaré en moyenne 191 736 euros. Ils sont 40 fois moins nombreux que les premiers, mais leurs revenus cumulés sont quasiment identiques.

47 732 foyers gagnent entre 10 000 et 15 000 euros par an. 10 108 foyers disposent d'un revenu fiscal de référence compris entre 50 000 et 100 000 euros par an.

Sarlat-La Canéda. La capitale du Périgord Noir compte environ 10 000 habitants, mais regroupe 6 327 foyers fiscaux, dont 2 960 seulement sont imposables. La commune abonde à la recette de l'impôt sur le revenu à hauteur de 5,6 ME. L'impôt moyen payé est de 1 891 euros.

Près d'un tiers (1 925) des foyers fiscaux sarladais ont des revenus situés entre 0 et 10 000 euros par an. En moyenne, ces foyers doivent survivre toute une année avec 4 787 euros (399 euros par mois), sans compter d'éventuelles aides sociales. Environ la moitié des foyers a un revenu inférieur à 15 000 euros par an, soit 1 250 euros par mois pour vivre. A l'opposé, 56 foyers fiscaux présentent un revenu annuel supérieur à 100 000 euros. En moyenne, cette bourgeoisie sarladaise dispose d'un revenu annuel de 209 000 euros. Après soustraction de cet impôt, ce revenu moyen se monte encore à près de 180 000 euros annuel, soit 15 000 euros par mois.

Belvès. La commune compte 889 foyers fiscaux, dont 366 sont imposables. Ils ont reversé 623 844 euros à l'Etat en 2011. L'impôt moyen payé est de 1 704 euros.

Beynac-et-Cazenac. La commune compte 235 foyers fiscaux, dont 138 sont imposables. Ils ont reversé 325 486 euros à l'Etat en 2011. L'impôt moyen payé est de 2 358 euros.

Le Bugue. La ville des bords de Vézère a reversé 1,38 ME au titre de l'impôt sur le revenu en 2011. Sur 1 735 foyers fiscaux (756 imposables), 585 ont un revenu inférieur à 10 000 euros par an et déclarent en moyenne 4 963 euros par an. 20 foyers ont un revenu supérieur à 100 000 euros avec une moyenne de 146 312 euros par an. L'impôt moyen payé est de 1 825 euros.

Le Buisson-de-Cadouin. La commune a reversé 782 182 euros au titre de l'impôt sur le revenu en 2011. Sur 1 314 foyers fiscaux (542 imposables), 441 ont un revenu inférieur à 10 000 euros et déclarent en moyenne 4 797 euros par an. 13 ont un revenu supérieur à 100 000 euros avec une moyenne de 132 147 euros par an. L'impôt moyen payé est de 1 443 euros.

Carlux. La commune compte 401 foyers fiscaux, dont seulement 168 sont imposables. Ils ont reversé 270 493 euros à l'Etat en 2011. L'impôt moyen payé est de 1 610 euros.

Carsac-Aillac. 935 foyers fiscaux, dont 499 imposables. Ils ont reversé 975 443 euros à l'Etat en 2011. L'impôt moyen payé est de 1 954 euros.

Castelnaud-La Chapelle. 273 foyers fiscaux, dont 109 imposables. Ils ont reversé 259 542 euros à l'Etat en 2011. L'impôt moyen payé est de 2 381 euros.

Castels. 403 foyers fiscaux, dont 167 imposables. Ils ont reversé 262 898 euros à l'Etat en 2011. L'impôt moyen payé est de 1 574 euros.

Cénac-et-Saint-Julien. 719 foyers fiscaux, dont seulement 361 imposables. Ils ont reversé 416 887 euros à l'Etat en 2011. L'impôt moyen payé est de 1 154 euros.

Condat-sur-Vézère. 473 foyers fiscaux dont 247 imposables. Ils ont reversé 362 256 euros à l'Etat en 2011. L'impôt moyen payé est de 1 466 euros.

Le Coux-et-Bigaroque. 547 foyers fiscaux, dont 260 imposables. Ils ont reversé 410 003 euros à l'Etat en 2011. L'impôt moyen payé est de 1 576 euros.

Domme. 587 foyers fiscaux, dont seulement 275 sont imposables. Ils ont reversé 483 249 euros à l'Etat en 2011. L'impôt moyen payé est de 1 757 euros.

Les Eyzies-de-Tayac-Sireuil. La capitale mondiale de la préhistoire compte 558 foyers fiscaux, dont 236 imposables. Ils ont reversé 329 779 euros à l'Etat en 2011. L'impôt moyen payé est de 1 397 euros.

Le Lardin-Saint-Lazare. La cité papetière a reversé 528 812 euros au titre de l'impôt sur le revenu en 2011. Sur 1 084 foyers fiscaux (521 imposables), 281 ont un revenu inférieur à 10 000 euros par an et déclarent en moyenne 4 971 euros. L'impôt moyen payé est de 1 014 euros.

Marcillac-Saint-Quentin. 453 foyers fiscaux, dont 242 imposables. Ils ont reversé 298 492 euros à l'Etat en 2011. L'impôt moyen payé est de 1 233 euros.

Montignac-sur-Vézère. Au pied de la grotte de Lascaux, on a reversé 951 085 euros au titre de l'impôt sur le revenu en 2011. Sur 1 819 foyers fiscaux (745 imposables), 627 ont un revenu inférieur à 10 000 euros et déclarent en moyenne 5 177 euros par an. L'impôt moyen payé est de 1 276 euros.

Proissans. 515 foyers fiscaux, dont 285 imposables. Ils ont reversé 386 720 euros à l'Etat en 2011. L'impôt moyen payé est de 1 356 euros.

La Roque-Gageac. La commune compte 285 foyers fiscaux, dont 153 sont imposables. Ils ont reversé 322 181 euros à l'Etat en 2011. L'impôt moyen payé est de 2 105 euros.

Rouffignac-Saint-Cernin-de-Reilhac. 982 foyers fiscaux, dont seulement 382 sont imposables. Ils ont reversé 523 237 euros à l'Etat en 2011. L'impôt moyen payé est de 1 369 euros.

Saint-Cyprien. 957 foyers fiscaux dont seulement 386 sont imposables. Ils ont reversé 532 077 euros à l'Etat en 2011. L'impôt moyen payé est de 1 378 euros.

Saint-Geniès. 534 foyers fiscaux, dont 258 imposables. Ils ont reversé 365 197 euros à l'Etat en 2011. L'impôt moyen payé est de 1 415 euros.

Salignac-Eyvigues. 709 foyers fiscaux, dont 312 sont imposables. Ils ont reversé 512 349 euros à l'Etat en 2011. L'impôt moyen payé est de 1 642 euros.

Siorac-en-Périgord. 601 foyers fiscaux, dont 246 imposables. Ils ont reversé 318 950 euros à l'Etat en 2011. L'impôt moyen payé est de 1 296 euros.

Terrasson-Lavilledieu. La commune a reversé 1 974 974 euros au titre de l'impôt sur le revenu en 2011. Sur 3 506 foyers fiscaux (1 495 imposables), 1 062 ont un revenu inférieur à 10 000 euros et déclarent en moyenne 5 062 euros par an. 23 ont un revenu supérieur à 100 000 euros avec une moyenne de 143 294 euros par an. L'impôt moyen payé est de 1 321 euros.

Thenon. 787 foyers fiscaux dont 323 imposables. Ils ont reversé 331 333 euros à l'Etat en 2011. L'impôt moyen payé est de 1 025 euros.

Villefranche-du-Périgord. 462 foyers fiscaux, dont 137 sont imposables. Ils ont reversé 152 614 euros à l'Etat en 2011. L'impôt moyen payé est de 1 113 euros.

Vitrac. 539 foyers fiscaux, dont 319 sont imposables. Ils ont reversé 643 611 euros à l'Etat en 2011. L'impôt moyen payé est donc de 2 017 euros.

Chiffres tirés des données de l'impôt sur le revenu 2011 concernant les revenus de 2010.

Le centre des finances publiques de Sarlat

Quels revenus ?

Revenus imposables :
- traitements, salaires, pensions, retraites et rentes ;
- revenus des placements financiers ; plus-values et gains divers ; bénéfices industriels et commerciaux ; bénéfices non commerciaux des professions libérales et assimilées ; bénéfices agricoles ; revenus fonciers.

Revenus non imposables :
- allocations familiales, allocation logement, allocation de rentrée scolaire, etc. ; Revenu de solidarité active « Socle » ;
- aide à la famille pour l'emploi d'une assistante maternelle agréée, ainsi que la majoration de cette aide, et l'allocation de garde d'enfant à domicile ;
- intérêts des sommes inscrites sur un livret A, un livret d'épargne populaire, un livret de développement durable, un livret d'épargne entreprise, un livret jeune.

Certains revenus sont exonérés pour partie (salaires des apprentis, de certains élèves ou étudiants, indemnités journalières d'accident du travail ou de maladie professionnelle).

Novembre 2013

1 420 euros par mois : la somme qui divise les Périgordins en deux groupes

Le revenu médian mensuel par personne est une notion utile pour connaître le niveau de vie d'une population. Par exemple, dans un lieu donné, ce revenu divise la population en deux : la moitié des habitants gagne moins que cette somme chaque mois, l'autre moitié gagne plus. Si l'on prend le cas de la France : les 10 % les plus riches gagnent 3 162 euros et plus par mois, les 10 % les plus pauvres 565 euros et moins. Le revenu médian est de 1 562 euros. Précisons que dans ces statistiques ne sont pas pris en compte les départements d'outre-mer, où les revenus sont bien plus bas.

En Dordogne, les 10 % les plus riches gagnent 2 655 euros et plus par mois, les 10 % les plus pauvres 555 euros et moins. Le revenu médian est de 1 420 euros par mois.

Communes du Périgord Noir classées selon le revenu médian en euro

1 500 euros et plus par mois. Saint-Germain-de-Belvès, 1 728 ; La Roque-Gageac, 1 675 ; Carsac-Aillac, 1 644 ; La Feuillade, 1 622 ; Vitrac, 1 586 ; Bézenac, 1 568 ; Proissans, 1 562 ; Mouzens, 1 560 ; Saint-Vincent-Le Paluel, 1 540 ; Auriac-du-Périgord, 1 527 ; Sainte-Nathalène, 1 526 ; Calviac-en-Périgord, 1 522 ; Journiac, 1 520 ; Urval, 1 506 ; Saint-André-Allas, 1 501.

De 1 400 à 1 499 euros par mois. Vézac, 1 498 ; Grèzes, 1 496 ; La Bachellerie, 1 490 ; Cénac-et-Saint-Julien, Saint-Crépin-Carlucet, 1 484 ; Prats-du-Périgord, 1 474 ; Marcillac-Saint-Quentin, 1 473 ; Pazayac, 1 469 ; Chavagnac, 1 464 ; Les Farges, 1 460 ; Condat-sur-Vézère, Manaurie, Molières, 1 447 ; Audrix, 1 444 ; Valojoulx, 1 443 ; Sarlat-La Canéda, 1 439 ; Ladornac, Simeyrols, 1 435 ; Monplaisant, 1 432 ; Meyrals, 1 428 ; Campagne, 1 422 ; Tursac, 1 421 ; Saint-Chamassy, 1 418 ; Hautefort, 1 413 ; Saint-Martial-de-Nabirat, 1 411 ; Coly, 1 406 ; Le Lardin-Saint-Lazare, 1 404 ; Aubas, 1 403 ; Le Bugue, 1 402 ; Cazoulès, 1 400.

De 1 300 à 1 399 euros par mois. Castels, 1 393 ; Marnac, 1 387 ; Prats-de-Carlux, Salignac-Eyvigues, 1 384 ; Carlux, Nailhac, 1 383 ; Trémolat, 1 380 ; Saint-Cybranet, 1 378 ; Le Coux-et-Bigaroque, Saint-Geniès, 1 374 ; Marquay, 1 367 ; Berbiguières, 1 365 ; Saint-Aubin-de-Nabirat, 1 363 ; Sagelat, 1 362 ; Domme, Saint-Vincent-de-Cosse, 1 360 ; Alles-sur-Dordogne, La Chapelle-

Aubareil, 1 359 ; Daglan, 1 358 ; Le Buisson-de-Cadouin, 1 353 ; Beynac-et-Cazenac, 1 349 ; Savignac-de-Miremont, 1 345 ; Castelnaud-La Chapelle, Bouzic, Tamniès, 1 344 ; Montignac-sur-Vézère, 1 339 ; Grolejac, 1 338 ; Azerat, Veyrignac, 1 337 ; Saint-Pardoux-et-Vielvic, 1 330 ; Grives, 1 329 ; La Cassagne, 1 325 ; Peyrillac-et-Millac, 1 323 ; Carves, Thenon, 1 321 ; Plazac, 1 314 ; Belvès, Nabirat, 1 312 ; Saint-Félix-de-Reilhac-Mortemart, 1 311 ; Sainte-Mondane, 1 310 ; Thonac, 1 306.

De 1 200 à 1 299 euros par mois. Allas-Les Mines, 1 299 ; Mauzens-et-Miremont, Siorac-en-Périgord, 1 298 ; Les Eyzies-de-Tayac-Sireuil, 1 297 ; Saint-Rabier, 1 296 ; Borrèze, 1 294 ; Saint-Julien-de-Lampon, 1 293 ; Rouffignac-Saint-Cernin-de-Reilhac, 1 289 ; Fanlac, Terrasson-Lavilledieu, 1 285 ; Veyrines-de-Domme, 1 283 ; Saint-Cyprien, 1 281 ; Saint-Léon-sur-Vézère, 1 274 ; Nadaillac, 1 270 ; Jayac, 1 265 ; Peyzac-Le Moustier, 1 250 ; Limeuil, Saint-Cernin-de-L'Herm, 1 247 ; Saint-Amand-de-Coly, 1 239 ; Sergeac, 1 234 ; Florimont-Gaumier, 1 227 ; Archignac, 1 223 ; Saint-Laurent-La Vallée, 1 221.

Moins de 1 200 euros par mois. Campagnac-lès-Quercy, 1 186 ; Villefranche-du-Périgord, 1 185 ; Saint-Pompon, 1 166 ; Loubéjac, 1 158 ; Fleurac, 1 145 ; Mazeyrolles, 1 116 ; Saint-Cirq-du-Bugue, 1 111 ; Paulin, 1 110 ; Larzac, 1 109 ; Bars, 1 101 ; Doissat, 973 ; Besse, 955.

Et ailleurs. Périgueux, 1 439 ; Ribérac, 1 383 ; Bergerac, 1 342.

Paris, 2 087 ; Bobigny, 969 ; La Courneuve, 868 ; Neuilly-sur-Seine, 3 708.

Sources : Observatoire des inégalités. Données de l'Institut national de la statistique et des études économiques, concernant les revenus de l'année 2010, pour la France métropolitaine et pour une unité de consommation, hors impôts et prestations sociales.

Périgord Noir : 35 % des salariés sont saisonniers

Le produit intérieur brut de la Dordogne est de 9 milliards d'euros, selon la chambre de commerce et d'industrie. Le tourisme générerait près d'un quart de cette somme. Cette activité se concentre essentiellement dans l'arrondissement de Sarlat.

Le contrat de travail saisonnier est très répandu dans le Périgord Noir, où l'agroalimentaire et le tourisme sont des piliers de l'économie. En Nouvelle-Aquitaine, 8 secteurs – 7 zones littorales et celle du Périgord – regroupent 67 % de l'emploi saisonnier touristique.

Dans le Périgord Noir, 80 % de ces emplois se concentrent dans l'hébergement-restauration. 35 % de l'emploi salarié de ce territoire est saisonnier.

Au niveau de la région, plus de 171 000 contrats saisonniers ont été signés entre novembre 2012 et octobre 2013, selon l'Insee*. 146 100 salariés sont concernés, sur une population active de 3,63 millions de personnes. « En équivalent temps plein (ETP), ces emplois représentent 1,2 % de l'emploi salarié total de la région », précise l'Insee.

Le recrutement des saisonniers est local, dans une grande majorité des cas. Deux profils principaux de salariés se distinguent : un profil caractéristique d'étudiants exerçant un job d'été et n'ayant occupé qu'un seul poste, pour la grande majorité d'entre eux ; un profil de salariés modestes, plus âgés, qui cumulent ou enchaînent postes saisonniers et non saisonniers. Il y a presque autant d'hommes que de femmes.

Globalement, les postes occupés par les salariés saisonniers sont peu qualifiés. Seulement 5 % des contrats ont la qualification cadre. La moitié des saisonniers occupent leur poste pendant moins de 23 jours. Cette durée médiane est de 30 jours pour le secteur hébergement-restauration et de 21 jours pour l'agriculture.

En général, les saisonniers sont jeunes. La moitié d'entre eux a moins de 26 ans et la moyenne d'âge est de 31 ans. Ils sont moins rémunérés que les salariés non saisonniers. La moitié d'entre eux touche moins de 8,80 euros net de l'heure (soit 1 355 euros net pour un temps plein à 154 heures par mois).

Les trois quarts des contrats ont été générés par les secteurs de l'hébergement-restauration (33 %) et de l'agriculture-pêche (22 %). Mais de nombreux autres secteurs ont également recours aux saisonniers : commerce, sécurité privée, arts et spectacles, activités récréatives, etc.

« L'activité saisonnière, portée majoritairement par le tourisme, est concentrée sur les mois de juillet/août (52 % des contrats), rapporte l'office national des statistiques. Certains domaines, comme l'agriculture ou les services administratifs et de soutien, embauchent aussi des salariés saisonniers sur d'autres périodes. » 69 500 salariés saisonniers ont travaillé dans les activités liées au tourisme. Le secteur de l'hébergement et de la restauration regroupe 64 % des contrats saisonniers, en ETP. Si on y ajoute le commerce et les arts, spectacles et activités récréatives, ces trois secteurs concentrent plus de 90 % des contrats.

Institut national de la statistique et des études économiques.

Juillet 2015

L'action sociale dans le canton de Sarlat : une activité en hausse et cela devrait durer

Le Centre intercommunal d'action sociale Sarlat-Périgord Noir est compétent sur Sarlat et les douze autres communes du canton

Sur le territoire de la communauté de communes Sarlat-Périgord Noir (CCSPN), le Centre intercommunal d'action sociale (Cias) a de multiples missions. Il joue un rôle d'accueil et d'information, gère la maison de retraite du Plantier, la restauration à domicile et collective. Personnes en grande précarité, personnes âgées, gens du voyage peuvent s'adresser à lui pour s'informer ou demander à bénéficier de certains services.

Le Cias a bénéficié d'un budget de 935 000 euros en 2014 (sans compter celui de l'Ehpad* du Plantier). La CCSPN a beaucoup augmenté sa subvention à l'établissement, qui est passée de 430 000 euros en 2013 à 625 000 euros en 2014. Il faut rappeler que, le 1er janvier 2014, le Centre communal d'action sociale (CCAS) de Sarlat a été dissout et ses activités transférées au Cias, lequel intervient sur les treize communes du canton de Sarlat.

En 2014, l'activité d'accueil a augmenté de 30 % par rapport à 2013. Le service social a ainsi accueilli 1 806 personnes, contre 1 535 en 2013 et 1 122 en 2012.

Aide sociale. 93 dossiers d'aide sociale ont été déposés. Cela peut concerner une demande de place à l'Ehpad ou au foyer logement du Plantier, l'emploi d'une aide ménagère... Proportionnellement, moins de demandes émanent des communes rurales que de Sarlat-La Canéda. Le rédacteur du rapport d'activités 2014 du Cias se demande d'ailleurs s'il y a un manque d'information des habitants des villages sur leurs droits et sur les services dont ils peuvent bénéficier.

Logement social. 57 demandes de logements sociaux ont été déposées en 2014, et 69 ont donné lieu à l'attribution d'un logement par les deux bailleurs sociaux, Dordogne Habitat et Périgordia. Ce niveau supérieur à la demande s'explique par le fait que des demandes enregistrées en 2013 ont été satisfaites en 2014.

Aire des gens du voyage. Le Cias perçoit plus de 70 000 euros de subventions (Etat et conseil départemental) chaque année pour la gestion du site de Rivaux, qui propose 16 emplacements pouvant chacun recevoir deux caravanes. Des travaux de restructuration et de mise en conformité (aménagements informatique et technique) ont été menés en 2014 sur le site. Lequel a connu une grande baisse de fréquentation, avec seulement 10 personnes accueillies, contre 124 en 2013 et 177 en 2012. Cela représente 6 familles en 2014, contre 30 en 2013 et 55 en 2012. D'autres aires du département connaîtraient une telle baisse de fréquentation. Le rapport laisse entendre que « dans l'hypothèse d'une sous-occupation », l'aide versée par les financeurs pourrait diminuer.

Ateliers. La CCSPN a aussi mis en place des ateliers informatiques pour les séniors (60 en 2014), ainsi que des séances de sport adapté (35 en 2014).

* Etablissement d'hébergement pour personnes âgées dépendantes.

Service social de proximité

Le service social a vu son activité augmenter d'environ 20 % en 2014. Le nombre de familles suivies a augmenté de 10 %, passant à 374. Seules 25 % d'entre elles ont fait une demande d'aide financière. Les aides concernent le paiement du loyer, des factures, le surendettement, l'épicerie sociale ou le garage social (Vézac), le suivi des dossiers de CMU ou de retraite... entre autres. Des chèques multiservices sont également donnés : 232 personnes en ont bénéficié en 2014, pour un coût de 18 216 euros, soit à peu près le même niveau qu'en 2013.

Les bons de Noël ont été remis à 160 familles et à 37 personnes âgées. Aucune personne âgée habitant une autre commune que Sarlat n'a demandé de bons : « Cela laisse à penser que ce dispositif est mal connu ou inadapté aux besoins dans les territoires ruraux », selon le rédacteur du rapport. L'épicerie sociale et les associations caritatives ont vu augmenter le nombre de personnes qui les fréquentent.

Expulsions des locataires. 57 procédures d'expulsion du logement ont été lancées en 2014, contre 42 en 2013. Sur ces procédures, 14 se sont soldées par un commandement de quitter les lieux délivré par un huissier. Le concours de la force publique a été demandé à 11 reprises, contre 10 en 2013. Mais aucune expulsion proprement dite n'a été relevée en 2014, contre 5 en 2013 et 2 en 2012.

La direction

En 2014, le Cias a employé 55 agents (personnel de l'Ehpad compris), sous la direction de Jean-Luc Raulet. Le conseil d'administration du Cias est présidé par Jean-Jacques de Peretti, ès qualités de président de la communauté de communes. Outre le président, ce CA comprend onze membres élus, représentant les communes, dont cinq conseillers municipaux sarladais, notamment Marie-Louise Margat. Onze autres membres sont nommés, dont un représentant de la Mutualité sociale agricole, d'autres d'associations de personnes âgées ou handicapées, ou encore l'Amicale laïque de Sarlat. Le Cias est également doté de commissions : consultative, finances et d'appel d'offres.

Maison de retraite du Plantier

L'Ehpad du Plantier accueille 65 personnes âgées, qui sont de plus en plus dépendantes. Il dispose d'un budget de 2,1 millions d'euros (2014). Il y a aussi un foyer logement qui comprend 15 appartements. En tout, en ajoutant la maison de retraite de l'hôpital, le nombre de places sur le canton de Sarlat est de 125. A l'Ehpad, la moyenne d'âge des résidents est de 89 ans. L'âge moyen des arrivants est de 85 ans. Près de 80 % des enfants des résidents habitent dans un rayon de 30 km et assurent une visite par semaine. Un cinquième restent donc plus isolés.

Concernant l'Ehpad du Plantier, son directeur est « mutualisé », c'est-à-dire qu'il est également à la tête de la maison de retraite de l'hôpital de Sarlat. En effet, le rapprochement des deux maisons de retraite a été réalisé. La question du statut des agents et de leur appartenance à telle ou telle fonction publique (territoriale ou hospitalière) a été posée. L'Ehpad a employé 47 personnes sur le site en 2014, dont plus d'un tiers sous contrat précaires (CDD, CAE, contrats d'avenir...).

Une partie de l'équipe est fragilisée par l'évolution du contexte, avec la dégradation de l'état de santé des résidents, dont il faut s'occuper sans moyens humains supplémentaires. Concernant les conditions de travail, le rapport signale ainsi que « l'accroissement de la dépendance a un effet sur l'établissement qui atteint un point critique en 2014, laissant apparaître l'insuffisance de l'effectif autorisé en 2008 pour faire face aux évolutions des missions ». Ce nombre insuffisant d'employés augmente la charge de travail, ce qui a un effet sur les arrêts de travail : « Le volume des arrêts maladie représente l'équivalent de neuf emplois à temps plein ». La moyenne des jours d'arrêts maladie par agent a ainsi été de 40 en 2014, alors que, selon le rapport, « il est communément retenu que 20 jours par an et agent constituent un signe d'alerte institutionnelle ». Avec le rapprochement de la maison de retraite du Plantier avec celle de l'hôpital, des pistes de réflexion sont à l'étude pour résoudre les difficultés.

3) La politique économique pro-patronale aux niveaux local, national et supranational : un constat d'échec

Décembre 2016
Didier Bourdet inquiet pour l'emploi

Le syndicaliste a un point de vue qui détonne

Le secrétaire de l'Union locale du Sarladais Didier Bourdet a été et demeure un infatigable militant de la CGT. Il évoque l'économie.

Porgès. « En 1981, juste après l'élection de François Mitterrand à la présidence de la République, la direction a annoncé l'embauche de 200 personnes. Nous allions nous retrouver à 600 ! Un des directeurs était proche du Parti socialiste. Je lui ai demandé comment il allait faire pour pérenniser ces emplois. Il m'a dit que la direction avait trouvé le moyen de pénétrer sur le marché allemand. Je lui ai fait remarquer qu'il y avait peu d'autres entreprises qui démarchaient contre nous en France et outre-Rhin et qu'il ne fallait pas que les Allemands s'agacent et qu'on ait un retour de bâton. Deux ans plus tard, Porgès a licencié

220 personnes ! Et depuis, on a perdu des emplois tous les ans. Une partie de la production est délocalisée, alors que l'entreprise gagne beaucoup d'argent.

« Je ne crache pas dans la soupe. Embauché chez Porgès en septembre 1969, j'ai vu l'entreprise se développer. Tout le temps où j'ai été délégué syndical*, de 1970 à mon départ, nous avons obtenu des choses intéressantes pour le personnel. J'entends parler du salaire égal femmes-hommes. C'est fait depuis longtemps chez Porgès : nous nous sommes battus il y a quinze ans de cela pour que les femmes puissent travailler sur les presses, qu'elles aient les mêmes coefficients et les mêmes salaires que les hommes.

Sarlat, février 2012. Didier Bourdet en compagnie de MM. de Peretti et Melot, représentants de la mairie, et de Mme Rey et M. Rebière, de l'UD CGT, à l'inauguration des travaux du local de l'UL CGT

« On n'a rien sans rien. S'il n'y avait pas eu le syndicat, on n'en serait pas là. C'est grâce à la solidarité des gens, pas grâce à moi, qu'on a avancé, le tout sans porter atteinte au développement de l'entreprise, qui a toujours gagné de l'argent plus qu'elle n'en a redistribué aux salariés. »

La situation actuelle en Sarladais. « Rappelons-nous toutes les suppressions d'emplois qu'il y a eu depuis des décennies. France Tabac employait plus de 120 personnes, on voit où elle en est. Et si elle ferme, le tabac se vendra toujours, malgré les problèmes de santé. A Terrasson-Lavilledieu, la Socat a aussi perdu beaucoup d'emplois, malgré les luttes. Des luttes, il y en a eu aussi à la Papeterie de Condat, ce qui n'a pas empêché les effectifs de fondre, malgré les investissements du conseil général. La CGT s'y bat toujours.

« A Sarlat, la Cofna, une usine de produits pour animaux employant une vingtaine de salariés, a fermé en 2002. Certains ont été déplacés à Gourdon, puis ce site a aussi pris une claque. Ne pas oublier aussi les foies gras Delpeyrat, avec plus d'une centaine d'emplois, presque tous supprimés en 1993. A Belvès, la société Imberty a perdu 80 % de son effectif et a été rachetée par Gascogne Wood *[Depuis la situation a encore empiré, ndlr]*. Les parquets Marty, dans le Lot-et-Garonne, employaient de nombreux habitants du sud du Périgord et ont connu des plans sociaux massifs. Et j'en oublie…

« Ces licenciements collectifs, ajoutés à ceux dans les petites entreprises et aux non-remplacements de départs à la retraite, expliquent pourquoi il y a trop de salariés précaires et de chômeurs, ici comme ailleurs. On ne réglera pas cette situation au niveau local. Il y a aussi le problème des travailleurs détachés, notamment dans le BTP. Ces salariés sous-payés doivent être rémunérés comme les salariés de France et avoir la même couverture.

« On mise tout sur le tourisme. C'est bien que la région reçoive du public. Cela fait travailler du monde pendant quatre à six mois. Combien de restaurants sont ouverts l'hiver ? On parle de rentrées financières dues à cette activité. Mais très peu de gens en vivent correctement. Les autres sont au chômage ou en intérim le reste de l'année. »

L'avenir économique. « Dans cinq ans, je pense que cela ne sera pas encore catastrophique. Mais j'ai très peur pour dans vingt ans... Porgès-Coloplast et Rougié, seront-ils toujours là ? Qu'est-ce que les collectivités ont prévu pour faire venir des entreprises ? Suturex & Renodex semble se développer, c'est bien. Pourvu que cela continue. »

Quelles solutions ? « Mon critère, c'est toujours : comment créer des emplois stables, bien rémunérés, et permettre aux habitants de vivre mieux ? Pour garder les entreprises ici, on ne met pas le paquet. Les gouvernements doivent aussi empêcher les délocalisations. Cela m'étonnerait que la droite, si elle revient au pouvoir, parvienne à diminuer le chômage réel, surtout si les salariés doivent travailler trente-huit heures payées trente-cinq.

« Je ne suis pas contre baisser les charges des salariés, pour les petites entreprises uniquement, mais il faut surtout augmenter les salaires. Les dividendes des actionnaires pourraient servir à cela.

« Qui tapera dans la fourmilière et fera payer les entreprises qui font des profits faramineux ? Je serais aussi pour soutenir la production française, y compris en taxant les importations. En même temps, cela peut effectivement conduire à des difficultés avec les autres pays... »

Le syndicalisme. « On a perdu des syndiqués dans les usines, de pair avec la baisse du nombre d'emplois. Beaucoup d'encartés sont partis à la retraite. Chez les jeunes, certains adhèrent, d'autres pas. Tant qu'ils n'ont pas l'assurance de l'emploi, les salariés se méfient. Par contre, la CGT accueille de plus en plus de salariés dits isolés, parfois venus de petites entreprises. On n'en avait pas avant. Leurs employeurs ne sont souvent pas au courant qu'ils sont adhérents. Ils ont des soucis et alors ils décident de s'organiser.

« Au XXe siècle, les travailleurs ont pris conscience que, s'ils ne se syndiquaient pas et s'il n'y avait pas de rapport de force, ils n'obtiendraient pas gain de cause. Dans la mesure où il y a du travail supplémentaire, où ça rapporte des richesses à l'entreprise, c'est normal qu'un syndicat fort obtienne des choses et qu'il soit soutenu, comme ça l'a été à Porgès ou ailleurs. Aujourd'hui, on est dans une sorte d'impasse. C'est difficile pour une famille qui vit sur un Smic de se syndiquer, de payer la cotisation. C'est un tout : un salarié qui gagne bien sa vie se syndiquera, vivra mieux, partira en vacances et consommera plus. Tout cela fait marcher l'économie. »

Pourquoi je me suis engagé. « Quand j'ai été embauché chez Porgès en 1969, j'étais marqué par les grèves de 1968, alors que j'avais 18 ans. J'avais compris que si les travailleurs ne se battaient pas pour obtenir gain de cause, leur situation ne s'améliorerait jamais. J'ai été militant communiste très jeune. Mon père était plutôt socialiste. Les communistes étaient considérés comme des grandes gu..., on nous parlait toujours de l'Union soviétique.

« Aujourd'hui je suis toujours adhérent du Parti communiste français (PCF) et je ne le regrette pas. Ce qui est dommage, c'est que le parti ait perdu la confiance de ses électeurs. Georges Marchais s'est fait avoir par François Mitterrand. Au lieu de participer au gouvernement, en 1981 puis ensuite, le PCF aurait dû rester dans l'opposition et continuer à se battre. »

A Porgès, il a également été secrétaire du comité central d'entreprise et du comité hygiène et sécurité. Il a aussi été juge au conseil de prud'hommes de Bergerac et président de la section industrie pendant trente ans. Désormais défenseur des salariés mandaté par la CGT.

Paroles de Louis Delmon

L'ancien maire communiste de Sarlat-La Canéda entre 1977 et 1989, Louis Delmon, évoque « les contradictions et les tensions qui pèsent sur le territoire. Je crains que le système de la libre circulation, adoptée au plan européen et mondial, se développe en laissant sur le bord de la route les petites structures. Ce processus est devenu rapide. Le tabac, le lait en ont pâti. On ne peut pas signer un traité de libre-échange et ensuite critiquer les conséquences. Il faut

réglementer. Je ne suis pas contre avoir des relations commerciales avec des pays étrangers, mais tout de même. »

L'ancien conseiller général souligne aussi « l'affaiblissement de l'agriculture, pas bon pour le Sarladais. Quand j'ai été élu au conseil général en 1973, la récolte de tabac payée aux producteurs en Sarladais était plus élevée que le budget d'investissement du conseil général. » On en est loin aujourd'hui...

En Périgord Noir : développement ou fermetures

Sarlat. Devant France Tabac, juin 2011

Voici une liste d'entreprises s'étant développées ou ayant fermé (citées par les personnes ayant répondu au questionnaire sur l'économie) en Périgord Noir ces dernières années.

Ouvertures ou développement. A Carsac-Aillac : TPL, Suturex & Renodex, K par 3. A Sarlat : la Charcuterie Vaux, les hôtels de Selves et La Boétie, la Hoirie. Dans la vallée de la Dordogne la laiterie Péchalou. D'autres entreprises liées au médical et au paramédical, à l'hôtellerie-restauration, des enseignes de bricolage, d'artisanat lié au tourisme se sont développées. Ainsi que certains services dans les collectivités locales. Mais aussi le Village du Bournat, l'Aquarium du Bugue, la Semitour…

Fermetures. Saint-Cyprien : l'entreprise de confection Teton (qui a compté jusqu'à 300 employés) en 2011, la conserverie Auguste Cyprien (2001). Saint-Vincent-de-Cosse : les abattoirs Testut (qui ont compté jusqu'à 150 employés) en 2011. Sarlat : Delpeyrat en 1993, le commissariat de police (remplacé par la gendarmerie mais avec un effectif moindre), les établissements Burg-Rebeyrol (articles funéraires et céramiques), les foies gras Joubès. Importantes diminution d'effectifs à France tabac, Gascogne Wood… Sans oublier le choc du plan social à Rougié annoncé fin 2017.

4) Une politique fiscale nationale et locale injuste

Février 2013

Sarlat-La Canéda : ma si chère taxe foncière...

Les élus et le service financier travaillent à la préparation du budget de la commune qui sera voté en mars. Un article écrit avant les mesures d'austérité prises par François Hollande et son gouvernement, avec une baisse des dotations de l'État aux collectivités

Comme pour toutes les communes du pays, le budget primitif 2013 de Sarlat-La Canéda sera voté par le conseil municipal avant le 31 mars. La discussion sur les orientations budgétaires puis le budget en lui-même feront l'objet des prochaines séances du conseil municipal, les 1ᵉʳ et 22 mars.

Pour préparer tout cela, le service financier de la commune planche. Il est composé de quatre agents, qui sont dirigés par Jean-Luc Montet, responsable administratif et financier, lequel est en discussion avec Philippe Melot. L'adjoint au maire anime avec le maire la commission des finances, qui prépare actuellement le budget. La préparation budgétaire va se poursuivre jusqu'à mi-mars.

En 2012 et avant, l'impôt local qui rapporte le plus est la taxe foncière (taxe sur le foncier bâti), loin devant la taxe d'habitation.

Le ministère de l'Economie et des Finances met à la disposition du public des informations sur la fiscalité, le fonctionnement, l'investissement. Les plus récentes concernent l'année 2011. Elles sont instructives :

Taxe d'habitation : un taux plus bas que la moyenne. Propriétaires, locataires ou occupants à titre gratuit doivent tous s'acquitter de cet impôt. Des abattements et des exonérations s'exercent, suivant des cas particuliers. En 2011, le taux était de 12,71 % pour Sarlat alors que le taux moyen des communes similaires *(lire « La strate »)* était de 14,33 %. La taxe rapporta 1,721 million d'euros (ME). Cela fait 174 euros par habitant, soit exactement le niveau moyen de la strate.

Taxe foncière (bâti) : un taux sarladais bien supérieur. Elle est due par les propriétaires, et des exonérations peuvent aussi avoir lieu. En 2011, le taux voté fut de 39,03 %. Soit quasiment le double du taux moyen dans les communes de la strate : 20,88 %. Du coup, cet impôt a rapporté à la commune plus de 5 ME. Cela équivaut à 507 euros par habitant, loin des 236 euros des communes de taille similaire.

Taxe foncière (non bâti) : Le taux local adopté par le conseil municipal en 2011 fut de 154,89 %, soit quasiment trois fois plus que le taux moyen : 58,01 %. Cette taxe a rapporté environ 150 000 euros.

Et en 2013 ?

A quelle sauce seront mangés les contribuables en 2013 ? Les élus sarladais ne veulent évidemment pas dire quelles évolutions suivront les taux des taxes locales : ce sera rendu public lors des conseils municipaux de mars.

Sauf miracle, une hausse devrait être annoncée. « Les aides de l'Etat, notamment la dotation globale de financement, sont gelées depuis trois ou quatre ans », précise Jean-Luc Montet. Et le plus dur semble ne pas encore être atteint. Le gouvernement a annoncé que les collectivités devraient redoubler d'effort en 2014 et 2015... Tout ceci dans un contexte où les communes doivent financer de nouveaux services, comme, par exemple, le passage de quatre jours à quatre jours et demi d'école par semaine dans les écoles primaires.

Jean-Luc Montet résume : « Soit nous augmentons les impôts, soit nous diminuons les investissements. Ce qui a aussi des répercussions. Car si, par exemple, nous passons moins de commandes de travaux publics, les entreprises, donc les emplois, en pâtiront... » Un cercle vicieux que la commune ne peut éviter... D'autant plus que, dans le même temps, obtenir un prêt des banques devient de plus en plus difficile.

Endettement

La dette de la ville est passée de 19,7 ME en 2006 à 16,8 ME en 2011. Philippe Melot annonce qu'elle a encore diminué de 0,3 ME en 2012. Cela reviendrait à une baisse de près de 16,5 % de la dette entre 2006 et 2012. Toutefois, la dette restait élevée. En 2011, à Sarlat-La Canéda, la dette par habitant était de 1 700 euros, quand la moyenne de la strate était de 874 euros par habitant.

Impôts locaux 2012

Pour le calcul de ces impôts, la valeur locative cadastrale de l'habitation est utilisée. Cette valeur correspond au loyer annuel qui pourrait être théoriquement perçu par le propriétaire du bien, s'il était mis en location dans les conditions normales du marché.

Taxe d'habitation. De nombreux cas particuliers existent, mais, en principe, le montant de chaque impôt individuel est obtenu en multipliant la valeur locative cadastrale du logement par le taux d'imposition voté par la collectivité. Ce taux évolue d'une collectivité à l'autre.

Taxe foncière (bâti). Là aussi il y a bien des exceptions. Ici, le montant de chaque impôt individuel est obtenu en multipliant la moitié de la valeur locative cadastrale du bien par le taux d'imposition voté par la collectivité. Ce taux évolue d'une collectivité à l'autre.

A Sarlat-La Canéda, en 2012, les taux de la taxe d'habitation, de la taxe foncière et de la taxe sur le foncier non bâti ont été augmentés, passant respectivement de

12,71 % à 12,94 %, de 39,03 % à 39,72 % et de 154,89 % à 157,61 %.

Comment fut calculée cette hausse des taux ? La commune a calculé les recettes nécessaires à l'équilibre du budget : il s'agissait de la somme de 7 561 106 euros. De ce montant furent déduites diverses sommes versées par l'Etat, pour arriver à un montant de 7 207 840 euros. En divisant cette somme par la recette collectée par les impôts locaux en 2011, le coefficient de variation proportionnelle fut obtenu, soit 1,017780. Celui-ci fut multiplié par les taux de référence 2011 des trois impôts cités. On obtint ainsi leurs taux 2012. Et c'est ainsi que les impôts ont rapporté à la commune la somme attendue, soit : taxe d'habitation : 1,798 ME ; taxe sur le foncier bâti : 5,258 ME ; taxe sur le foncier non bâti : 0,151 ME.

Le budget

Le budget se compose de deux sections : fonctionnement et investissement. Dans chacune, les recettes doivent égaler les dépenses. La section de fonctionnement retrace toutes les opérations de dépenses et de recettes nécessaires à la gestion courante des services de la collectivité. L'excédent de recettes par rapport aux dépenses, dégagé par la section de fonctionnement, est utilisé en priorité au remboursement du capital emprunté par la collectivité. Le reste permet le financement des investissements prévus.

La section d'investissement présente les programmes d'investissements nouveaux ou en cours. Ces dépenses sont financées par les ressources propres de la collectivité, par des dotations et des subventions et éventuellement par l'emprunt. Cette section a vocation à modifier ou enrichir le patrimoine de la collectivité, par des travaux notamment.

Le budget primitif 2012 voté par les conseillers municipaux de Sarlat le 30 mars 2012 présentait 5,183 ME en section d'investissement et 17,494 ME en section de fonctionnement.

Parmi les autres ressources (comptes 2011) : Section de fonctionnement : autres impôts et taxes, 1,937 ME ; dotation globale de fonctionnement (Etat), 2,142 ME. Section d'investissement : emprunts bancaires et dettes assimilées, 0,7 ME ; fonds de compensation TVA : 0,226 ME ; subventions, 0,533 ME... Sans oublier l'autofinancement.

De 2000 à 2011…

Entre 2000 et 2011, les impôts locaux ont très fortement augmenté. En 2000, la municipalité a récolté 3,668 ME d'impôts locaux. Cela représentait un coût par habitant de 352 euros, quand la moyenne des communes de taille similaire était bien supérieure, à 447 euros. En 2011, 6,901 ME sont entrés dans les caisses de la ville grâce aux impôts locaux. Cela revient à 699 euros par habitant, loin de la moyenne de 424 euros par habitant dans les communes de la strate.

Autofinancement

L'autofinancement est une partie des recettes inutilisées de la section de fonctionnement. Il sert en priorité à rembourser la dette. Une autre partie sert à financer l'investissement. En 2012, la capacité d'autofinancement (CAF) fut de 1,7 ME. La municipalité met en avant une multiplication par quatre de cette CAF entre 2007 et 2012. En 2011, la CAF était de 146 euros par habitant à Sarlat et de 200 euros par habitant dans les communes de taille similaire.

La strate ?

Pour établir des statistiques et faire des comparaisons, les communes sont classées dans des groupes appelés des « strates », suivant leur taille et leur appartenance ou non à une intercommunalité. En 2011, le chiffre officiel de la population à Sarlat-La Canéda était de 9 871 habitants. La ville figurait donc dans la strate des communes entre 5 000 et 10 000 habitants appartenant à une intercommunalité. C'est donc à la moyenne de ce groupe que les impôts locaux sarladais sont comparés par les services fiscaux. Avec le passage au-dessus de 10 000 habitants, intervenu en 2012, la commune a donc changé de strate.

Août 2013

Budget de l'État : la TVA, impôt n°1

Les recettes fiscales du budget général de l'Etat en 2013 se montent à 298,62 milliards d'euros (MdE). Ce sont les consommateurs et les salariés (dont les retraités), quelle que soit leur nationalité, qui apportent une contribution majoritaire au budget de l'Etat. Payée par les consommateurs à un même niveau quels que soient leurs revenus, la taxe sur la valeur ajoutée (TVA) constitue presque la moitié de la recette, soit 141,25 MdE. L'impôt sur le revenu abonde à hauteur de 24 %, soit 71,9 MdE, et l'impôt sur les sociétés pour près de 18 % (53,53 MdE).

En 2013, l'impôt de solidarité sur la fortune concocté par le gouvernement de gauche rapportera environ 4 MdE, soit moins que sous Sarkozy. Enfin, la taxe intérieure de consommation sur les produits énergétiques amène 13,68 MdE dans les coffres de l'Etat.

Quant aux recettes non fiscales, elles font entrer beaucoup moins d'argent : 14,21 MdE, dont près de 7 MdE proviennent de dividendes et 1,96 MdE sont les produits du domaine de l'État. De ces recettes, il faut soustraire les prélèvements au profit des collectivités territoriales, qui se montent à 55,69 MdE, et de l'Union européenne, d'un montant de 20,44 MdE.

Ainsi, les ressources du budget général s'élèvent à un peu plus de 240 MdE en 2013.

Les charges attendues de ce budget atteignant 302,64 MdE, le Parlement a donc voté un budget en déficit de 62,62 MdE en 2013.

Est-ce que l'argent public collecté auprès des habitants du pays est bien dépensé ? Chacun a son avis là-dessus. Cependant, l'Etat classe ces dépenses dans de grandes catégories. La première est celle de l'enseignement scolaire (64 MdE), suivie du remboursement des emprunts liés à la dette (56,2 MdE). Viennent loin derrière les dépenses de Défense avec 38,12 Mdm, de la Recherche et de l'Enseignement supérieur (près de 26 MdE), de la Sécurité, avec 17,62 MdE, et de la Solidarité, Insertion et Egalité des chances (13,40 MdE). Notons que la Culture reçoit 2,64 MdE, la Justice 7,7 MdE et la Santé (également financée par ailleurs par la Sécurité sociale) 1,29 MdE.

Hausses d'impôt

Les recettes de l'impôt sur le revenu prévues par les représentants de la Nation sont de plus en plus importantes. Jugez plutôt. 2010 : 48,9 milliards d'euros ; 2011 : 52,18 MdE ; 2012 : 59,65 MdE ; 2013 : 71,9 MdE. Soit une hausse des recettes attendues de près de 48 % entre 2010 et 2013 ! Avec le gel du barème des impôts en 2012 et 2013, des foyers qui n'étaient pas imposables le sont devenus. Dans le même laps de temps, la recette attendue de l'impôt sur les sociétés a augmenté de 53,2 %, et celle de la TVA ne s'est élevée que d'environ 11,5 %.

Mise à jour 2018 : l'impôt sur le revenu devait rapporter 73,4 milliards d'euros en 2017. La part de la TVA dans les recettes du budget est toujours aussi écrasante.

Septembre 2016

Impôt sur le revenu : de 2011 à 2015

Les chiffres du matraquage fiscal

Même s'il y a moins de foyers fiscaux imposables, la recette est plus importante. C'est donc que certains ont payé plus

Les données qui suivent* illustrent que l'impôt sur le revenu (IR) a beaucoup évolué entre 2011 et 2015. Les montants collectés sont plus importants, mais il y a moins de personnes imposables. Il faut en conclure que ceux qui paient s'acquittent, en moyenne, d'un impôt plus élevé qu'avant. Ainsi, dans le département, la recette de l'impôt sur le revenu 2015 (sur les revenus de 2014) se monte à 243 ME. Ce qui est frappant, c'est que, par rapport à l'impôt de 2011, elle est en hausse de 37,29 % et ce alors que, dans le même temps, le revenu fiscal de référence des Périgordins (5,33 milliards d'euros en 2015) n'a augmenté que de 9 %.

De plus, le nombre de foyers fiscaux imposés, 92 326 en 2015, a diminué de 18 % depuis 2011.

400 euros par mois pour vivre. L'impôt prélevé dans le département correspond à 0,34 % de la recette nationale. La population périgordine (416 900 habitants) représente 0,63 % de la population nationale. Ce décalage montre que la Dordogne est un département où les revenus sont plutôt

inférieurs à ceux connus ailleurs, notamment dans les zones urbaines.

En 2015, 247 591 foyers fiscaux sont recensés en Dordogne mais, on l'a dit, beaucoup moins de la moitié (92 326) sont imposés. L'impôt moyen payé est de 2 632 euros. Il y a de grands écarts : les 65 050 foyers fiscaux les plus pauvres gagnent en moyenne 4 807 euros par an, soit 400 euros par mois. C'est encore moins qu'en 2011, où ces foyers gagnaient en moyenne 5 003 euros par an, soit 416 euros par mois.

A l'autre bout de l'échelle des revenus, les 2 172 foyers fiscaux les plus aisés ont déclaré en moyenne 174 500 euros. Ils sont trente fois moins nombreux que les plus pauvres, mais leurs revenus cumulés (379 millions d'euros) sont supérieurs de 67 millions d'euros. Toutefois, par rapport à 2011, ces foyers aisés ont en moyenne perdu plus de 15 000 euros de revenus. Et en cinq ans, l'impôt moyen de cette catégorie (33 171 euros en 2015) a augmenté de 4 251 euros.

En 2015, 167 368 foyers ont déclaré entre 10 000 et 50 000 euros par an. 13 001 foyers ont annoncé un revenu fiscal de référence compris entre 50 000 et 100 000 euros par an, soit près de 3 000 foyers de plus qu'en 2011.

Issues du site impots.gouv.fr

Impôt sur la fortune

En France, en 2013, près de 312 400 personnes ont payé l'impôt de solidarité sur la fortune (ISF), soit 0,47 % de la population. C'était 22 000 de plus qu'en 2012. Ils ont abondé le budget à hauteur de 4,3 milliards d'euros (MdE), une contribution plus petite qu'en 2012 (5,04 MdE).

En Aquitaine, ils étaient 13 295 (1 311 de plus qu'un an avant) à s'acquitter de l'ISF, soit 0,4 % de la population. Une participation qui a rapporté 156 millions d'euros (ME) à l'Etat, un résultat en baisse de 14 ME par rapport à l'année précédente.

En Dordogne, 1 037 foyers fiscaux (0,25 % de la population) ont réglé l'ISF en 2013, soit 73 personnes de plus qu'un an avant. Ils ont participé à la collecte pour un montant de 11 ME, soit 2 ME de moins qu'en 2012.

Parmi ces contribuables aisés, 105 habitaient à Bergerac en 2013. Ils ont un patrimoine moyen de 2,06 ME. L'impôt moyen a été de 7 580 euros.

101 habitaient Périgueux. Ils jouissaient d'un patrimoine moyen de 2,35 ME. L'impôt moyen s'est élevé à 9 694 euros.

Les 831 autres foyers ayant payé l'ISF en 2013 se répartissent dans les autres communes périgordines.

Impôt sur le revenu : quelles communes paient le plus ?

Voici le classement des communes du Périgord Noir dont les contribuables abondent le plus à la recette de l'impôt sur le revenu.

1) Sarlat-La Canéda (9 963 habitants). Nombre de foyers fiscaux : 6 133 (2 436 imposés). Revenus totaux déclarés en 2015 : 130,5 ME. Impôt total payé : 6,48 ME (+ 0,88 ME par rapport à 2011). 2 076 foyers fiscaux sarladais ont des revenus situés entre 0 et 12 000 euros par an. Ils n'ont pas été imposés sur le revenu.

Plus de la moitié des foyers ont un revenu inférieur à 20 000 euros par an, soit 1 666 euros par mois au maximum. La tranche des 15/50 000 euros a payé en tout 2,9 ME, soit un impôt moyen de 979,7 euros. Un peu plus qu'en 2011 (914 euros).

En haut de la pyramide, 62 foyers ont un revenu annuel supérieur à 100 000 euros. C'est six de plus qu'en 2011. En moyenne, ils ont déclaré un revenu de 160 500 euros, soit moins, en moyenne, qu'en 2011 (209 000 euros). Ces personnes aisées ont payé 1,77 ME d'impôt sur le revenu, soit, en moyenne, 28 500 euros, un montant en légère diminution par rapport à 2011.

2) Terrasson-Lavilledieu (6 212 h). Nombre de foyers fiscaux : 3 535 (2011 : 3 506), dont 1 211 imposés (2011 : 1 495). Impôt total payé : 2,88 ME (2011 : 1,97 ME).

959 foyers fiscaux ont un revenu inférieur à 10 000 euros. 27 ont un revenu supérieur à 100 000 euros.

3) Le Bugue (2 702 h). Nombre de foyers fiscaux : 1 766 (600 imposables). Impôt total payé : 2 ME (soit 600 000 euros de plus qu'en 2011). 667 foyers fiscaux ont un revenu inférieur à 12 000 euros par an. 15 foyers ont un revenu annuel supérieur à 100 000 euros, soit cinq de moins qu'en 2011.

4) Carsac-Aillac (1 559 habitants). Nombre de foyers fiscaux : 927 (2011 : 935), dont 402 imposés (2011 : 499). Impôt total payé : 1,48 ME (2011 : 0,98 ME).

5) Montignac-sur-Vézère (2 814 h). Nombre de foyers fiscaux : 1 818 (2011 : 1819), dont 596 imposés (2011 : 745). Impôt total payé : 1,44 ME (2011 : 0,95 ME).

6) Le Buisson-de-Cadouin (2 073 habitants). Nombre de foyers fiscaux : 1 255 (59 de moins qu'en 2011), dont 424 imposés (542 en 2011). Impôt total payé : 1,07 ME (2011 : 782 182 euros).

7) Vitrac (857 habitants). Nombre de foyers fiscaux : 529 (2011 : 539), dont 241 imposés (2011 : 319). Impôt total payé : 1,03 ME (2011 : 643 611 euros).

8) Domme (961 hab.). Nombre de foyers fiscaux : 570 (2011 : 587), dont 204 imposés (2011 : 275). Impôt total payé : 783 480 euros (2011 : 483 249 euros).

9) Rouffignac-Saint-Cernin-de-Reilhac (1 569 h). Nombre de foyers fiscaux : 1 015 (2011 : 982), dont 309 imposés (2011 : 382). Impôt total payé : 766 021 euros (2011 : 523 237 euros).

10) Cénac-et-Saint-Julien (1 193 h). Nombre de foyers fiscaux : 725 (2011 : 719), dont 293 imposés (2011 : 361). Impôt total payé : 735 126 euros (2011 : 416 887 euros).

11) Le Lardin-Saint-Lazare (3 465 h). Nombre de foyers fiscaux : 1 087 (2011 : 1 084), dont 390 imposés (2011 : 521). Impôt total payé : 704 355 euros (2011 : 528 812 euros).

12) Saint-Cyprien (1 618 h). Nombre de foyers fiscaux : 963 (2011 : 957), dont 317 imposés (2011 : 386). Impôt total payé : 672 913 euros (2011 : 532 077 euros).

13) Coux-et-Bigaroque (972 h). Nombre de foyers fiscaux : 572 (2011 : 547), dont 225 imposés (2011 : 260). Impôt total payé : 664 684 euros (2011 : 410 003 euros).

14) Belvès (1 383 h). Nombre de foyers fiscaux : 849 (40 de moins qu'en 2011), dont 276 imposés. Impôt total payé : 639 319 euros (16 000 euros de plus qu'en 2011).

15) Proissans (968 h). Nombre de foyers fiscaux : 554 (2011 : 515), dont 247 imposés (2011 : 285). Impôt total payé : 638 944 euros (2011 : 386 720 euros).

16) Salignac-Eyvigues (1 171 h). Nombre de foyers fiscaux : 707 (2011 : 709), dont 245 imposés (2011 : 312). Impôt total payé : 627 723 euros (2011 : 512 349 euros).

17) Saint-Geniès (963 h). Nombre de foyers fiscaux : 559 (2011 : 534), dont 188 imposés (2011 : 258). Impôt total payé : 613 841 euros (2011 : 365 197 euros).

18) Condat-sur-Vézère (913 h). Nombre de foyers fiscaux : 485 (2011 : 473), dont 203 imposés (2011 : 247). Impôt total payé : 551 234 euros (2011 : 362 256 euros).

19) Thenon (1 267 h). Nombre de foyers fiscaux : 747 (2011 : 787), dont 249 imposés (2011 : 323). Impôt total payé : 492 305 euros (2011 : 331 333 euros).

20) La Bachellerie (923 h). Nombre de foyers fiscaux : 481, dont 207 imposés. Impôt total payé : 488 000 euros.

21) Saint-André-Allas (823 h). Nombre de foyers fiscaux : 477, dont 214 imposés. Impôt total payé : 474 354 euros.

22) Marcillac-Saint-Quentin (786 h). Nombre de foyers fiscaux : 462 (2011 : 453), dont 185 imposés (2011 : 242). Impôt total payé : 474 126 euros (2011 : 298 492 euros).

23) Vézac (615 h). Nombre de foyers fiscaux : 342, dont 142 imposés. Impôt total payé : 457 499 euros.

24) Carlux (627 h). Nombre de foyers fiscaux : 391 (20 de moins qu'en 2011), dont 140 imposés (168 en 2011). Impôt total payé : 440 915 euros (2011 : 270 493 euros).

25) Sainte-Nathalène (578 h). Nombre de foyers fiscaux : 346, dont 149 ont payé l'impôt. Impôt total payé : 434 069 euros.

26) Saint-Julien-de-Lampon (622 h). Nombre de foyers fiscaux : 383, dont 151 ont payé l'impôt. Impôt total payé : 426 931 euros.

27) Beynac-et-Cazenac (554 h). Nombre de foyers fiscaux : 235 (39 de plus qu'en 2011), dont 113 ont payé l'impôt (25 de moins). Impôt total payé : 425 583 euros (100 000 euros de plus qu'en 2011).

28) Les Eyzies-de-Tayac-Sireuil (812 h). Nombre de foyers fiscaux : 555 (2011 : 558), dont 191 imposés (2011 : 236). Impôt total payé : 424 200 euros (2011 : 329 779 euros).

29) Castelnaud-La Chapelle (475 h). Nombre de foyers fiscaux : 255 (2011 : 273), dont 88 imposés (2011 : 109). Impôt total payé : 423 888 euros (2011 : 259 542 euros).

30) Saint-Crépin-Carlucet (544 h). Nombre de foyers fiscaux : 307, dont 128 imposés. Impôt total payé : 392 994 euros.

31) La Roque-Gageac (449 h). Nombre de foyers fiscaux : 259 (2011 : 285), dont 119 imposés (2011 : 153). Impôt total payé : 378 129 euros (2011 : 322 181 euros).

32) Daglan (556 h). Nombre de foyers fiscaux : 342, dont 122 imposés. Impôt total payé : 371 241 euros.

33) Grolejac (630 h). Nombre de foyers fiscaux : 376, dont 146 imposés. Impôt total payé : 344 620 euros.

34) Saint-Martial-de-Nabirat (616 h). Nombre de foyers fiscaux : 365, dont 153 imposés. Impôt total payé : 319 159 euros.

35) Meyrals (588 h). Nombre de foyers fiscaux : 375, dont 131 imposés. Impôt total payé : 315 380 euros.

36) Tursac (347 h). Nombre de foyers fiscaux : 219, dont 78 imposés. Impôt total payé : 308 984 euros.

37) Castels (639 h). Nombre de foyers fiscaux : 381 (2011 : 403), dont 127 imposés (2011 : 167). Impôt total payé : 306 895 euros (2011 : 262 898 euros).

38) Marquay (573 h). Nombre de foyers fiscaux : 344, dont 132 imposés. Impôt total payé : 304 864 euros.

39) Siorac-en-Périgord (1 022 h). Nombre de foyers fiscaux : 598 (2011 : 601), dont 191 imposés (2011 : 246). Impôt total payé : 277 118 euros (2011 : 318 950 euros).

40) Cazoulès (470 h). Nombre de foyers fiscaux : 302, dont 110 imposés. Impôt total payé : 243 364 euros.

41) Campagnac-lès-Quercy (289 h). Nombre de foyers fiscaux : 188, dont 62 imposés. Impôt total payé : 210 503 euros.

42) Villefranche-du-Périgord (717 h). Nombre de foyers fiscaux : 446 (2011 : 462), dont 111 imposés (2011 : 137). Impôt total payé : 172 515 euros (2011 : 152 614 euros).

Données de l'impôt sur le revenu 2011 et 2015 concernant les revenus perçus en 2010 et en 2014.

Budget de l'Etat : la TVA, impôt n° 1

A. Les recettes fiscales du budget général de l'Etat en 2016 : 287,86 milliards d'euros (MdE). C'est presque 11 MdE de moins qu'en 2013.

La taxe sur la valeur ajoutée (TVA) constitue plus de la moitié de la recette, soit 144,70 MdE. La TVA doit rapporter en 2016 3,45 MdE de plus qu'en 2013. Elle est payée par les consommateurs à un même niveau quels que soient leurs revenus.

L'impôt sur le revenu abonde à hauteur de 25,12 %, soit 72,3 MdE, un peu plus qu'en 2013 aussi. Les recettes de l'impôt sur le revenu prévues au budget sont de plus en plus importantes. Elles n'étaient que de 48,9 MdE en 2010. C'est une hausse des recettes attendues de 47,8 % en six ans.

L'impôt sur le bénéfice des sociétés doit rapporter 11,42 % du total, soit 32,88 MdE. C'est environ 21 MdE de moins qu'en 2013 (53,53 MdE).

En 2016, les autres contributions fiscales (impôt de solidarité sur la fortune, taxe sur les produits énergétiques et cigarettes...) doivent rapporter 22,12 MdE.

B. Les recettes non fiscales : 15,65 MdE. C'est plus qu'en 2013 (14,21 MdE). 5,73 MdE proviennent de dividendes des entreprises dont l'Etat est actionnaire. C'est moins qu'en 2013. 2,44 MdE sont les produits du domaine de l'État. Les amendes, sanctions, pénalités et frais de poursuites rapporteront 1,6 MdE. De ces recettes, il faut soustraire les prélèvements au profit des collectivités territoriales, qui se montent à 47,31 MdE (près de 8,5 MdE de moins qu'en 2013) et de l'Union européenne, 20,17 MdE (très légère baisse).

Les ressources du budget général s'élèvent donc à 239,61 MdE en 2016 (très légère baisse comparé à 2013, 240 MdE).

Les charges attendues de ce budget atteignant 313,31 MdE, les parlementaires ont donc voté un budget en déficit de 73,70 MdE pour 2016 (contre 62,62 MdE de déficit annoncé en 2013).

Comment est dépensé l'argent public ? Bien ou mal ? Chacun a son avis. Sachez qu'en 2016, le budget de l'enseignement scolaire, de 67,07 MdE (64 MdE en 2013), est au premier rang. Suit le remboursement des emprunts liés à la dette (45,16 MdE, soit 11 MdE de moins qu'en 2013). Loin derrière, on trouve les dépenses de Défense (39,69 MdE, contre 38,12 MdE en 2013), de la Recherche et de l'enseignement supérieur (26,19 MdE contre, en 2013, près de 26 MdE), de la Sécurité (gendarmerie, police), avec 18,73 MdE contre 17,62 MdE en 2013, de la Solidarité, insertion et égalité des chances (18,36, soit 5 MdE de plus qu'en 2013) et de l'égalité des territoires et logement (18,15 MdE). Attention, il s'agit ici du budget voté par les députés et sénateurs et non du budget qui sera effectivement réalisé. Il y a toujours des différences au final.

Eté 2017

La CSG dans tous ses états

Il est beaucoup question de la contribution sociale généralisée (CSG) ces derniers temps. Cela risque de continuer, avec sa hausse annoncée au 1ᵉʳ janvier 2018.

L'origine de cet impôt. La CSG a été créée en 1990 par le gouvernement socialiste de Michel Rocard. Un des objectifs était de faire passer de la cotisation à l'impôt (fiscaliser) les sources de financement de la sécurité sociale. Celle-ci était en effet déjà déficitaire. De même, la contribution pour le remboursement de la dette sociale (CRDS), petite sœur de la CSG, a été créée en 1996 sous Alain Juppé et Jacques Chirac avec le même objectif.

Signe de son impopularité originelle, la mise en place de la CSG a été adoptée en utilisant l'article 49.3 de la constitution, comme la loi Travail en 2016. Pour contrer cette tentative, une motion de censure avait alors recueilli 284 voix, soit cinq de moins que la majorité absolue. Elle avait donc été rejetée de peu.

Payée surtout par les salariés... La CSG concerne toute personne domiciliée en France et rattachée à un régime français de sécurité sociale. A la différence des cotisations sociales qui ne portent que sur les revenus d'activité, la CSG concerne : 1) les revenus d'activité ; 2) les retraites et les revenus de remplacement (chômage, maladie, etc.) ; 3) les revenus du patrimoine et les placements (revenus fonciers, rentes viagères, valeurs mobilières, etc.) ; 4) les sommes misées et redistribuées par les jeux.

En pratique, la CSG met à contribution principalement les revenus du travail (environ 70 % selon les années) et les pensions (18 % selon les années).

La CSG est prélevée à la source sur la plupart des revenus, ce qui laisse planer l'idée de sa fusion avec l'impôt sur le revenu, si celui-ci était également prélevé à la source (ce devrait être le cas début 2019, sauf si le gouvernement change une nouvelle fois son fusil d'épaule).

La CSG est recouvrée par l'Urssaf* sur les revenus d'activité et par l'administration fiscale sur les revenus du patrimoine.

Des taux différents... La CGS est un impôt dit hybride, car son régime est double : soumis aux règles des cotisations de sécurité sociale pour les revenus d'activité et de remplacement ; soumis au code général des impôts pour les autres catégories. Le taux de la CSG varie selon le type de revenu : 7,5 % pour les salaires, pour les accessoires du salaire (par exemple les sommes allouées au titre de l'intéressement et de la participation) et pour les allocations de préretraite ; 6,6 % pour les pensions de retraite et d'invalidité ; 6,2 % pour les indemnités chômage ; 8,2 % pour les revenus du patrimoine et de placement ; 9,5 % des sommes misées ou redistribuées dans les jeux.

Les recettes de la CSG vont à la sécurité sociale : branche famille, fonds de solidarité vieillesse, branche maladie, Caisse nationale de solidarité pour l'autonomie.

Dans son programme, Emmanuel Macron présente comme une mesure favorable au pouvoir d'achat l'évolution de la CSG. Son taux va augmenter de 1,7 point. Mais ce sera couplé avec la suppression des cotisations sociales maladie (0,75 % du salaire brut) et chômage (2,4 % du brut) des salariés. Du moins était-ce qui était prévu jusqu'en début de semaine *(lire Dernière minute à la fin de l'article)*.

... mais qui augmentent. La hausse de la CSG doit rapporter 22 milliards d'euros (MdE) à l'Etat en 2018. Pour les salariés du privé, affiliés au régime général, la baisse de cotisations avoisinera 17 MdE. A la fin, il restera donc près de 5 MdE en plus à l'État : ce sont les fonctionnaires, les indépendants et les retraités qui les paieront. Ils s'acquitteront de plus de CSG, mais ne bénéficieront pas de la suppression, en contrepartie, des cotisations, lesquelles n'existent pas dans leurs régimes. D'autres contributions existent pour les fonctionnaires, mais elles seront maintenues.

Ainsi, pour ceux qui ne paient pas ces cotisations sociales*[2], si ces mesures sont appliquées, il y aura une baisse de pouvoir d'achat. Les gains ou pertes de pouvoir d'achat attendus sont, par exemple : un retraité percevant 1 200 euros se verrait amputé de 25 euros par mois. Un salarié gagnant 2 000 euros par mois recevra 32,50 euros de plus mensuels, un autre gagnant 5 500 euros recevra 87,50 euros de plus chaque mois. Par contre, contrairement à une cotisation sociale, une partie de la CSG est dite, comme la CRDS, « non déductible » et entre par conséquent dans le « revenu imposable » : une augmentation de l'impôt sur le revenu viendra donc amoindrir cette légère hausse de pouvoir d'achat. L'octroi des aides sociales pourra également être remis en cause.

Dernière minute. La suppression des cotisations Chômage et Maladie a été remise en cause le 23 août. La suppression des cotisations sociales ne se ferait pas au 1er janvier 2018 comme prévu initialement, mais en deux temps. Cela remet en cause la gain de pouvoir d'achat espéré par les salariés.

* *Union de recouvrement de la sécurité sociale et des allocations familiales.*

*² *Outre les fonctionnaires et les indépendants, il y a également certains chômeurs et les retraités avec plus de 1 198 euros par mois.*

Cotisations et financement de la sécurité sociale

Les mesures annoncées par Emmanuel Macron et son gouvernement semblent pour beaucoup être des interventions techniques, pragmatiques, de bon sens. Cette fiscalisation du financement de la sécurité sociale a cependant une logique opposée à celle qui a présidé à la création de la Sécu, à la fin de la Seconde Guerre mondiale.

Au départ, la sécurité sociale était entièrement financée par les cotisations issues du travail. L'idée était solidaire et généreuse ; la richesse issue de la production devait financer des œuvres bénéficiant au peuple (santé, chômage, pension de retraite ou handicap, etc.), sans passer par la sphère capitaliste. Elle était aussi intéressée : il fallait une main-d'œuvre en bonne santé, donc un système sanitaire correct, pour reconstruire le pays ; il fallait enfin satisfaire des revendications du parti communiste, alors puissant, pour l'amener à faire accepter à sa base son entrée dans le gouvernement « bourgeois » de De Gaulle.

Les caisses de la sécurité sociale étaient alors gérées par des représentants (3/4 ouvriers, 1/4 patronaux) élus (la Mutualité sociale agricole fonctionne d'ailleurs toujours comme cela).

Les gouvernements ont, dès la fin des années 1950, diminué l'indépendance de la Sécu. Ils ont supprimé les élections (après 1983) puis ont entamé de transférer son financement sur les ménages (c'est-à-dire, à 95 %, sur les salariés, chômeurs, retraités, etc.) par une autre voie, celle de l'impôt (sur le revenu, TVA, CSG, CRDS).

Les cotisations sociales étaient, et sont toujours, appelées des « charges sociales », responsables d'un « coût du travail » trop élevé, et donc de la hausse du chômage. Bien des entreprises en sont exonérées pour des motifs variés : mise en place des 35 heures, bas salaires, aide à l'embauche, compétitivité, etc., avec des résultats pourtant peu probants, voire contraires au but visé, sur l'évolution du chômage et de la précarité.

Les ressources de la sécurité sociale se répartissent en six catégories, notamment les cotisations sociales (58 % des ressources totales 2015), la CSG (23 %) et les impôts, taxes et autres contributions sociales (12 %). Les cotisations restent donc majoritaires. Mais elles perdent du terrain.

Evolution du produit de la CSG en milliards d'euros (MdE) depuis 1990. Elle rapporte plus que l'impôt sur le revenu (76 MdE en 2015), que la taxe d'habitation (22 MdE en 2015), que l'impôt sur le bénéfice des sociétés (33,5 MdE en 2015), et beaucoup moins que la TVA (185 MdE en 2015), une taxe jugée très efficace par certains, injuste par d'autres, car fixée au même niveau que l'on soit clochard ou milliardaire.

Vivre et travailler en Périgord Noir

Vivre et travailler en Périgord Noir

9. Un regard sur le passé

Vu aux réserves de la mairie de Sarlat

Introduction

Il ne s'agit évidemment pas ici d'une étude exhaustive sur le passé de l'économie du Périgord Noir. Les lecteurs intéressés sur le sujet pourront se référer à bien d'autres livres déjà existants, comme *L'Histoire de Sarlat*, de M. Escande, et bien d'autres.

Mais voici quelques textes qui apportent certaines informations…

Et un peu d'histoire politique aussi, car on ne peut séparer l'économie de la politique.

Février 2017

Les impôts à Sarlat au Moyen Age

Extrait du livre *L'Histoire de Sarlat*, de Jean-Joseph Escande (1903).

« La charge qui, de tout temps, a paru la plus lourde aux Sarladais, et qu'ils ont le plus malaisément supportée, est celle de l'impôt. La plupart des impôts directs ou indirects que nous payons aujourd'hui ont existé autrefois sous des noms différents ; quelques-uns ont disparu.

« Les citoyens de Sarlat payèrent longtemps la « dîme » à l'abbaye (qui gouvernait la ville de son origine jusqu'au milieu du Moyen Age, ndlr) ; elle frappait toute sorte de produits, le jardinage, les grains, les fruits… ; c'était un impôt sur le revenu. Ils payèrent, plus tard, la « taille », de temps en temps d'abord, suivant les besoins de l'Etat, puis avec régularité, chaque année, à partir de l'époque (1439, pour financer une guerre, déjà, ndlr) où l'ordonnance de Charles VII la rendit perpétuelle… ; et, enfin, une série de contributions correspondant à ce que nous appelons aujourd'hui « patentes » (payées par les commerçants et artisans, ndlr). Le commerce de la ville était gêné par les droits de « péage », que l'on était obligé d'acquitter au passage des rivières, par les droits de « gabelle », par les droits d'entrée aux frontières des provinces et des pays.

« Les Sarladais supportaient encore – nous l'avons vu pendant la guerre de Cent Ans – des impôts extraordinaires, comme celui de « fouage », et les sommes qu'il fallait verser, pour divers motifs, si souvent à l'ennemi.

« Le roi nommait dans la ville de Sarlat des fonctionnaires aux attributions identiques à celles de nos percepteurs et de nos receveurs des finances ; ils étaient aidés dans leur tâche par des agents dont le rôle s'est perpétué. Le pays était divisé en « élections » ; à la tête de chaque « élection », un « élu » centralisait le produit des recouvrements, acquittait les dépenses locales, surveillait la gestion financière des consuls et envoyait à un fonctionnaire d'un rang plus élevé, « un général des finances », établi au chef-lieu des « généralités », qui comprenaient plusieurs « élections », l'excédent de ses recettes et les sommes qui devaient être transmises à Paris au Trésor royal.

« Les impositions extraordinaires étaient quelquefois votées, comme on l'a remarqué au cours de cette histoire, par les « Etats généraux » ou par les « Etats provinciaux », composés des ordres de la noblesse, du Clergé et de la bourgeoisie ; mais les rois ne tardèrent pas à se réserver le droit de les fixer, selon leur bon plaisir, sans faire appel aux Etats. L'impôt était réparti, d'un commun accord, entre les citoyens, par les consuls, les délégués de l'abbé ou de l'évêque et les agents royaux. »

Printemps 2017
Sarlat en 1974

Un géographe y a consacré un article

En 1974, le géographe François Bart (né en 1948) a rédigé un article intitulé « Sarlat » dans le tome 45 de *la Revue géographique des Pyrénées et du Sud-Ouest*. Cet article est intéressant pour réfléchir aux évolutions économiques connues par Sarlat et ses alentours en quarante-trois ans.

En introduction, François Bart, alors agrégé de géographie et professeur au lycée de La Réole, en Gironde, rappelle que Sarlat « est célèbre par ses conserveries fines et son marché de la truffe. Le collège privé, jadis tenu par des Jésuites, que fréquentèrent des élèves de tout le sud-ouest et le centre de la France, attire aujourd'hui encore des effectifs notables des départements limitrophes. En outre, depuis quelques années, la ville est devenue un des principaux centres touristiques de l'Aquitaine intérieure, par ses curiosités naturelles et ses vieilles pierres ; le festival de théâtre, parmi les plus anciens de France, est la plus grande manifestation locale. »

Tout n'est pas rose pour autant. « Sarlat est une ville ancienne, isolée, donc handicapée dans le monde moderne ; le tourisme, la conserverie alimentaire ne sont pas, malgré leur développement spectaculaire, au centre de la vie urbaine. Par contre, du fait de son isolement relatif, Sarlat a un rayonnement important au regard de sa faible population (10 000 habitants) : elle est la « capitale du Périgord Noir ». On voit que les choses n'ont finalement guère changé sur le plan général en quatre décennies.

Mais aller plus dans le détail permettra de montrer qu'il y a eu de sérieuses évolutions, notamment sur le plan de l'emploi.

L'isolement. Jean Bart note que Sarlat est à l'écart des grands axes routiers Nord/Sud (Paris/Limoges/Toulouse) et Est/Ouest (Lyon/ Bordeaux). « La plupart des routes qui convergent vers elle sont sinueuses et accidentées », souligne le géographe depuis devenu spécialiste de l'Afrique. Le train n'est à l'époque guère mieux loti. Il supporte ainsi mal la concurrence avec les transports individuels, type voiture.

Limites administratives. « Si Sarlat est à peu près à égale distance des deux grandes métropoles du Sud-Ouest, elle est aussi nettement plus proche de Limoges que de Toulouse et de Bordeaux, moins éloignée aussi de Brive que de sa préfecture Périgueux. » L'auteur relève que la ville est à quelques kilomètres du Lot et de la Corrèze, des départements très différents sur les plans géographique et économiques. « A la limite de zones très différentes, Sarlat n'est pas à leur jonction. Elle n'est pas une ville de contact, mais une ville repliée sur elle-même ; ce n'est pas une situation favorable à un grand développement urbain. »

Le quartier historique. « Sarlat étant toujours restée à l'écart des grand flux de circulation, son noyau ancien a été en grande partie respecté par le temps, si bien qu'aujourd'hui la morphologie du centre de la ville demeure fortement influencée par le passé. Et, fait qui n'est peut-être pas très courant, la partie de la ville la plus ancienne est aussi celle qui, de nos jours, est la plus animée. »

A l'époque de l'article vivaient dans ces 11 hectares centraux encore 1 300 habitants, contre quelques centaines de nos jours.

Le site. Située dans la vallée étroite de la Cuze, Sarlat est longue et resserrée, 4 km entre les deux points extrêmes de la zone urbanisée. « La largeur n'excède jamais 800 m et est le plus souvent voisine de 300 m ».

Le commerce. Pas de « noyau commercial autour de la place centrale », mais plutôt une succession de commerces sur un kilomètre. « 58 % des établissements commerciaux sont installés sur cet axe et la plupart des autres se trouvent très près de celui-ci. » Depuis le XIXe siècle, « la ville s'est allongée beaucoup plus vers le Sud que vers le Nord, en particulier à cause de la présence de la gare, autrefois plus importante qu'aujourd'hui ».

Déséquilibre Nord/Sud. François Bart souligne que « parmi les services importants, seuls le centre des impôts et l'hôpital-hospice sont dans les quartiers Nord : alors qu'au Sud sont situés la gare, l'abattoir, le stade, la piscine, le lycée, le collège, l'EDF, la poste, le Trésor public... Ce déséquilibre se marque plus encore dans la répartition des centres d'emplois secondaires et tertiaires. »

Selon M. Bart, la construction de logements (sociaux, pavillons, etc.) au Nord n'est pas suffisante : « Tant qu'il manquera à toute cette partie nord un véritable pôle d'attraction (usine importante, centre commercial), les moyens de lutte resteront faibles ».

Services publics. Ils sont dispersés : lycée à 2 km du centre de la ville, hôpital à 4,5 km. « Dans cette ville pourtant fort modeste, les distances paraissent bien longues. Pour cette raison avait été organisée pendant quelques mois une éphémère ligne de transport en commun. Faute d'un nombre suffisant de voyageurs, elle a été supprimée. »

Embouteillages. L'axe urbain Nord/Sud attire les ruraux en recherche de commerces. Il ne peut alors être évité par les transports désirant seulement traverser la ville sans s'y arrêter. Conséquence : « Les encombrements sont chroniques les jours de foire et pendant les mois d'été [...]. Deux projets de déviation routière ont été élaborés. »

L'économie. « En 1968, un peu moins de 11 % des actifs résidant sur le territoire de Sarlat travaillaient dans l'agriculture ; 40 % étaient employés dans le secteur secondaire (industrie) et près de 49 % exerçaient une activité tertiaire (services) », ce qui fait dire à François Bart que « Sarlat est avant tout une ville administrative et commerciale ». « En 1968, les ouvriers représentaient 39,7 % de la population active, mais 41 % d'entre eux travaillaient dans 114 entreprises du bâtiment. »

Le tabac. Les bâtiments Seita « abritent deux types d'activité, les centres de fermentation et de battage » employant moins de 100 personnes. Le centre de fermentation collecte « la récolte de plus de 2 000 exploitants (en 1968 par exemple, 2 639 exploitants lui ont fourni 3 141 tonnes) répartis dans les cantons de Sarlat, de Carlux et de Domme et des communes des cantons de Salignac, Villefranche-de-Périgord, Cadouin, Saint-Cyprien, Monpazier et Beaumont ».

Sarlat est l'un des trois grands centres de battage français (en plus de Tonneins et d'Obernai). Selon François Bart, « il est appelé à un grand développement, puisque cette méthode en est seulement à ses débuts. Le centre, qui ne fonctionne pas encore à plein régime, représente l'avenir de la fonction tabacole de Sarlat. »

Noix : des emplois. « Le négoce de la noix et du cerneau demeure un des pivots de l'économie sarladaise, après avoir connu des périodes étonnamment prospères [...]. Les années 1923-1930 marquèrent le point culminant de cette activité [...]. Les autres pays producteurs [...] se sont mis à envoyer leurs productions en France, afin qu'elles y soient « finies » : des tonnes de cerneaux étaient acheminées vers Sarlat qui devint la capitale mondiale du cerneau, et la maison Boyer la première du monde. »

En 1974, « Sarlat a perdu son rôle international [...] mais les deux tiers du commerce français de cerneaux s'y font encore ». « Le négoce du cerneau est intimement lié au cassage de la noix » : les quatre grandes sociétés sarladaises emploient en moyenne 300 à 350 personnes (soit donc en tout plus de 1 200 personnes, ndlr) [...]. Ce travail se fait toujours à domicile, à titre de complément de ressources, et il est rémunéré, par famille, par un salaire collectif rattaché au Smic. L'énoisage est une des rares activités qui échappent au contrôle de la Sécurité sociale et qui ne soient donc pas taxées : précieux avantage social et économique, pour le maintien duquel luttent les notabilités locales. »

La truffe. Ce secteur « échappe à toute étude statistique, car sa vente se fait directement du producteur au consommateur, sans intermédiaire. Son prestige dépasse largement le rôle qu'elle joue dans l'activité économique urbaine. »

L'industrie. « La situation de la ville, son site ne sont guère favorables à l'industrialisation. » « Exception faite de la conserverie, ces industries ont peu de liens avec les productions régionales. Leur création est due à des hasards ou à des initiatives personnelles. Par ailleurs, les anciennes industries du bois et des métaux, ainsi que la tannerie, qui s'approvisionnaient dans la région, ont pratiquement disparu. Cette industrie emploie surtout de la main-d'œuvre féminine : 70 % pour l'ensemble des cinq plus grandes entreprises. »

En 1974, seules onze entreprises ont plus de dix salariés.

Porgès. Avec 380 travailleurs, la fabrique d'instruments chirurgicaux Porgès est la plus importante de la cité. Elle fabrique des produits très légers et variés (plus de 1 500 références). « Le poids des matières premières importées est également très faible, ce qui s'accommode très bien de la situation de Sarlat : l'entreprise utilise chaque année 12 tonnes de poudre de plastique qui viennent des Etats-Unis par Le Havre et 16 à 18 tonnes de latex et de caoutchouc qui arrivent d'Extrême-Orient par Le Havre et Marseille. 40 % de la production sont exportés aux Etats-Unis, en Espagne, en Amérique latine, en Afrique. Elle poursuit la mécanisation de sa fabrication, sans réduire les effectifs employés, car la production augmente rapidement. L'avenir de la plus grande entreprise de Sarlat paraît assuré par le dynamisme et l'expansion de la production. »

La remarque sur le faible poids des matières premières utilisées, donc des produits, est également applicable à l'activité de l'entreprise Suturex & Renodex, à Carsac-Aillac. C'est un facteur non négligeable vu l'enclavement du Sarladais.

Conserves alimentaires. En 1974, la maison Delpeyrat et Joubes employaient respectivement 150 et 100 salariés. Ces entreprises ont toutes les deux disparu de Sarlat depuis. « Les deux firmes ont pour origine la conserve familiale. Cette tradition est du reste si forte en Périgord que la plupart des foies gras périgourdins échappent aux courants commerciaux et obligent les deux usines à faire très largement appel aux foies landais, béarnais et gersois. La truffe vient aussi en grande partie de Provence, car la production régionale est bien insuffisante : souvent, les foies gras truffés n'ont de périgourdin que l'appellation. Ils ne constituent d'ailleurs que 50 à 60 % de la valeur de la production, qui est diversifiée : papitons, rillettes d'oie, gibiers truffés, plats cuisinés... ».

François Bart rappelle qu'il s'agit de produits de luxe. Les deux entreprises sont en expansion. Cette industrie réalise les chiffres d'affaires les plus importants du Sarladais à l'époque.

Ville administrative. « Sarlat, par bien des aspects, fait partie de tout cet ensemble de petites villes aquitaines où l'industrie est marginale et où l'essentiel de la population a des activités tertiaires, dans le commerce et l'Administration. »

Sarlat a une zone d'influence presque aussi étendue que des villes trois fois plus grandes, comme Bergerac. « Sa Caisse de Crédit Agricole mutuel est la seconde du département et joue un rôle d'orientation, de conseil, de régularisation pour 35 communes. » L'auteur cite aussi la banque Gallière, « un des rares exemples en France de banque régionale dont le capital soit intégralement familial ».

« Deux hebdomadaires locaux (*L'Information Sarladaise* et *L'Essor Sarladais*, ndlr) tirent à environ 2 500 et 4 500 exemplaires. L'influence des deux très importants établissements d'enseignement secondaire déborde les limites de l'arrondissement. »

Le tourisme. « Sarlat est le centre d'une région aux attraits multiples. Mais les gens séjournent peu dans la ville et les résidences secondaires y sont peu nombreuses. En fait, l'équipement touristique semble encore réduit. » En 1974, il y avait peu de terrains de camping, dixit François Bart. Le tourisme se développe.

« Au total, selon certaines estimations, le tourisme rapporterait chaque année à la ville plus de dix millions de francs, ce qui correspond à peu près au chiffre d'affaires de l'une des usines principales. » « En dépit de son caractère très spectaculaire, le tourisme reste seulement une ressource d'appoint, malgré les bénéfices tirés d'une tendance à l'étalement (juin-septembre) et le développement en toutes saisons du tourisme de week-end (Bordeaux, Limoges, Toulouse). »

On voit que ces thèmes ne sont guère nouveaux !

Littérature : acheter une maison à Sarlat au début du XXe siècle

Lu dans *Adeline en Périgord*, Christian Signol, éditions Mémoire Vive, Seghers, 1992.

p. 111.

Elie m'a dit en soupirant : on ne restera pas ici ; c'est trop loin de chez nous. Je n'ai pas répondu, mais il m'a semblé que, pour la première fois depuis très longtemps, le ciel redevenait bleu.

Elie a ajouté, en me voyant sourire :

- Si tu tenais un petit jardin et si je faisais le commerce des bêtes sur les foires, peut-être que nous pourrions vivre petitement, mais chez nous. S'il avait su, cet homme, combien il me faisait plaisir !

Ainsi, ce jour de Noël, contrairement à ce que je redoutais, allait être beau ! Je ne voyais plus rien de la brume du dehors, et tout notre logement, au contraire, semblement illuminé par les flammes du poêle.

Elie, me regardant dans les yeux, a continué :

- Si nous continuons à économiser, dans un an nous pourrons peut-être acheter une fermette et un petit enclos. Qu'est-ce que tu en penses ?

J'en pensais que c'était trop beau [...]. Des sous, nous commencions à en avoir un peu à force d'économiser et de ne rien acheter pour nous nourrir. Mais combien de temps faudrait-il pour réunir une somme qui nous permette d'acheter un toit ? Un an, comme le disait Elie, ou deux ? ou cinq ?

p. 113.

Et là, alors que nous mangions ensemble pour la première fois depuis si longtemps, ils [mon frère Félix et ma sœur Aline] nous ont annoncé qu'ils nous avaient peut-être trouvé une maisonnette au lieu-dit la Brande, entre Sarlat et le village de Temniac, d'où l'on voyait d'ailleurs la route de Montignac que je connaissais si bien pour l'avoir empruntée si souvent avec mon père [...].

C'était trop cher : il nous manquait encore beaucoup de sous. Mais qu'importe ! Que nous avons fait de projets, ce soir-là, et que de rêves ont agité la nuit qui a suivi.

p. 115.

C'était un MV, de Saint-Julien-de-Lampon, qu'avait connu mon père. Nous avions bon espoir. Mais quand la lettre d'Aline est arrivée, j'ai cru que le monde s'écroulait autour de moi. L'homme voulait vendre tout de suite, et au prix fixé. Nous avons recompté nos sous. Il en manquait beaucoup et, à cette époque-là, on n'avait pas l'habitude comme aujourd'hui d'emprunter. Il nous fallait donc attendre, et sûrement nous devrions passer un autre hiver dans les Ardennes. Et si pendant ce temps le propriétaire vendait à d'autres ? Je ne cessais pas de poser cette question à Elie qui essayait de me rassurer : d'après Aline, personne n'achèterait jamais à ce prix-là ; dans quelques mois, au contraire, l'homme de SJL serait moins exigeant et nous aurions gagné d'attendre. Sans compter que, d'ici là, nous aurions assez de sous. D'après lui, donc, il n'y avait pas d'autre solution que de se montrer patients.

p. 116.

Et puis un nouvel hiver est arrivé... [...] Dès le mois de mars, quand le dégel s'est amorcé et que les routes sont devenues praticables, nous avons recompté nos sous. Ça y était ! Nous en avions assez. Il n'était pas question d'attendre d'avantage. Vers le milieu du mois, Elie a pris le train pour Sarlat...

Juin 2017

Les députés du Sarladais depuis la Révolution française

Depuis la Révolution française, qui les habitants du Périgord Noir ont-ils envoyé à Paris pour les représenter ?

Issu d'une vieille famille de la ville, Jean-Baptiste Loys naît le 20 février 1740. Fils d'un avocat au barreau de Sarlat auquel il succède après avoir terminé ses études à Toulouse, il est en 1789 un premier consul de Sarlat réputé « pour son éloquence et pour sa science juridique », dixit Jean-Joseph Escande.

Le 10 mars, des délégués des paroisses du Sarladais portent leurs cahiers de doléances à la chapelle des Pénitents bleus où se tient une réunion : « Elle fut bruyante et très orageuse ; l'énergie et l'autorité du premier consul Loys parvinrent difficilement à calmer la colère de quelques violents qui voyaient leurs revendications écartées : l'effervescence révolutionnaire commençait à se manifester », croit savoir J.-J. Escande.

Député du tiers-Etat du 21 mars 1789 au 30 septembre 1791, Jean-Baptiste Loys participe aux États généraux puis à l'Assemblée constituante jusqu'à sa dissolution. Il retourne ensuite à Sarlat pour reprendre son métier, jusqu'à sa mort le 12 novembre 1805.

Autre député du Sarladais, Guillaume Delfaut (ou Delfau ou Delfaud). Né en 1733, ce Jésuite originaire de Daglan, dont il est alors l'archiprêtre, représente le Clergé aux Etats généraux puis à l'Assemblée nationale constituante. Il meurt à Paris le 2 septembre 1792, lors des fameux Massacres de Septembre, avec une centaine d'autres prêtres réfractaires à la constitution civile du clergé. Il a été béatifié et la paroisse du pays dommois porte désormais son nom.

A signaler que les deux députés du clergé de la Dordogne pour les Etats généraux puis la constituante étaient issus du Périgord Noir. C'est en effet François Laporte (1736-1822), alors curé de Saint-Martial-de-Hautefort (sur la commune de Cherveix-Cubas), qui a accompagné Guillaume Delfaut, après avoir battu l'évêque de Périgueux aux élections.

Les conventionnels (1792/1795). Né en 1762 ou en 1764 à Cénac ou à Domme, Jean-Guillaume Taillefer est médecin dans ce secteur mais aussi administrateur du district de Sarlat. Elu à l'Assemblée législative puis à la Convention, il vote pour la mort du roi Louis XVI. Il est délégué par la Convention dans des départements du Sud-Ouest. Après la Révolution, il poursuit sa carrière de médecin chez lui, puis est prié de quitter le pays à la Restauration. Il part aux Pays-Bas puis en Louisiane où il exerce pendant deux ans la médecine à La Nouvelle-Orléans. Il est gracié fin 1818 et peut rentrer dans son pays natal, où il meurt le 15 avril 1835.

Elie Lacoste est né à Montignac le 21 septembre 1745. Administrateur du département en 1790, ce médecin organise dans sa ville natale, « dès les premiers jours de la Révolution, un club très violent », selon J.-J. Escande qui le dépeint comme un Montagnard ami de Robespierre. Il vote bien sûr la mort de Capet. Il est pour autant ensuite aussi un des inspirateurs des journées de Thermidor. Vient son tour d'être accusé. Le 9 prairial an III (28 mai 1795), il est emprisonné pour quelques mois. Il retourne ensuite au pays natal pour pratiquer son art, jusqu'à sa mort le 26 novembre 1806.

Guillaume Delfau (1766-1815), cultivateur ou bien homme de lettres à Grives, district de Belvès, neveu de son homonyme daglanais. Député à l'Assemblée législative de 1791, il fait partie des modérés de la majorité, présente une motion contre les prêtres perturbateurs et dénonce un orateur appelant à l'assassinat du Roi, en juin 1792. Il attaque les sociétés populaires, « un monstre politique, qui ne peut exister dans le système d'un bon gouvernement. C'est là, c'est dans leur soin que quelques séditieux, sous le masque du patriotisme, à l'aide de quelques talents oratoires, égarent la multitude ; c'est là que, sous prétexte de bien public, on entretient un système perpétuel de dénonciations. » Plus tard, menacé d'arrestation, Guillaume Delfau s'engage dans l'armée pour se soustraire aux poursuites mais est finalement arrêté et détenu à la prison du Luxembourg, à Paris. Favorable au coup d'Etat de brumaire de Napoléon Bonaparte, en novembre 1799, il est plus tard nommé secrétaire général de la préfecture de la Dordogne presque jusqu'à sa mort, sans jamais pouvoir occupé le poste de sous-préfet de Bergerac, malgré cinq demandes en ce sens à ses supérieurs.

Etienne Cambort-Borie naît à Sarlat en 1737. Elu à la Convention, il se prononce pour la mort du roi et réclame des poursuites contre les prêtres réfractaires. Il est envoyé en Lozère et dans le Gard où il fait guillotiner un grand nombre de personnes, selon *la Grande Encyclopédie*, citée par J.-J. Escande. Il est décrété d'arrestation après la journée du 1er prairial an III (révolte pour rétablir un gouvernement révolutionnaire à dominante montagnarde, le 20 mai 1795), et amnistié ensuite. Puis il est député au Conseil des Cinq-Cents pendant le Directoire. Favorable au 18 brumaire, il devient juge au tribunal civil de Cognac où il décède le 18 juillet 1804.

Ici un petit aparté…

Le « terroriste » sarladais Jean-Baptiste Gueyraud n'a pas été élu député, mais son nom est lié à l'épisode révolutionnaire. Jean-Joseph Escande le qualifie dans son *Histoire de Sarlat* comme le « chef de la Révolution » dans cette localité. Cet homme de loi a 30 ans quand la Révolution commence. Il est procureur-syndic* du district de Sarlat. Dépeint comme travailleur, habile, violent et autoritaire, il assume « la responsabilité de l'application de toutes les mesures rigoureuses de la Terreur », dixit M. Escande : « Il dirigeait tout avec ardeur ; son nom seul faisait trembler les aristocrates ».

Jean-Baptiste Gueyraud se présente pour être élu à la Convention, en septembre 1792. L'assemblée électorale est réunie dans l'église Sainte-Marie. Favorable à la mort du roi, y compris s'il est innocent « parce qu'on ne peut pas conserver la liberté avec un roi », il engage « les électeurs à donner aux députés le mandat impératif de voter la destruction de la Royauté et l'établissement de la République ». Proposition adoptée avec enthousiasme, assure J.-J. Escande.

En 1793, Jean-Baptiste Gueyraud organise la chasse de députés girondins errants en Sarladais déguisés en mendiants pour échapper à l'échafaud. En 1794, il crée une commission pour surveiller les autorités. Cela ne passe pas chez les notables locaux et il est emprisonné. Quelques années plus tard, il devient président du tribunal civil de Sarlat où il meurt le 24 mai 1839.

* *Représentant du pouvoir d'Etat, mais élu par les électeurs.*

Retour aux députés…

Gabriel Bouquier naît le 10 novembre 1739 à Terrasson. Il est notamment poète et archéologue. A la Convention, il présente un intéressant projet de décret sur l'enseignement libre qui est adopté et reçoit l'aval de la Société des Jacobins, dont il sera président. Le décret demande la création d'écoles pour les notions élémentaires, que les instituteurs soient payés à raison du nombre de leurs élèves et enfin l'établissement d'écoles supérieures gratuites pour les savoirs nécessaires à la conservation de l'existence des citoyens et à la défense de la République. Il devient secrétaire de la Convention. Il fait encore un rapport et projet de décret sur le thème de l'instruction publique. Il présente aussi une pièce à l'Opéra national. Après la Convention, il devient juge de paix puis s'adonne à la poésie et à la peinture à Terrasson, où il meurt le 6 octobre 1810.

Directoire (1795-1799). Jean-André Delpit naît à Saint-Avit-Sénieur le 12 février 1770. Il est avocat à Bordeaux au moment de la Révolution. Girondin, il est mis hors-la-loi à leur chute, le 31 mai 1793. Après le 9 thermidor (chute de Robespierre), ce modéré devient administrateur du district de Belvès puis du département et est élu député au Conseil des Cinq-Cents. Pour échapper à la déportation après le coup d'Etat du 18 fructidor (1797), il fuit déguisé en ouvrier salpêtrier. Il redevient avocat à Bordeaux, sous le Consulat. Faisant une carrière politique locale à Bordeaux, ce Périgordin est élu député en 1824 en remplacement de M. Maine de Biran, décédé. Il siège jusqu'en 1827. Il meurt à Paris le 7 août 1834.

Antoine Limoges naît à Terrasson le 10 décembre 1764. Il est d'abord suppléant à l'Assemblée législative de 1791 à 1792. Il est alors avocat au Bugue. Puis il est élu, le 26 germinal an VI (12 avril 1797), député au Conseil des Cinq-cents jusqu'au 26 décembre 1799. Il est favorable au coup d'Etat de Bonaparte. Il est nommé juge au tribunal d'appel de Bordeaux où il meurt en 1819.

Jean-Baptiste Soulignac-Saint-Rome naît le 23 juin 1762 à Limoges. Après avoir été suppléant à l'Assemblée législative, il est député au Conseil des Cinq-Cents. Il n'y joue qu'un rôle obscur. Cet homme de loi meurt le 3 août 1838 à Sarlat.

Bernard Grand naît à Thenon le 8 juillet 1764. Pendant la Révolution il est administrateur de la Dordogne. Il est élu député de ce département en 1799 pour quelques mois. Après le 18 brumaire, il devient sous-préfet de Sarlat, puis juge suppléant au tribunal civil de Périgueux. Des années après, il est député de la Dordogne à la Chambre des Cent-Jours. Il meurt à Forcalquier, dans les Basses-Alpes, en 1848.

Consulat et Premier Empire (1799/1815). Joseph Prunis naît à Campagnac-lès-Quercy le 16 mai 1742. Ce fils d'un chirurgien entre dans les ordres, puis s'occupe de littérature avant de quitter l'habit sous la Révolution. Après le coup d'Etat de brumaire, il devient sous-préfet de Bergerac puis est désigné par le Sénat en 1804 pour représenter la Dordogne au Corps législatif jusqu'en 1809. Il meurt à Saint-Cyprien en 1816.

Pierre Manières vient au monde à Domme le 4 septembre 1770. Il étudie le droit puis sert, en l'an II et en l'an III, dans les armées de la République, avant d'être sous-préfet de Sarlat puis désigné représentant de la Dordogne au Corps législatif jusqu'à sa mort (1806).

Pierre-Joseph de Maleville voit le jour à Domme le 12 juillet 1778. Il est avocat puis sous-préfet de Sarlat de 1804 à 1811. Il est élu à la Chambre des Cent-Jours le 18 mai 1815. Il y défend la liberté de la tribune et de la presse. A la seconde Restauration, il reprend ses fonctions de conseiller, devient premier président aux cours royales de Metz, d'Amiens, puis est admis, en janvier 1825, à siéger à la Chambre des pairs, en remplacement de son père, Jacques, célèbre juriste, rédacteur du Code civil, décédé. Il demeure un partisan de la monarchie constitutionnelle. Il s'éteint le 12 avril 1832 à Paris.

Jean de Selves vient au monde à Sarlat le 14 janvier 1756. Il est procureur impérial sous Napoléon Ier. Il est élu le 17 mai 1815 représentant de Sarlat à la Chambre des Cent-Jours. Il meurt à Sarlat le 1er novembre 1818.

Restauration (1815-1830). Antoine Casimir de Mirandol voit le jour à la Chapelle le 21 décembre 1759. Avant la Révolution, il est officier au régiment de cavalerie Royal-Picardie. Emigré en 1792, il s'engage dans l'armée contre-révolutionnaire. Sous le Consulat puis l'Empire, il vit en retrait de la politique. Sous la Restauration, il est régulièrement élu député de la Dordogne. Il siège presque toujours à droite et quitte la vie politique après 1831. La date de sa mort est inconnue. Une maison de sa famille style XVe siècle se situe rue des Consuls, à proximité de l'hôtel Plamon, à Sarlat.

Jean d'Abzac de La Douze naît à Périgueux le 20 avril 1781 et y meurt le 7 février 1834. Issu d'une illustre famille périgourdine, il est maire de Périgueux quand il est élu en 1815. En 1816, ayant moins de 40 ans, il ne peut se représenter. Ses fonctions de maire cessent également en 1820. Il ne reparaît à la Chambre qu'en 1827.

Elie Laval voit le jour à Marnac le 1er novembre 1753. Il a été avocat et juge de paix du canton de Saint-Cyprien. Il a été élu député le 20 septembre 1817. Il siège au centre-droit. Il démissionne le 9 mai 1820. La date de son décès n'a pas été trouvée.

Jean-Baptiste Genis de Beaupuy naît à Sarlat le 2 avril 1776. Il est issu d'une famille noble du Périgord. Il s'occupe spécialement d'agriculture, s'efforçant d'appliquer de nouveaux procédés dans ses domaines sarladais. Le 15 mars 1821, il est élu député. Il siège à droite et vote constamment avec les royalistes. Il est réélu le 9 mai 1822 et le 25 février 1824, puis battu en novembre 1827. Il vit dès lors hors de la politique. Il meurt à Sarlat le 2 juillet 1859.

Monarchie de Juillet (1830-1848). Guillaume de Maleville, fils de Jacques, rédacteur du Code civil, et frère de Pierre-Joseph, il a été parlementaire à plusieurs époques : député de 1837 à 1846, pair de France, représentant en 1871, sénateur de 1875 à 1889. Il naît à Sarlat le 30 août 1805 et meurt à Paris le 25 décembre 1889. Il fait carrière dans la magistrature. Il a été maire de Domme et conseiller honoraire de la Cour de Paris.

Joseph Mérilhou naît à Montignac le 15 octobre 1788. Magistrat sous l'Empire, il est suspendu de ses fonctions à la Restauration. Il revient à son exercice d'origine, avocat, et prend part aux luttes de l'opposition constitutionnelle. Il appartient à la charbonnerie, un groupe politique conspiratif. Comme avocat, il défend des journaux, notamment ceux attaqués par l'Eglise. En 1830, après les Trois Glorieuses, il est pendant trois mois secrétaire général provisoire du ministère de la Justice. Il abolit la loi sur le sacrilège. Fin 1830, il prend le portefeuille de l'Instruction publique et des Cultes, avec la présidence du Conseil d'Etat, puis celui de la Justice jusqu'à mars 1831. Il démissionne suite à des attaques contre la presse venues de son camp. La même année, il est élu député à plusieurs endroits et choisit le collège de Sarlat. Il est dans l'opposition modérée. Battu, il est appelé à la pairie (chambre haute) le 3 octobre 1837. Il meurt à Neuilly le 18 octobre 1856.

IIe République. Etienne Alexis Lamarque est né à Lacapelle-Biron (Lot-et-Garonne) le 4 décembre 1819. Il a été maître de forges en Dordogne. Commissaire de la République en Dordogne après la Révolution de février 1848, il est élu député le 13 mai 1849. Républicain, il siège à la Montagne et vote constamment avec la minorité démocratique contre les lois répressives et restrictives proposées par la majorité. Il proteste contre le coup d'Etat de décembre 1851 et quitte la politique. Il meurt à Loubéjac le 4 août 1899.

Second Empire. Timoléon Auguste Sydney Taillefer est né à Domme le 27 décembre 1802. Il est le fils du conventionnel Jean-Guillaume Taillefer. Il étudie la médecine à Paris et s'établit à Cénac. Conseiller général après 1839, il s'oppose au gouvernement de Louis-Philippe. Plusieurs fois défait pour la députation, il est élu le 1er août 1846. Le 23 avril 1848, il est élu à l'Assemblée constituante de la IIe république puis se rallie au coup d'Etat du 2 décembre 1851. Bonapartiste, il est élu député au Corps législatif en 1852, 1857, 1863. Il siège dans la majorité. Il meurt à Cénac le 25 mars 1868.

Jean-Baptiste Dupont de Bosredon naît à Chavagnac le 22 février 1831. Propriétaire, il est élu député au Corps législatif en 1868, battant un Maleville. Il remplace Taillefer, décédé. Il est réélu le 24 mai 1869. Il vote pour la déclaration de guerre à l'Allemagne. Sous la IIIe République, il réapparaît au Palais-Bourbon en 1876, dans la minorité monarchiste. En 1877, candidat du maréchal de Mac-Mahon il bat le républicain Landry. En 1879, il vote contre l'amnistie des anciens communards. Il quitte la Chambre des députés début 1880, nommé sénateur de la Dordogne. Il s'oppose notamment aux projets de loi Ferry sur l'enseignement, aux lois d'expulsion des princes issus de familles ayant régné en France et à la loi instituant le divorce. Il meurt le 14 mars 1903 à Chavagnac.

IIIe République. Louis de Carbonnier de Marzac naît à Saint-Cyprien le 11 mai 1810. Avocat à Bordeaux, il est élu le 8 février 1871 à l'Assemblée nationale qui siège dans cette même ville. Il est au centre-droit et ne prend jamais la parole. Il meurt le 3 novembre 1875.

François Taillefer voit le jour à Cénac le 20 septembre 1836. Il est le fils de Timoléon Taillefer. Il entre dans la marine en 1852. En 1863, il est lieutenant de vaisseau. Il participe à la guerre de Crimée. Après 1871, il est conseiller général du canton de Domme. Il est élu député en 1876. Il est bonapartiste. En 1877, il est réélu contre le républicain Antoine Escande. Lequel le bat en 1881. Après des défaites, il retourne à l'Assemblée en 1888 en remplacement du général Boulanger, élu en Périgord et dans le Nord et qui opte pour ce département. Il meurt le 27 décembre 1908 à Cénac.

Le Rouffignacois Jean-Émile Roger naît le 3 février 1831. Avocat à Sarlat puis chef du contentieux à la Compagnie du chemin de fer de Paris à Orléans, il est élu conseiller général du canton de Montignac. En 1869, il est battu aux législatives par M. de Bosredon. Suite à la démission de ce dernier, il est élu en 1880 et siège avec la gauche modérée. Il est réélu en 1881. En 1885, il est élu sénateur. Il meurt à Rouffignac le 16 décembre 1907.

Antoine Escande voit le jour à Saint-Vincent-de-Cosse le 13 août 1847. Médecin en son pays, propriétaire, il est conseiller général de Saint-Cyprien, sous l'étiquette républicaine. Après un échec aux législatives, il triomphe en 1881, battant M. Taillefer. Soutenant les cabinets Ferry et Gambetta, il approuve notamment la politique coloniale. Il est réélu en 1885 mais ne se représente pas en 1889. Il ouvre un second cabinet à Saint-Cyprien dont il devient maire. Il se consacre jusqu'à la fin de sa vie à l'exercice de la médecine et à l'administration locale. Il meurt le 10 juillet 1928 à Paris.

Gabriel Guillaume Lamothe-Pradelle vient au monde à Sainte-Alvère le 1er avril 1850. Avocat, il est conseiller général de Sainte-Alvère. Il est élu à l'Assemblée nationale en 1885, siégeant à l'Union républicaine, mais meurt au Bugue le 3 février 1888. Il est remplacé le 8 avril par le général Boulanger puis par Taillefer.

Georges Fonbelle-Labrousse naît à La Bachellerie le 29 juin 1846. Il étudie le droit à Paris et devient notaire dans son village natal. Il est un des organisateurs du cercle de la Ligue de l'Enseignement à Périgueux. Il est conseiller général de Terrasson. Il est élu député le

4 octobre 1885 et prend place à la gauche républicaine. Son mandat prend fin en 1889. Il meurt le 7 janvier 1927 à Caudéran, en Gironde.

Jean-Léon Clerjounie voit le jour le 11 décembre 1837 à Salignac. Avocat, il devient maire de Sarlat en 1881, puis conseiller général. En 1888, présenté par le Congrès républicain, il est battu par le général Boulanger puis par M. Taillefer aux législatives. Il gagne l'année suivante. Député, il demande une révision de la Constitution de 1875 dans le sens démocratique et républicain, s'élevant contre « la pensée que puissent être proposés un Monarque, un Dictateur ou un César ». Il souhaite des traités commerciaux qui « aident notre agriculture et notre industrie au lieu de les ruiner ». Une grave maladie l'éloigne fréquemment de la Chambre. Le 20 juillet 1891, après avoir assisté à une réunion du conseil municipal de Sarlat et avoir pris le train pour regagner Paris, il fait un malaise et meurt en cours de route. Ses obsèques sont célébrées à Salignac le 23 juillet au milieu d'une nombreuse affluence.

Marc Thimothée Villemonte-Laclergerie vient au monde le 20 août 1851 à Périgueux. Avocat à Paris, maire de Fleurac et conseiller général, il habite au château de Souffron, près de Rouffignac, et est très versé dans les questions agricoles. Il devient juge suppléant à Constantine le 28 juillet 1889. Républicain, il se présente aux élections législatives de 1889 et est élu. Lors des discussions budgétaires, il propose des mesures pour encourager la culture du tabac. En 1893, il est battu et est nommé conseiller à la Cour d'appel d'Alger le 30 janvier 1894. Il meurt à Alger le 12 mai 1926 et est inhumé au cimetière Saint-Georges de Périgueux.

Arnaud-Elie Denoix né le 29 juin 1848 à La Bachellerie, soit deux ans jour pour jour après Georges Fonbelle-Labrousse. Il étudie la médecine à Paris. Il fait la campagne de 1870/1871 comme simple soldat dans l'armée de la Loire, dans les Mobiles de la Dordogne. Après l'armistice, il soutient activement les candidatures républicaines. Médecin, il s'établit à La Bachellerie. Il devient maire de Peyrignac, conseiller d'arrondissement et conseiller général de Terrasson, puis maire de La Bachellerie en 1904. Il est élu député le 11 octobre 1891 en remplacement de M. Clerjounie, décédé.

Arnaud Denoix est un républicain progressiste, anticlérical mais « préférant un clergé national à la séparation de l'Eglise et de l'Etat ». Arnaud Denoix se prononce en 1893 pour le maintien du Sénat et de la présidence de la République. Il approuve les lois précédemment votées en faveur de l'amélioration du sort des travailleurs et préconise notamment de nouvelles lois sur les caisses des retraites de la vieillesse et l'assistance publique dans les campagnes. Il dénonce l'injustice des impôts de consommation. Lors de la discussion des lois sur la presse, il prononce la phrase fameuse : « La presse, cette industrie privilégiée » qui lui vaut l'hostilité des journalistes parlementaires et la menace de nombreux duels qui n'ont pas lieu. Il se bat toutefois à l'épée avec un député de la Seine qu'il blesse grièvement, puis au pistolet avec un autre, sans résultat. Il devient ensuite sénateur en 1896, sans avoir fait acte de candidature, et le reste jusqu'en

1917. Il est élu questeur (administrateur du Sénat) en 1912. Il meurt en cours de mandat le 26 décembre 1917 à Paris.

Raymond Gendre vient au monde le 22 juillet 1840 à Saint-Germain-de-Belvès. Avocat à Bordeaux puis à Sarlat, il est aussi viticulteur et élu local dans son village. Entre 1887 et 1889, il fait une expérience professionnelle à Pondichéry avant de rentrer pour raisons de santé. En 1893, il se présente comme radical-socialiste indépendant et est élu au ballottage contre un conservateur. Au cours de cette législature marquée par la colère sociale et les attentats anarchistes, il suit les républicains de gauche et d'extrême gauche, déployant une grande activité au service de l'idéal républicain. En 1898, il est battu par le docteur Sarrazin, conseiller général, maire de Sarlat, et renonce à toute activité politique. Il meurt le 16 juillet 1917 à Condé-en-Brie, dans l'Aisne.

Pierre Sarrazin voit le jour le 5 avril 1854 à Saint-Médard-de-Guizières, en Gironde. Fils d'un négociant, il est docteur en médecine en 1879, licencié en droit en 1886. Il s'installe comme médecin en Sarladais. Il est conseiller général, puis maire de Sarlat de 1889 à 1924. Il est élu député en 1896, s'inscrivant au groupe de la gauche radicale. Il est réélu en 1898, 1902, 1906. Il approuve le projet de loi sur les retraites ouvrières et paysannes et la séparation des Eglises et de l'Etat. Réélu en 1910, il soutient la loi portant la durée du service militaire à trois ans et ne se présente pas aux élections de 1919. Il ne devient pas sénateur, battu à chaque fois. Il meurt à Sarlat le 18 mai 1931. Au cours de sa longue carrière, le positionnement politique de Pierre Sarrazin a évolué : des républicains plutôt à gauche au début, vers les radicaux puis terminant sa carrière au centre-droit.

Robert David vient au monde le 5 novembre 1873 à Fontainebleau. Issu d'une famille fortunée et possédant des propriétés dans plusieurs départements, dont la Dordogne, il est le neveu du président Sadi Carnot. Il fait ses études à Bordeaux. Il est docteur en droit. Il devient ensuite chef de cabinet du préfet des Bouches-du-Rhône. En 1900, il est nommé chef de cabinet du gouverneur général de l'Algérie. Dès lors, il s'occupe des questions de colonisation. En 1908, Robert David épouse la Sarladaise Jeanne Secrestat-Escande, issue d'une famille fortunée et impliquée en politique. Cela explique son implantation en Périgord.

Il est élu député en 1910 sur la circonscription de Périgueux. Il défend les intérêts des planteurs de tabac et des paysans en général. Il est battu en 1914. Mobilisé comme officier, il participe à l'expédition des Dardanelles. En 1919, alors qu'il est maire de Saint-Vincent-de-Cosse, il se présente sur la liste d'Union républicaine clemenciste, centriste, et est élu. Qualifié de « personnalité catholique reconnue », il est ensuite sous-secrétaire d'Etat à l'Intérieur de 1920 à début 1921. Il est battu en 1924 et en 1928 par la gauche. Il écrit dans des journaux et rédige plusieurs ouvrages. Il meurt le 26 août 1958 à Magnac-Laval, en Haute-Vienne.

Yvon Delbos voit le jour le 7 mai 1885 à Thonac. Issu d'un milieu modeste, il sera député de la Dordogne de 1924 à 1940, en 1945 et de 1946 à 1955. Mais ce ne sont là que quelques-unes des nombreuses fonctions politiques que cette grande figure du radicalisme aura endossées au cours de sa carrière. Il aura aussi été sous-secrétaire d'Etat à l'Enseignement technique et aux Beaux-Arts en 1925, ministre de l'Instruction publique et des Beaux-Arts pendant un mois et demi en 1925, garde des sceaux et vice-président du Conseil du 24 janvier au 4 juin 1936, ministre des Affaires étrangères de juin 1936 à mars 1938, ministre de l'éducation nationale du 13 septembre 1939 au 21 mars 1940 et du 5 au 16 juin 1940, ministre d'Etat du 22 janvier au 24 novembre 1947 et enfin ministre de l'Education nationale du 26 juillet au 5 septembre 1948 et du 11 septembre 1948 au 2 juillet 1950.

Yvon Delbos est fils et petit-fils d'instituteur. Il passe par l'Ecole normale supérieure et en sort agrégé de lettres en 1907. Il enseigne, puis fait du journalisme littéraire, puis politique. Il est mobilisé pendant la Grande Guerre et blessé à la main droite par un éclat d'obus en octobre 1915. Il passe dans l'aviation, est blessé une seconde fois. Il ne sera démobilisé qu'après l'armistice, en 1919. Il fonde *L'Ere nouvelle*, journal radical-socialiste. Il s'inscrit au parti radical et il est candidat en 1919 à la députation. Il est battu. Il est élu en 1924 sur la liste d'Union des gauches, puis en 1928, 1932 et 1936. Il joue un rôle de premier plan au Parlement. Il est secrétaire de la Chambre des députés en 1924 et 1925 et est élu vice-président de la Chambre en 1932. Il prend aussi, on l'a vu, des responsabilités ministérielles. Il s'intéresse de près aux questions internationales, ce qui lui permettra de devenir le ministre des Affaires étrangères du Front populaire, apôtre de la non-intervention en Espagne. En 1940, il s'oppose à l'armistice.

Le 18 juin 1940, il se rend en Afrique du Nord pour organiser la résistance. Il revient en France en juillet. Il est arrêté par les Allemands en avril 1943 et déporté. Il reste deux ans au camp d'Oranienburg, où il est mis en cellule et au secret. Il rentre en France après la Libération, le 7 mai 1945. Il reprend l'action politique au sein du Parti radical-socialiste. Il est désigné en juillet 1945 pour siéger à l'Assemblée consultative au titre de la résistance parlementaire. Puis il est parlementaire ou ministre. Il est impliqué dans la création de l'Organisation des Nations unies et dans la constitution de la communauté européenne. Il devient sénateur en 1955. Le 15 novembre 1956, emporté par un infarctus du myocarde, il meurt à son domicile parisien.

Ses obsèques ont lieu le 18 novembre à Montignac en présence de plu-sieurs milliers de personnes.

IVe République. Lucien Dutard naît le 22 février 1912 au Buisson-de-Cadouin. Il est instituteur et capitaine de l'équipe de rugby du stade buissonnais de 1934 à 1939. Mobilisé pendant la campagne 39-40 au 50e régiment d'infanterie. Pendant l'Occupation il s'engage dans la Résistance et milite au Parti communiste. A la Libération, il est élu à l'Assemblée constituante avec Yvon Delbos, deux socialistes, et un autre communiste. Il est élu député jusqu'en 1951. Il s'intéresse plus particulièrement à la question des transports. En 1951, suite à une modification du mode de scrutin, les communistes arrivent en tête mais n'ont aucun élu en Périgord. Il demeure conseiller général, puis devient maire de Boulazac. Il redevient ensuite député de 1973 à 1986. Il meurt à Périgueux le 1er juillet 2003.

Robert Lacoste vient au monde le 5 juillet 1898 à Azerat. Il est le fils d'un inspecteur des chemins de fer et d'une institutrice. C'est une figure politique nationale, notamment pour son rôle, parfois décrié, lors de la guerre d'Algérie. Il sera membre de la première et de la seconde Assemblée nationale constituante, puis député entre 1946 et 1968. Il sera également ministre de l'Industrie de 1944 à 1950, ministre des affaires économiques et financières en 1956 et ministre résidant en Algérie de 1956 à mai 1958. Il est brièvement mobilisé à la fin de la première guerre mondiale, puis monte à Paris faire son droit. Fin 1922, il entre dans l'administration des finances et s'oriente vers l'action syndicale, travaillant aux côtés de Léon Jouhaux dans la CGT réformiste (opposée à la CGT unitaire communiste). Il est un défenseur de l'idée d'un Etat fort et dirigiste sur le plan économique.

Fin 1938, il se prononce contre les accords de Munich. Il est mobilisé en 1940, puis prend part à la résistance tout en travaillant comme percepteur à Thonon-Les Bains. Après la guerre commence sa période d'activité politique. Il adhère à la section française de l'internationale ouvrière (ancêtre du parti socialiste), dont il avait rejoint les structures clandestines pendant la guerre. Il est maire d'Azerat et conseiller général de Thenon, puis membre de l'assemblée nationale constituante et député. En 1951, grâce à la réforme du mode de scrutin (loi sur les apparentements), l'alliance dite Troisième force, dont fait partie la SFIO, remporte la majorité absolue en Périgord. Depuis 1949, il est aussi président du conseil général de la Dordogne. Son activité législative tourne toujours autour des questions budgétaires et de crédit et de l'organisation de la sécurité sociale.

Robert Lacoste est réélu député en 1956, mais passe les années 1956, 1957 et 1958 en qualité de ministre résidant en Algérie. Partisan de l'Algérie française, il remet en 1957 tous les pouvoirs aux militaires pour conduire la répression contre les indépendantistes. En 1958, il est de retour à l'Assemblée et approuve la montée en puissance du général de Gaulle qui met en place une nouvelle constitution.

Sous la Ve République, Robert Lacoste sera député de 1962 à 1968, puis sénateur de 1971 à 1980. Il décède le 8 mars 1989 à l'hôpital de Périgueux. Il est inhumé à Azerat, où il s'était retiré.

Roger Ranoux naît le 26 octobre 1921 à La Villedieu. Ce fils de cheminot s'engage, dès 1936, dans les jeunesses communistes. Mécanicien, il entre dans la clandestinité en mars 1943 et rejoint les maquis de Corrèze où il est nommé Hercule. Fin 1943, il prend la tête du premier groupe des Francs-tireurs et partisans français (FTPF) de Dordogne puis des Forces françaises de l'intérieur (FFI). Il participe à la libération du pays, puis revient à Terrasson comme chauffeur routier. En 1956, il est élu député sur la liste communiste qui obtient 30,4 % des exprimés. Au Palais-Bourbon, il intervient sur les questions agricoles. Il vote comme le reste des élus PCF : pour les pouvoirs spéciaux en Algérie en 1956, contre l'investiture et les pleins pouvoirs à Charles de Gaulle en 1958. Il est ensuite battu à chaque élection dans la IVe circonscription, en

1958, 1962, 1967 et 1968. Il perd la vie le 9 juillet 2015 à Saint-Astier.

Vᵉ République. Pierre Janot vient au monde dans la capitale du Périgord Noir le 29 octobre 1925. Après des études de droit et de sciences politiques, il est chargé de mission au ministère de l'Economie et des Finances. En 1967, il est le candidat gaulliste dans la 4ᵉ circonscription de Dordogne. Il est battu par Robert Lacoste. En 1968, il est élu au second tour avec 700 voix d'avance contre le même adversaire. Inscrit à l'UDR, il s'occupe surtout d'agriculture. Il est battu par Lucien Dutard en 1973 et en 1978. Il disparaît le 13 juin 1994 à Paris.

Paul Duvaleix naît le 16 décembre 1929 à Blis-et-born. Socialiste, il a été député du 29 juillet 1988 au 1ᵉʳ avril 1993, en remplacement de Roland Dumas, alors ministre. Cet agriculteur est également maire d'Auriac-du-Périgord de 1989 à 2001. Il y décède le 27 décembre 2005.

Michel Dieras voit le jour le 27 mai 1904 à Mauzens-et-Miremont. Cet agriculteur est maire de sa commune de 1932 à sa mort le 25 octobre 1988, soit cinquante-six ans. Il est conseiller général de 1945 à 1962. Il est battu aux législatives de 1951 et de 1956, puis élu député en 1958, sous l'étiquette Entente démocratique (radical). Il est battu en 1962.

Roland Dumas naît le 23 août 1922 à Limoges. Son père, résistant, est fusillé en mars 1944. Lui s'engage également. Avocat et journaliste, il est député socialiste dissident de la Haute-Vienne de 1956 à 1958. Il est député mitterrandien de la Corrèze en 1967, puis de la Dordogne de 1981 à

1993. Mais il exerce aussi des fonctions ministérielles pendant plusieurs années à cette époque.

Quant aux derniers députés du Sarladais, Jacqueline Dubois, première femme de l'histoire, mais aussi Jean-Jacques de Peretti, Dominique Bousquet et Germinal Peiro, ils sont toujours actifs en politique et il n'est pas nécessaire de revenir ici sur leurs parcours...

Sources : Histoire de Sarlat *par J.-J. Escande, Wikipédia, Assemblée nationale,* Dictionnaire des parlementaires français de 1789 à 1889 *(Adolphe Robert et Gaston Cougny),* Dictionnaire des parlementaires français de 1889 à 1940 *(Jean Jolly).*

Evolution du mode de scrutin

Depuis la mise en place du suffrage universel (masculin d'abord, général depuis 1945), bien des modes de scrutin ont été utilisés pour désigner les représentants de la Nation. La plupart (scrutin majoritaire) permettent de dégager des majorités fortes, au détriment de la représentation de toutes les sensibilités politiques (proportionnelle).

Il y a eu 43 élections depuis 1848. Le scrutin majoritaire a pu être de liste (IIe République) ou uninominal (IIIe et Ve Républiques), par département ou par circonscription. Le scrutin proportionnel a été utilisé au début de la IVe République, puis abandonné au profit d'un système mixte pour contrer l'influence des communistes et de l'extrême droite. Il a fait son retour pour une seule élection en 1986, avec pour conséquence l'élection d'un grand nombre de députés Front national. Un système mixte a été utilisé en 1919 et 1924.

Professions

Sur les 48 députés recensés* en Sarladais depuis 1789, plus de 40 % (22) étaient des hommes de loi : avocats, magistrats, juristes, enseignants de droit, ainsi qu'un notaire. Les médecins sont au nombre de 6. Pierre Sarrazin, député-maire de Sarlat, peut se targuer d'être à la fois docteur en médecine et licencié en droit. Il y a également 3 hommes d'Eglise (pendant la Révolution). Les fonctionnaires, petits ou hauts, sont 5, dont 2 instituteurs. Il y a eu 4 cultivateurs ou agriculteurs, dont l'1 était noble. 1 a exercé la profession de vétérinaire.

Autres professions ou statuts représentés : 1 poète, 1 journaliste, 1 maître de forges, nobles (1 militaire et 2 propriétaires terriens), 1 marin et 1 seulement un prolétaire (mécanicien).

Cette liste de députés représente plutôt mal la population. Elle ne comporte aucune femme, si l'on excepte Jacqueline Dubois, depuis juin 2017. La plupart des hommes qui y figurent sont issus de la noblesse ou de la petite ou moyenne bourgeoisie. Il y a très peu de travailleurs manuels, sauf quelques agriculteurs et un ouvrier, qui forment pourtant la grande majorité de la population.

Le général Boulanger, bien qu'élu en Dordogne en 1888, a préféré siéger pour le compte du Nord. Il n'est donc pas comptabilisé.

Vivre et travailler en Périgord Noir

Vivre et travailler en Périgord Noir

10. Imaginons le futur...

Introduction

La question du futur économique du Périgord Noir est bien sûr présente dans de nombreux autres chapitres de ce recueil. Ici sont réunis des textes qui évoquent plus précisément cette question.

Décembre 2016

Leur regard sur le futur de l'économie du Périgord Noir

Pessimistes ou optimistes selon les cas

Comment voyez-vous l'évolution économique du Sarladais et du Périgord Noir dans cinq ans ? Dans vingt ans ?

Certains sont pessimistes, d'autres optimistes. Ce chef d'entreprise voit pointer des difficultés dans l'agroalimentaire *(un an plus tard, l'annonce du plan social à Rougié vient corroborer ces prévisions, ndlr)*. Au niveau du tourisme, il imagine que, quand les problèmes internationaux se termineront, les touristes repartiront vers la Méditerranée. Le Périgord Noir n'a pas de pôle d'excellence, comme Figeac avec l'aéronautique par exemple. Pour les vingt prochaines années, il faut selon lui cibler un pôle d'excellence et travailler à y faire venir des entreprises. Un peu comme le propose Jean-Jacques de Peretti avec les start-up vouées au développement d'applications liées au tourisme en milieu rural.

Un autre patron de Sarlat estime qu'il y a trop d'ouvertures de moyennes ou grandes surfaces par rapport à la population. Il craint que, dans dix ans, il y ait des zones fantômes. Sur ce point, Christophe Manet, professeur d'économie au lycée Pré-de-Cordy, pense au contraire que ces « commerces de plus en plus nombreux feront réfléchir à deux fois les Sarladais qui hésitent à faire leurs courses à Périgueux ou à Brive. Mais attention à préserver aussi les commerces du centre-ville ! »

Le Calviacois Michel Cuvillon est pessimiste. Il regrette que les élus locaux ne se soient pas mis d'accord pour créer une intercommunalité au niveau du bassin de vie de Sarlat, englobant le Salignacois, le Carluxais et la Vallée de la Dordogne. Ce serait selon lui la base pour développer l'économie. Un élu sarladais voit l'évolution du pays « de manière positive avec la poursuite du développement dans trois directions : économique, touristique et commerciale. Il y aura l'implantation de nouvelles entreprises. L'attractivité commerciale de Sarlat, déjà forte, se renforcera. Sur le tourisme, nous travaillons à l'étirement de la saison. Nous visons une clientèle de proximité, résidant à environ deux heures de route de Sarlat, et qui vient le week-end, soit surtout des CSP+. »

La dépendance vis-à-vis du tourisme revient souvent. Jean-François Laquièze, agent immobilier à Saint-Cyprien, prédit l'arrivée de tour-opérateurs de masse venus de Chine ou d'Inde et pense que « le développement de l'économie numérique et de l'uberisation* des professions permettra la création d'emplois dans le tertiaire ». « Je suis très inquiet quant à la proportion grandissante que prend le tourisme, s'émeut Jean-Claude Marty, ancien maire de Bézenac. Le tout tourisme est une économie des plus aléatoires : elle dépend de nombreux facteurs non maîtrisables, comme la météo, la sécurité (on l'a vu après les attentats), et aussi les modes, par essence variables. » Il regrette notamment la précarité de la plupart des emplois générés par le tourisme et y voit un rapport avec le départ de nombreux jeunes vers d'autres régions.

Le directeur d'une grosse entreprise industrielle imagine « qu'il n'y aura pas de grosses évolutions ni de croissance dans le secteur industriel. Il y aura une stabilité ou même une légère réduction des services publics. » Selon un responsable associatif, « l'avenir du Sarladais ne peut pas être dissocié de celui des villes moyennes les plus proches (Périgueux, Bergerac, Cahors, Brive) et de leur capacité à développer des offres de soin et de formation qui ne pourraient pas l'être ici. Pour implanter en Périgord Noir d'autres activités que celles liées au tourisme, il faut que les candidats sachent qu'on peut se faire soigner et faire former ses enfants à une heure de route environ, comme en région parisienne. C'est à cette condition que le Sarladais pourra tirer parti de l'essor du numérique et peut être du télétravail. »

Est-ce un signe ? Dans ce territoire rural, très peu d'intervenants ont évoqué l'agriculture. Sur ce plan, Jean-Claude Marty estime que la vallée de la Dordogne « serait idéale pour du maraîchage bio nécessitant de la main-d'œuvre qui pourrait alimenter en produits frais et de qualité tout le Périgord Noir et au-delà. »

Le Périgord Noir du futur : des milliers d'emplois à créer

Une grande partie des éléments de cet article seront repris dans un texte présenté au chapitre consacré aux solutions.

A quoi ressemblera le Périgord Noir dans vingt ans ? Répondre à cette question implique de se poser la même question pour la France. Les spécialistes de la démographie estiment que, dans le pays, la population va croître chaque année, ce qui amènera à 70 millions d'habitants en 2040, contre 66 millions aujourd'hui, soit une augmentation de 4 % de la population. Rapporté au Périgord Noir (la zone d'emploi de Sarlat), cela signifie une population de 55 120 habitants contre 53 000 environ en 2016. Pas de révolution de ce côté à attendre, donc, hormis celle, lente et prévue, du vieillissement des Périgordins.

Ces projections sont à considérer avec prudence. Des faits dits exceptionnels se produisent régulièrement dans l'histoire. Ce sont justement eux qui la font évoluer dans un sens souvent non prévu par les experts de la politique et de l'économie. Coups d'Etat, révolutions, guerres, catastrophes naturelles.... De tels événements pourraient changer la donne. Et provoquer, par exemple, des déplacements de population. Par exemple un afflux bien plus massif que celui d'aujourd'hui, que l'Union européenne cherche à contenir en déléguant le problème à la Turquie, rémunérée à milliards pour cela.

Population active en hausse. Les études ont montré que, depuis quarante ans, le nombre d'emplois en France a beaucoup augmenté. De 1975 à 2007, la France a ainsi gagné 3,5 millions d'emplois. Ils ont été créés surtout dans les services. Ils ont plus que compensé la disparition des emplois dans l'industrie. Si le chômage s'est élevé en parallèle, c'est que le nombre total d'emplois dans le pays a grandi moins vite que le nombre de travailleurs disponibles sur le marché du travail. Ainsi, toujours entre 1975 et 2007, la population active a augmenté de 5 millions. L'économie n'a pas généré assez d'emplois pour tout le monde. Et à l'avenir ? L'Insee* explique que, dans les années qui viennent, « la population active continuera de croître à un rythme soutenu [...]. Le nombre d'actifs augmentera encore fortement jusqu'en 2025, pour ensuite se stabiliser avant de repartir légèrement à la hausse à partir de 2035 sous l'effet de la fécondité élevée de ces dernières années. En France métropolitaine, le nombre d'actifs serait de 30,1 millions en 2030 et atteindrait 31,2 millions en 2060, soit 2,85 millions de plus qu'en 2010 ».

Chômage. Qu'est-ce que ces faits impliquent au niveau local ? Le Périgord Noir, c'est 19 152 emplois (dont 73,8 % de salariés) pour 22 735 actifs de 15 à 64 ans. Si l'on prend la même évolution que pour la France, il y aura plus de 24 138 actifs vivant en Périgord Noir en 2030 et plus de 25 000 en 2060. Il faudra donc créer dans les années qui viennent environ 5 000 à 6 000 emplois, si l'on veut en finir avec le chômage.

La création et la suppression des emplois dépendent de nombreux facteurs : situation économique nationale et internationale, état financier des entreprises, politique de l'Etat, choix de gestion des propriétaires d'entreprises (investissements productifs ou spéculation ?), politique des banques et des autres établissements de crédit et, bien sûr, luttes et rapports de force entre les différentes catégories sociales.

Institut national de la statistique et des études économiques.

11. La parole à deux habitants

Printemps 2017

L'économie du Périgord Noir : la réponse d'un Andrésien

Un administré de Saint-André-Allas décrit ce qu'il faudrait améliorer dans l'économie du Périgord Noir. Côté positif, il cite « l'ouverture culturelle et le nombre d'associations culturelles qui permettent à chacun d'y trouver du plaisir de partage et d'échanges ».

Côté négatif, il réprouve :

1) « le tourisme à tout-va. Certains commerces restent le temps d'une saison et ne donnent pas forcément une belle image de notre ville, en particulier car ils vendent des produits plus asiatiques que régionaux. Certains restaurants utilisent beaucoup l'ouvre-boîte et ne pensent qu'au tiroir-caisse. »

2) le stationnement payant, « dont les tarifs pénalisent les familles dès leur arrivée en ville et grèvent leur budget de vacances, lequel ne peut être utilisé pour des dépenses dans les commerces. La navette n'est pas forcément toujours la solution. » Il propose la mise en place d'horodateurs à plaque d'immatriculation. Ils permettent, en entrant l'intitulé de sa plaque d'immatriculation, de rester stationner un certain temps gratuitement ;

3) l'absence « d'un lieu de stationnement aménagé et ombragé pour camping-cars ». Il juge l'emplacement actuel trop petit. « Il faut éviter de les mettre trop loin de la ville pour ne pas voir partir ces touristes. Aujourd'hui, ils sont obligés de se garer où ils peuvent, ce qui les stigmatise auprès des Sarladais qui râlent de les voir prendre des places de stationnement. » Il risque toutefois de s'avérer difficile de créer un parking plus près du centre-ville... ;

4) « le mauvais état des routes sur le pourtour du Sarladais. S'il n'y avait la borne avant Groléjac, on saurait rien qu'à l'état de la route qu'on n'est plus dans le Lot » ;

5) « la Voie verte Sarlat-Cazoulès est de moins en moins entretenue. Bosses et creux la jalonnent. Il faut trouver le moyen de la prolonger vers d'autres lieux pour sécuriser les balades à vélo. »

Après avoir égrené les points noirs de l'économie du Sarladais, ce lecteur demande : « Pourquoi faut-il toujours que les projets n'aboutissent pas, ou mettent des années à aboutir parce que ceux qui les montent voient trop grand ? ». Sévère, il cite la médiathèque, désormais en cours de réalisation, mais aussi la piscine couverte.

L'auteur du courriel fait une proposition : créer un pôle pour le don de sang, de plasma et de globules blancs, au niveau de l'hôpital. Actuellement il faut aller à Périgueux. « Le temps passé et le coût du trajet font que nombre de personnes n'y vont pas », estime cet habitant de Saint-André-Allas. Toutefois, rappelons que des équipes de l'Etablissement français du sang se déplacent en Sarladais plusieurs fois par an.

Enfin, il évoque les transports en commun : « On n'est pas bien desservis. Allez par exemple en vacances dans le Pays Basque : vous prenez le train à Sarlat, trois heures plus tard vous arrivez à Bordeaux, une heure d'attente et vous repartez pour deux ou trois heures de car. Vous voulez aller à Grenoble : c'est dix heures de transport avec plusieurs changements. Vous voulez aller à Paris ou à Toulouse il faut aller à Souillac. »

De beaux chantiers à mener pour les futurs dirigeants du pays…

Printemps 2017

L'économie du Périgord Noir : constats et espoirs d'une anonyme

Une lectrice souhaitant conserver l'anonymat a répondu au questionnaire sur l'économie proposé par *L'Essor Sarladais*. Elle l'a fait « en tant que citoyenne à qui on a donné la parole, et après concertation avec d'autres personnes découragées de travailler et d'entreprendre et qui, pour certaines, vont rejoindre les grandes villes ».

Constat depuis quarante ans. Comme points positifs, cette habitante cite les évènementiels qui drainent des clients hors période estivale : Festival du film, Fest'oie, Journées du goût, par exemple. Elle se félicite aussi de l'implantation d'entreprises comme Suturex & Renodex et De Lama.

Côté négatif, elle rappelle la fermeture de diverses entreprises, le rachat de l'usine Rougié et évoque « la création d'entités étatiques administratives pour exploiter les ressources touristiques ».

L'avenir... Cette lectrice n'est guère optimiste pour le territoire. Dans cinq ans, elle décrit « une population de vieux et d'assistés sans moyens financiers suffisants, le rachat des maisons par de riches étrangers », mais aussi « trop d'impôts », des petits propriétaires d'infrastructures touristiques poussés à la vente à des grands groupes ou à des structures étatiques, la « jachère des espaces et des surfaces cultivables et des forêts ». Elle craint aussi pour la filière palmipèdes gras.

Conclusion : « Le Sarladais ressemblera à une carte postale ou à un musée à ciel ouvert ».

... et le futur désirable. Sur le plan économique, cette habitante voudrait que soit favorisée « la création d'entreprises industrielles pérennes et rentables ». Elle souhaite la « suppression de la concurrence déloyale », propose de « privilégier les acteurs locaux », de leur « permettre de pouvoir établir des prévisions fiables dans un environnement stable », de « créer des partenariats avec des grandes entreprises pour exporter les produits locaux », de valoriser « le télétravail » et de « favoriser l'innovation dans tous les secteurs ».

Pour les infrastructures, elle appelle à « créer des axes de communication aisés et rapides avec les métropoles de Bordeaux et de Toulouse et entre les petites villes de Sarlat, Bergerac, Périgueux et Terrasson » et à permettre « l'accès à Internet en haut débit ».

Sur le plan politique, il s'agira de « privilégier l'intérêt général et de bannir les politiques et leurs calculs personnels », de « remettre les communes autour de Sarlat dans le bassin de vie administratif et économique du Sarladais », de supprimer les « entités administratives inutiles (communauté de communes, départements, commissions diverses, syndicats mixtes, etc.) », de « regrouper les communes et de mutualiser leurs moyens », de « supprimer les trois quarts des impôts et taxes », mais aussi, sans qu'elle ne trouve cette proposition contradictoire avec la précédente, de « développer les transports publics » et « d'implanter de véritables services publics au lieu de les supprimer : maisons de santé médicales, piscine couverte, écoles, postes, etc. ».

Plus qu'une médiathèque, elle aimerait que voie le jour « un musée virtuel de l'histoire de Sarlat ».

Economie : les forces... Cette habitante cite l'industrie touristique : loueurs, fabricants de produits locaux, marchés d'été et écoulement de produits sans intermédiaires, artisans locaux et petites structures. Elle met tout particulièrement en avant les petits entrepreneurs, les artisans du bâtiment et les producteurs locaux.

... et les faiblesses. Elle regrette pêle-mêle qu'il n'y ait « pas de structure ferroviaire fiable et adaptée », « pas de structure routière moderne » et « un réseau routier mal entretenu », « un regroupement cantonal inadapté et erroné (des communes proches de Sarlat se retrouvent regroupées sur le canton de Terrasson) », « trop peu d'emplois pérennes dans le tourisme », des « copinages politiques pourrissant la vie économique des entrepreneurs », la « lourdeur des structures administratives pour concrétiser les projets et prendre les décisions », une « réglementation trop complexe pour les petites structures de production », le « manque d'emplois qualifiés », la « couverture Internet insuffisante » et la « disparition de l'agriculture et de l'entretien des paysages ».

Quelles erreurs commises ? Par qui ? La lectrice souhaite revenir sur le projet Lascaux IV à Montignac, dans lequel, selon elle, que ce soit pendant la consultation locale, la construction ou la gestion du chantier, il n'y a pas eu assez recours à des habitants du secteur : « Les locaux ramassent les miettes et les emplois peu qualifiés ». En général, elle déplore « un manque de concertation et de prise en compte des avis de la population par les politiques et l'Administration ».

Vivre et travailler en Périgord Noir

12. **Solutions**

Introduction

Comment améliorer la situation ? Voici quelques pistes proposées (parfois contradictoires) par les répondants. Elles sont évidemment loin d'être exhaustives :

- Aller vers la transition énergétique ; valoriser l'aide aux personnes ;

- Fusionner les communes en pôles de 2 500/5 000 habitants ; réunir le bassin de vie ;

- Tourisme : s'intéresser à la clientèle haut de gamme, favoriser l'arrivée d'une hôtellerie de luxe ;

- Aider à la restauration du patrimoine des particuliers ;

- Etendre les zones d'activités ;

- Demander leur avis aux artisans, salariés, agriculteurs, habitants en général, et en tenir compte ;

- Développer la production de fruits et de légumes ;

- Créer des emplois stables et bien rémunérés pour relancer la consommation ;

Mon avis est que ces propositions ne sont pas satisfaisantes, car elles ne vont pas à la racine des problèmes pesant sur le Sarladais et le Périgord Noir : chômage et recul des services publics notamment.

Nous présentons dans les pages qui suivent les idées émises par des habitants. Certaines pourraient être intéressantes, mais seront hélas difficiles à mettre en place sans une forte volonté politique d'investir des moyens dans des projets utiles à l'emploi et aux services publics. Une volonté dont l'État, bien secondé en cela par les collectivités locales, semble hélas singulièrement dépourvu depuis des décennies, avec les résultats que l'on constate en termes de chômage de masse.

Décembre 2016

Le futur de l'économie du Périgord Noir : quelles pistes pour améliorer la situation ?

Un petit tour d'horizon loin d'être exhaustif, évidemment

Quels changements faudrait-il apporter pour améliorer la situation économique du Sarladais et du Périgord Noir ? Quelques pistes.

Selon un président d'association, « les partis manquent singulièrement de vision globale et de prospective. L'obsession de la proximité et de l'immédiateté, pour raisons électorales, les empêche de s'attacher aux vrais enjeux. » Selon Philippe François, de François-Tourisme Consultants, « il faut identifier clairement un projet économique de territoire ». Un patron de Sarlat pointe un problème de compétence aux postes-clés à la mairie. Il veut que le territoire avance vers la transition énergétique et valorise l'aide aux personnes.

Pour le Calviacois Michel Cuvillon, « il faut réussir à fusionner les petites communes en pôles compris entre 2 500 et 5 000 habitants, et surtout réunir le bassin de vie dans une seule entité géographique pour obtenir une masse critique sans laquelle l'avenir sera fait de bricolages. »

Restauration du bâti ancien. L'agent immobilier cypriote Jean-François Laquièze propose des solutions liées au tourisme : « S'intéresser à la clientèle haut de gamme, favoriser l'arrivée d'une hôtellerie de luxe et inciter de gros opérateurs, tels Pierre & Vacances, à s'installer ici. Il faut se servir de l'attraction de Sarlat pour développer le tourisme autour, et non l'inverse. On devrait aussi pouvoir organiser des congrès avec une salle digne de ce nom. Celle du Pôle international de préhistoire est un bon exemple de ce qui est possible. Il faut enfin une politique proactive des collectivités locales pour aider les particuliers à la restauration du patrimoine des particuliers. »

Un élu sarladais prône « la poursuite de l'extension des zones d'activités », tout en soulignant la difficulté à acquérir du foncier pour ce faire. A ce sujet, les communautés de communes du Pays de Fénelon et de Sarlat-Périgord Noir ont en commun des projets d'extension de zones économiques, qui seraient équipées de la fibre optique, au sud (Vialard) et au nord (la Borne 120) de Sarlat. Ces projets sont freinés, soit pour des raisons de difficultés d'acquisitions foncières (Vialard), soit pour des raisons environnementales (Borne 120).

Ecouter les artisans. L'ancien maire de Sarlat, Louis Delmon, souhaite faire une remarque sur le plan de la méthodologie : « Pour faire des propositions, il faut partir du tissu économique et social tel qu'il est. Il faut bien coller aux besoins, à ce que peuvent désirer les différents intervenants économiques. Exemple : le tissu des artisans est dense à Sarlat. Il faut leur demander ce qu'il faudrait faire. Ce sont les artisans qui doivent formuler leurs attentes. Il faudrait élaborer un projet avec eux, en les écoutant attentivement. » Cette phase de coélaboration peut les conforter. « Souvent, les artisans sont de bons professionnels. Mais c'est la gestion de leur entreprise qui pose des problèmes. Comment y remédier ? L'essentiel du travail doit être fait en amont, sans faire de projets mirobolants. Il faut faire la même démarche pour les entreprises, les commerçants, les syndicats de salariés. »

Autre idée de l'ancien conseiller général : « Est-ce que certaines productions agricoles ne pourraient pas être développées à partir de ce que représente le tourisme comme flux ? Par exemple la production de fruits et légumes ? C'est difficile, car le métier d'agriculteur n'est pas évident. Il est très facile de quitter une production pour une autre, mais dur de la reprendre ensuite. La crise a des effets redoutables chez nous. »

Décembre 2016

Roger Nouvel : rapprocher Sarlat et l'aéroport de Brive/Souillac

Géographe de formation, l'ancien inspecteur d'académie met en avant trois idées

A 96 ans, Roger Nouvel s'intéresse toujours autant à la vie de la société. Installé à Sarlat depuis le début des années 50, l'ancien instituteur, inspecteur de circonscription puis d'Académie a fait beaucoup de choses au cours de sa longue vie, outre son travail, notamment pour l'aide aux personnes atteintes d'un handicap.

Dans les années 1960, le père du célèbre architecte Jean Nouvel a soutenu à l'université de Bordeaux une thèse sur « La géographie de la population de l'arrondissement de Sarlat » : « J'y ai mis en valeur les liens entre l'évolution de la population en général et de la population scolaire en particulier », explique celui qui a participé à la Résistance pendant la Seconde Guerre mondiale. « L'histoire étudie le passé, la géographie, le présent », dit ce natif de Fumel, et on devine où va sa préférence.

Roger Nouvel décrit la « révolution scolaire » de la fin des années 1960. « L'âge minimum de la scolarité obligatoire est passé de 14 à 16 ans. Le pays s'est couvert de collèges. Les effectifs des collèges et lycées ont beaucoup augmenté. » Cette évolution alla de pair avec une révolution économique et sociale dans les campagnes. Beaucoup d'écoles de villages ont fermé. La scolarité s'allongeant, les communes ont perdu de la population jeune, ce qui a logiquement entraîné un vieillissement du monde rural.

Emplois, recettes. Roger Nouvel souligne que l'agriculture s'est elle aussi transformée à cette époque, avec la prolifération des tracteurs et d'autres machines agricoles. Cela a accentué la dépopulation rurale, dans un mouvement – endettement, regroupement des terres dans des exploitations de plus en plus grandes et travaillées par de moins en moins de personnes – qui continue jusqu'à aujourd'hui.

Concernant l'évolution future du Périgord Noir, Roger Nouvel estime important de souligner trois points. Premièrement, il invite à soutenir l'avenir touristique. Rien d'original dans cette proposition. « Il faut faire des recherches, des efforts, des initiatives pour accroître la ressource du tourisme. » Selon lui, tout le monde n'a pas saisi l'intérêt de ce secteur d'activités en Dordogne, et ce alors qu'il procure des emplois et des recettes commerciales et fiscales. « Les villes qui n'ont pas pensé au tourisme meurent », dit-il, pensant à sa ville natale au passé industriel glorieux mais qui peine à se relever des milliers de suppressions d'emplois subies ces dernières décennies. « Sarlat a sûrement plus de ressources touristiques que Fumel, mais ses habitants ont aussi eu la riche idée d'y penser à temps. Aujourd'hui, beaucoup de collectivités françaises seraient prêtes à investir beaucoup d'argent pour que les touristes viennent chez elles... »

Initiatives locales. Deuxième point d'importance, le développement des entreprises petites et moyennes. Roger Nouvel considère qu'il faut au maximum leur faciliter la vie, par exemple en termes de voies de communication ou de locaux. Cela ne peut se faire que par une action coordonnée de l'Etat et des collectivités locales. « Evidemment, les emplois industriels présents doivent être maintenus. Mais le Sarladais pâtit d'un manque de ressources qui pourraient être transformées sur place. De plus, à cause de l'importance du tourisme, il ne peut y avoir de grosses industries polluantes. » Son idéal est celui d'activités économiques créées suite à des initiatives locales.

Enfin, dernier élément, le plus important. Son idée : réaliser une route depuis le secteur de Salignac et de Borrèze jusqu'à l'aéroport de Brive/Vallée de la Dordogne, afin de rapprocher celui-ci de Sarlat (en temps et en kilomètres). « Pour l'instant, il faut passer par Souillac. Mais si on réalise un tronçon de quelques kilomètres via les coteaux et Gignac, l'aéroport deviendrait la banlieue de Sarlat ! », s'exclame Roger Nouvel. Il s'étonne que ce projet ne soit pas plus évoqué par les politiques du secteur, « car cela peut provoquer l'essor... du Sarladais ! » Evidemment, il faudrait aussi une entente au-delà du Périgord Noir pour réaliser cet axe à cheval sur trois départements et deux régions. Mais cela vaut la peine, selon Roger Nouvel, qui y voit un projet moins onéreux mais ô combien plus utile que le contournement routier de Beynac.

Difficile de ne pas parler du chômage, ce cap au large duquel ont sombré hommes politiques et décideurs économiques depuis quarante ans. A ce sujet, Roger Nouvel rappelle que ce n'est pas une difficulté propre au sud-est de la Dordogne. S'il ne voit pas de solutions miracle, du moins au niveau local, il considère que les trois points évoqués plus haut sont à même de donner au Périgord Noir le maximum de chances sur ce plan.

Janvier 2017

Le futur de l'économie du Périgord Noir

Un pôle gastronomique de haut niveau à Sarlat ?

Martine Delmond, de Marquay, ancienne salariée des Foies gras Rougié, nous a envoyé ses réponses au questionnaire. En voici des extraits.

Le constat. Selon Martine Delmond, le Sarladais s'est désenclavé depuis que les deux axes autoroutiers Nord/Sud (A20) et Est/Ouest (A89) sont en place (années 80 et 90). « Cela a un intérêt incontestable tant pour le transport commercial que pour la facilité d'accès des touristes. De fait, le tourisme a cru de manière importante. L'agriculture a bénéficié, pour ce qui est de la vente directe, de l'intérêt accru de la clientèle. » Elle regrette qu'il « n'y ait pas assez de mise en place de nouvelles cultures pour pallier les difficultés angoissantes des agriculteurs ».

Autre constat : l'industrie a été sinistrée *(et c'était écrit avant le plan social à Rougié, ndlr)*. « Quand nos politiques parlent aujourd'hui de relancer l'innovation, comment ne pas penser à la diversité des créations de Jean Rougié, qui faisait travailler le foie gras comme Christian Dior ses collections. Grande était alors la fierté de ses salariés [...]. Seule l'entreprise Suturex a fait un développement important. De Lama poursuit son chemin sur des produits bien spécifiques et de haut niveau. » « Le service public a aussi lourdement souffert (écoles, hôpital, sous-préfecture ouverte seulement le matin). Il y a des difficultés grandissantes pour avoir des médecins qui acceptent encore de se déplacer en campagne. Restent quelques kinés rares et méritants qui acceptent encore de le faire. Cette liste est non exhaustive… »

Les atouts et les problèmes. « Le Périgord Noir a de nombreux atouts qui sont mal exploités. Concernant le tourisme : un spectacle son et lumière reprenant l'histoire tellement riche du Sarladais, en particulier du début du Moyen Age à la fin de la Révolution, manque énormément [...]. Au centre de Sarlat, où des commerces ferment, pourquoi ne pas recréer de véritables échoppes (bois et pierres) comme au Moyen Age ? On pourrait y trouver des produits gastronomiques issus des traditions françaises en perte de vitesse [...]. Le Périgord, et le Sarladais en particulier, ont de nombreux atouts pour que puisse être créé un véritable Pôle gastronomique de haut niveau. Pour cela, il faudrait créer un site où l'on travaillerait sur les innovations gastronomiques [...]. « Concernant l'industrie, trois filières semblent pouvoir présenter un intérêt : l'agroalimentaire avec la haute gastronomie, les énergies renouvelables et, pourquoi pas, une filière, non encore présente en France, de recyclage. »

Février 2017

Le futur de l'économie du Périgord Noir : une chaudière cogénératrice pour déchets

« Pour que la forêt sous toutes ses formes enrichisse le territoire », propose un entrepreneur de Castels

Francis Dousseau est exploitant forestier à Castels. Dans un courrier envoyé à la rédaction, il propose de réfléchir à la mise en place d'une cogénératrice. « Nous avons autour de nous une forêt qui auparavant servait à produire des fruits pour se nourrir et nourrir une partie des animaux de la ferme. Ensuite, les arbres ont été prélevés pour l'industrie papetière, le chauffage ou pour le tanin*. Par la suite, les rejets de ces arbres ont été récoltés pour en faire du feuillard, des paniers... Le temps passant, les cercles de barriques ont été réalisés en fer. Les feuillardiers ont servi uniquement pour produire les cercles pour les grands vins. Les châtaigniers se trouvant sur un sol fertile ont pu vieillir et servir pour faire du parquet et de la menuiserie ou bien des piquets de clôture.

« Aujourd'hui, les choses ont bien changé. Il y a très peu de consommation de parquets. Le marché du piquet est inondé. La majeure partie de la forêt est destinée à faire de la pâte à papier. Souvent, il reste sur les parcelles exploitées un volume important de rémanents qui se décomposent. Au vu de toutes les petites, moyennes et grandes propriétés agricoles et forestières de notre Périgord qui sont laissées à l'abandon ; de tous les petits agriculteurs – qui entretiennent et préservent nos petits et grands chemins où il fait bon se promener – qui ont de la peine à survivre de leur travail ; et du nombre de chômeurs qui ne cesse d'augmenter, nous pourrions peut-être envisager pour les années futures de voir les choses autrement.

Créer des emplois. « Je ne suis ni journaliste, ni écrivain, ni philosophe, mais pourquoi la ville de Sarlat*[2] n'étudierait-elle pas l'installation d'une chaudière cogénératrice, par exemple dans le secteur de Madrazès ? Elle pourrait être reliée à la gare SNCF, aux HLM des Chênes Verts, aux entreprises Rougié et France tabac et aux grandes surfaces du secteur. Il pourrait y avoir une concertation dans ce domaine. Et si la piscine municipale voit le jour, pourquoi ne pourrait-elle pas être chauffée par le biais d'une telle installation ? N'oublions pas que le nucléaire qui nous chauffe et nous éclaire est une belle source de pollution pour nos descendants, car on ne sait pas quoi faire de ces déchets ! Je suis un simple entrepreneur de travaux forestiers avec une vingtaine d'années d'expérience. Je ne prêche pas spécialement pour ma paroisse, mais pour notre Périgord qui, sur le plan forestier, mérite beaucoup de travail. Un tel système créerait, j'en suis certain, plusieurs emplois, entre les récoltes du bois pour en faire de la plaquette en vue d'alimenter la chaudière, le travail des sols, le reboisement et l'entretien des parcelles avec l'aménagement de pistes et d'aires de stockage. Bien sûr, ce ne sera possible qu'avec une énorme volonté politique régionale. »

* *Substance naturelle présente dans les plantes et ayant diverses utilisations économiques.*

*² *« Je ne me focalise que sur la commune de Sarlat qui sert d'exemple », précise M. Dousseau.*

Février 2017

L'économie du Périgord Noir : améliorer les transports

André Passos Maciel est conseiller de clientèle de professionnels dans une banque. Par son métier, il constate que l'économie du Sarladais et du Périgord Noir est très dépendante du tourisme. « Avec la révolution technologique que nous vivons, la région est à un tournant de son histoire. Ainsi, dans cinq ou vingt ans, elle peut être une région où le tourisme sera toujours le seul moteur de la croissance, surpeuplée l'été et déserte hors saison. Mais elle peut également devenir une région attractive pour des professions de conseil, avec des personnes qui pourront travailler en télétravail, et qui voudront profiter du cadre de vie agréable qu'elle offre, quitte à faire quelques déplacements en région parisienne, à Bordeaux ou à Toulouse de temps à autre, via l'aéroport de Brive-Vallée de la Dordogne ou via les lignes SNCF. »

Selon André Passos Maciel, « le tourisme est indéniablement la force économique principale du territoire. Il fait vivre beaucoup d'entre nous : c'est un atout, mais cela peut s'avérer problématique si la saison estivale n'est pas au rendez-vous. » Autre atout : le marché de Noël et les actions entreprises par l'association des commerçants de Sarlat, AVenir Sarlat, qui permettent « de dynamiser l'attrait touristique en décembre ».

Voie verte au niveau de la Dordogne, à Carsac-Aillac

Un « enfer ». Pour ce qui est des solutions, André Passos Maciel estime que « le Sarladais a besoin de développer un réseau de fibre Internet très haut débit, qui lui permettra d'attirer des entreprises, soucieuses de profiter d'un cadre de vie agréable pour leurs dirigeants et leurs salariés cadres ou non-cadres. La région a également besoin de se rattacher aux infrastructures de transport existantes. Il faut développer la proximité avec l'aéroport de Brive-Vallée de Dordogne. Il faudrait également se rapprocher des lignes de trains Paris-Toulouse, et donc relier Sarlat à Souillac. Il faudrait également moderniser cette ligne Paris-Toulouse, ainsi que la ligne Sarlat-Bordeaux. » Selon lui, emprunter ces lignes, actuellement, est même un « enfer » !

Conclusion : « Il faut absolument qu'en tant qu'électeurs nous fassions remonter ces sujets auprès des différents candidats aux élections à venir, afin qu'ils s'en emparent et puissent peser sur ces décisions aux niveaux régional ou national ».

Printemps 2017

Zéro chômeur

Expérimentation. Certains secteurs du pays expérimentent depuis quelques mois un projet baptisé Territoires zéro chômeur de longue durée. Dix territoires, dans la Nièvre, Paris, le Rhône, le Calvados, les Deux-Sèvres ou encore les Bouches-du-Rhône, ont été habilités par le Gouvernement pour mener à bien le test. Mais d'abord, combien cela coûterait de trouver un travail à tous les chômeurs ? C'est à cette question que tente de répondre l'article suivant.

Zéro chômeur : combien cela coûterait ?

Malgré ce que l'on pourrait penser, depuis quarante ans, le nombre d'emplois en France a beaucoup augmenté. De 1970 à 2014, la France a gagné 4,275 millions d'emplois. Ils ont été créés surtout dans les services. Ils ont plus que compensé la disparition des emplois dans l'industrie et dans l'agriculture.

En Dordogne, département rural, le nombre d'emplois a baissé, passant de 179 000 en 1954 à un peu plus de 152 800 en 2012. C'est notamment dû à la perte des emplois agricoles.

Si le chômage s'est élevé, c'est que le nombre total d'emplois dans le pays a grandi moins vite que le nombre de travailleurs disponibles pour vendre leurs muscles et leurs cerveaux en échange d'un salaire. Ainsi, de 1970 à 2015, la population active a augmenté de 6,625 millions en France. L'économie n'a pas généré assez d'emplois pour tout le monde.

Et à l'avenir ? L'Insee* explique que, dans les années qui viennent, « la population active continuera de croître à un rythme soutenu [...]. Le nombre d'actifs augmentera encore fortement jusqu'en 2025, pour ensuite se stabiliser avant de repartir légèrement à la hausse à partir de 2035 sous l'effet de la fécondité élevée de ces dernières années. En France métropolitaine, le nombre d'actifs serait de 30,1 millions en 2030 et atteindrait 31,2 millions en 2060, soit 2,85 millions de plus qu'en 2010. »

Lien entre retraite et chômage. Qu'est-ce que ces faits impliquent au niveau local ? Le Périgord Noir, c'est 19 152 emplois (dont 73,8 % de salariés) pour 22 735 actifs de 15 à 64 ans. C'est un peu moins d'emplois et un peu plus d'actifs qu'en 2008. Si l'on prend la même évolution que pour la France, il y aura plus de 24 138 actifs vivant en Périgord Noir en 2030 et plus de 25 000 en 2060. Il faudra donc créer dans les années qui viennent 5 000 à 6 000 emplois, si l'on veut en finir avec le chômage (et si l'évolution du nombre d'habitants et d'emplois s'avère celle prévue par les statisticiens de l'Insee).

La hausse ou la baisse du nombre d'actifs dépend notamment de l'âge d'entrée sur le marché du travail et de départ à la retraite, mais aussi du niveau de rémunération des retraités. Plus leur pension est élevée, moins ils ont besoin de travailler après l'âge officiel de départ à la retraite.

La création et la suppression des emplois dépendent de nombreux facteurs : situation économique nationale et internationale, état financier des entreprises, politique de l'Etat, choix de gestion des décideurs économiques (investissements productifs ou spéculation ?), choix des banques et des autres établissements de crédit, mais aussi luttes et rapports de force entre les différentes classes sociales.

De plus, la création de beaucoup d'emplois et de richesses dans une région entraîne souvent la migration vers cette région et donc l'augmentation de la population. D'où l'existence d'un certain chômage, même bas, y compris dans les régions dites prospères. La réponse au problème du chômage devrait donc être européenne, si ce n'est mondiale, pour être efficace.

Hypothèse. Combien coûterait-il à la société de donner à chaque demandeur d'emploi de Dordogne un emploi stable et rémunéré à 2 000 euros net par mois toute l'année ? Rappelons que 50 % des habitants du département gagnent moins de 1 521,66 euros mensuel, et que beaucoup doivent vivre avec beaucoup moins que cette somme.

Faisons une hypothèse. Le salaire d'un travailleur payé 2 000 euros net par mois revient à une entreprise, tout compris*[2], à 3 745 euros par mois. Sur un an (douze mois), cela donne donc 44 940 euros. Si l'on multiplie ce salaire annuel (qui fait saliver plus d'un salarié) par le nombre de chômeurs du département, évalué à 42 000 personnes (en intégrant toutes les catégories d'inscrits à Pôle Emploi et également les chômeurs qui n'y sont plus inscrits), on obtient près d'1,89 milliard d'euros (MdE). Voici ce que coûterait à l'économie du département l'embauche de tous les chômeurs pendant un an.

1,89 MdE : cela paraît énorme. En fait, c'est l'équivalent de 21 % de la richesse créée (PIB) chaque année en Dordogne*[3]. Si l'on fait le même calcul au niveau national, on arrive à la somme de 295,3 MdE par an pour supprimer le chômage, soit 13,54 % du PIB national.

Revenons au Périgord Noir. Créer de 5 000 à 6 000 emplois dans le Périgord Noir dans les années qui viennent : une douce utopie ? Sur cette question, un élément, via le même mode de calcul que précédemment : embaucher 6 000 personnes en CDI à temps plein avec un salaire de 2 000 euros net sur douze mois coûterait 269 ME par an à l'économie du département. Soit 2,99 % de la richesse produite en un an en Dordogne. Une goutte d'eau...

Mais même avec une telle dynamique de résorption du chômage (qui ne pourrait probablement, notons-le, survenir qu'après des changements politiques profonds), le problème ne serait pas résolu. Car les malheureux en quête d'emploi et donc de revenus pour vivre ont, depuis des siècles, migré vers les régions plus prospères. Un essor économique du Sarladais ne manquerait donc pas d'attirer cette main-d'œuvre, laquelle viendrait augmenter le nombre de travailleurs locaux disponibles, ce qui ferait augmenter mécaniquement le chômage... A moins de prendre des mesures de répartition du travail, ce qui n'est guère pour plaire, en général, aux employeurs.

Une précision d'importance à la fin de cette démonstration. Celle-ci n'a pas pour but de promouvoir une politique contre le chômage uniquement en faveur du Sarladais, en ignorant le reste de la France et au-delà. Elle vise à illustrer qu'aujourd'hui, les richesses existent pour créer des emplois salariés.

* *Institut national de la statistique et des études économiques, organisme officiel.*

*² *Source* : embauche.beta.gouv.fr/simulateur

*³ *Produit intérieur brut (PIB) : environ 9 MdE (source : chambre de commerce et d'industrie).*

Population

La population française va croître encore dans les prochaines années. Il y aura en France 70 millions d'habitants en 2040, contre 66 millions aujourd'hui, soit une augmentation de 4 %. Et ils seront 73,6 millions en 2060, soit 11,15 % de plus. Rapporté au Périgord Noir (la zone d'emploi de Sarlat), cela signifie une population de 55 120 habitants en 2040 et de 58 900 en 2060 contre 53 000 environ en 2016. Pas de révolution de ce côté à attendre, donc, hormis celle, lente et prévue, du vieillissement des Périgordins.

Tout ceci est pourtant à considérer avec prudence, car des faits exceptionnels peuvent se produire et changer la donne. Un accroissement rapide de la population peut subvenir suite à une immigration importante (qui peut-être due à des crises climatiques dans d'autres régions du monde, à la misère économique, à des guerres, etc.).

Même si cela paraît improbable à beaucoup aujourd'hui, une diminution rapide du nombre d'habitants peut également arriver, par exemple si une partie de la population est décimée suite à une guerre ou à une épidémie, ou alors si la situation économique catastrophique oblige des habitants à émigrer vers des cieux plus propices. Cela s'est déjà vu souvent dans l'histoire…

Chiffres clés Périgord Noir

Population active de 15 à 64 ans : en 2016, 22 735 ; en 2060 : 25 000.

Emplois : 19 152.

Coût de l'embauche de tous les chômeurs en Dordogne : 1,89 milliard d'euros (21 % du PIB) ; en France : 295,3 MdE (13,54 % du PIB).

Vivre et travailler en Périgord Noir

13. Les besoins des habitants du Sarladais et la mondialisation

Introduction au problème

Plaidoyer internationaliste

« La vie de la société est une chose complexe, aux aspects multiples. [...] Les rapports économiques, parmi tous les rapports sociaux, sont les rapports fondamentaux et primordiaux, ceux qui déterminent tous les autres. » Ces phrases sont extraites de *Précis d'économie politique*, de Lev Léontiev (Editions de Moscou, 1974).

Lev Léontiev poursuit : « Les conditions économiques de toute activité sociale sont avant tout les conditions de la production matérielle. Les hommes ne peuvent se passer de nourriture, de vêtements, de logis, et autres biens matériels de première nécessité. Et tous ces biens sont le produit du travail. L'activité laborieuse des hommes qui a pour objet la création des biens matériels indispensables à la vie s'appelle la production. »

« A côté du travail accompli dans les divers compartiments de la production matérielle, l'activité dans les autres secteurs présente également une grande importance, poursuit l'économiste soviétique. Nous pensons aux enseignants, aux médecins, aux savants et aux artistes, aux diverses fonctions administratives, etc. »

Faisons une liste des besoins humains, afin de constater si, oui ou non, ils sont satisfaits par des productions du Périgord Noir. Ce sera l'occasion de prendre conscience du déficit commercial énorme de ce territoire. En cette affaire, soulignons-le d'emblée, il ne fait exception par rapport au reste de la France que par sa dépendance encore plus grande, hormis pour quelques secteurs (qui peuvent être importants tout de même, comme le tourisme par exemple).

Vivre et travailler en Périgord Noir

En clair, le chiffre d'affaires des marchandises, biens et services importés en Périgord Noir est bien supérieur à celui des exportations des biens, services, marchandises produites localement. Sa balance commerciale est déficitaire. Précisons cependant qu'il n'y a pas, à ma connaissance de données officielles publiées à ce sujet. Il faut donc se fier aux chiffres concernant le département tout entier, et faire des estimations.

Conséquence de ce qui précède, à noter dès maintenant : le poids relatif majeur du secteur du commerce en Sarladais. Des grandes surfaces sont, par exemple, parmi les premiers employeurs en termes d'effectifs. Encore une fois cette remarque peut se faire ailleurs que dans le sud-est de la Dordogne. La richesse de la société capitaliste se présente comme une énorme accumulation de marchandises, pourrions-nous écrire pour paraphraser Marx (début de la première section du livre 1 du *Capital*). L'économie marchande se pense en opposition à l'économie naturelle, dans laquelle les biens nécessaires à l'existence sont collectivement produits et utilisés, et dans laquelle l'échange ou le troc ne sont pas ou peu développés.

Qui dit « marchandises » dit rôle prépondérant du « marchand », du « commerçant ».

Bien d'autres régions rurales n'ont pas la chance de compter sur un secteur touristique dynamique (malgré ses faiblesses patentes), comme peut le faire le Sarladais. Le tourisme s'apparente en l'espèce à une forme de secteur « d'exportation intérieur », si l'on me permet cette expression. En effet, les avoirs monétaires de personnes résidant en dehors du Périgord Noir reviennent au territoire, comme pour les exportations. La grande différence, évidemment, avec une exportation, est qu'en ce domaine les clients se rendent sur place pour échanger leur argent contre des services culturels, des expériences gastronomiques, des paysages, des loisirs, etc.

Manger, boire

L'agriculture locale n'est pas aussi bien intégrée que d'autres régions à l'économie capitaliste. Les exploitations sont, en moyenne, moins spécialisées, plus petites et plus morcelées que dans d'autres départements des pourtours du massif central. Cette agriculture ne pourvoit pas, et de loin, à tous les besoins en nourriture des habitants. On ne se nourrit pas uniquement de foie gras et d'alcool de noix... Quant à la viande, aux céréales et au lait produits ici, ils ne sont en majorité pas spécifiquement destinés au marché dordognot.

Pour son alimentation, la population du territoire doit donc dans sa majorité recourir aux institutions de l'économie capitaliste. Beaucoup d'ingrédients d'aliments et de boissons consommés viennent du reste de la France et du monde entier. Ils peuvent être transformés dans l'Hexagone, mais aussi ailleurs. Donc il faut relever encore ici le rôle fondamental du secteur des transports et de la grande distribution. Leur rôle est d'acheminer en Périgord Noir, puis de commercialiser, les denrées permettant l'alimentation des dizaines de milliers de personnes au niveau local (et bien plus en été). C'est, à une échelle réduite, la même logique qu'au niveau national, concernant des dizaines de millions d'individus, voire aussi au niveau mondial, même si se pose dans de nombreux endroits le problème du décalage entre le pouvoir d'achat des habitants (une grosse minorité de la population mondiale vit avec moins d'un euro par jour) et les prix des produits fabriqués par les grandes sociétés agroalimentaires (lesquels sont souvent d'un même ordre de grandeur en Occident, en Afrique ou en Asie).

Le secteur des circuits courts (boutique de producteurs) s'est développé ces dernières années. Comme on l'a déjà dit dans le chapitre sur l'agriculture, il est loin d'être une alternative crédible pour nourrir toute une population. De plus, il est déjà en partie récupéré par les grands groupes de la distribution. Ces géants économiques et financiers peuvent tout à la fois exploiter des salariés et des agriculteurs mis le dos au mur, et financer des filières courtes, biologiques ou locales, pour se donner une bonne image.

Lors de mon expérience professionnelle négro-périgordine, j'ai pu vérifier que les patrons et entrepreneurs les plus actifs sur le plan politique, au sens large, sont presque tous des acteurs du secteur commercial. Ils ont été évoqués dans les chapitres précédents. Les patrons de l'industrie sont beaucoup moins visibles. Rien d'illogique quand on se penche sur les poids économique et financier respectifs de chaque secteur en Périgord Noir !

Le matériel de cuisine (électroménager), la vaisselle et les couverts nécessaires à l'alimentation sont produits à l'extérieur du Sarladais. Leur production ne bénéficie donc pas au pays, hormis à quelques patrons de grandes surfaces commerciales généralistes ou spécialisées, et dans une moindre mesure à quelques gérants de commerces spécialisés, lesquels subissent de plein fouet la concurrence avec le grand capital commercial.

Respirer, vivre dans un environnement sain

Il incombe à l'État, via ses organismes de protection de la nature, de surveillance et de contrôle des activités potentiellement polluantes, de maintenir une qualité de l'air et de l'environnement la meilleure possible. En Périgord Noir, la situation est évidemment globalement meilleure sur ce plan que dans les agglomérations, où la qualité de l'air est souvent mauvaise.

A ce sujet, nous pouvons souligner la nocivité de l'antienne antiréglementaire que l'on entend constamment, depuis des décennies, notamment du côté des milieux patronaux et agricoles. Ce bourdonnement n'est pas de nature à rassurer sur le plan du respect des normes antipollution et de respect de l'environnement (ou des conditions de travail). J'ai pu m'en rendre compte à plusieurs reprises lors de ma présence en Périgord Noir.

Un autre grand danger menace notre santé. Cette vilaine petite musique critiquant « les normes françaises et bruxelloises excessives » se couple avec le credo de réduction du nombre de fonctionnaires, notamment d'État, appliqué depuis plus de vingt ans par les gouvernements successifs. Cette politique a pour conséquence d'avoir supprimé des milliers de postes dans les services justement chargés de faire respecter les lois, règlements et autres normes.

Aboutissement logique : la disparition de normes et lois protectrices, d'abord du fait de l'absence de personnes pouvant les faire appliquer, ensuite comme résultat de l'action volontariste de gouvernements résolus à « libérer le travail (en fait le capital) des charges qui le freinent ». Un exemple, lié à la santé et aux conditions de travail des salariés, se trouve dans la loi Travail (2016) puis dans les ordonnances Travail (2017). Elles ont copieusement réduit les protections juridiques de la main-d'œuvre dans les entreprises, avec des conséquences déjà dramatiques, qu'on a parfois pu constater en Périgord Noir.

Dormir, se loger

Passons rapidement sur la literie et les produits associés (matelas, couverture, etc.), qui ne sont pas produits ou assemblés en Périgord Noir, du moins à ma connaissance. Les remarques faites concernant l'agroalimentaire restent valables. Le grand capital industriel, producteur des marchandises, permet au capital commercial, lié par mille liens au grand capital financier qui domine toute l'économie, de prélever, tel un seigneur féodal, un confortable profit commercial sur les avoirs des particuliers sarladais qui veulent accéder à des biens. Sur certains articles, entre le prix à la sortie de l'usine lors de l'achat de gros, et le prix de vente au particulier, la différence dépasse largement les 100 %. Cela permet non seulement de payer les impôts, les salaires, très bas, des employés du transport et de la distribution, mais aussi, surtout, d'assurer un riant bénéfice au marchand. Celui-ci peut être une personne physique seule ou un groupe de patrons regroupés en société, ou les deux en même temps selon des proportions variées...

Qu'il soit de type social collectif, individuel pavillonnaire, en bois, etc., le logement est souvent du ressort, en Sarladais, d'artisans et d'entreprises locales du bâtiment. Elles sont cependant dépendantes, pour leur approvisionnement en matériaux et matériels, de l'économie mondialisée, hormis pour certaines productions « de niche » (lauze, maisons en pierre ou bois local, etc.). Dans ce domaine aussi, donc, la dépendance du Périgord Noir vis-à-vis du reste du monde est totale ou presque.

Comme pour le secteur de l'alimentation, les seuls agents économiques qui tirent un bénéfice sérieux de cette domination du territoire par le reste de l'économie capitaliste mondiale sont les propriétaires et/ou les dirigeants des sociétés commerciales et de transport.

Se chauffer, cuisiner... Se fournir en énergies pour les particuliers et les entreprises

Dans le domaine du chauffage, une partie de la production est permise par une matière première locale, le bois. La majeure partie du chauffage et de l'approvisionnement en énergie domestique (chauffage, eau chaude, etc.) est obtenue par le gaz et l'électricité. Le gaz provient en grande partie des grands pays producteurs, dont la France ne fait pas partie.

Quant à l'électricité, elle est à 90 % nucléaire, donc issue de l'uranium, lequel n'est pas non plus produit en France, à moins de considérer le Niger ou d'autres pays producteurs comme faisant toujours partie de « la France ». Quand on écoute certains politiciens ou syndicats parler du nucléaire comme d'une énergie permettant « l'indépendance de la France », on n'en est pas loin... Et puis, il y a tellement de soldats français dans les régions proches des sites d'extraction d'uranium (Sahel par exemple) que l'on pourrait bien s'y croire encore en France !

L'énergie nécessaire aux entreprises est de la même origine. S'y ajoute le pétrole, lequel n'est pas non plus une production locale, ni même nationale. Là aussi, donc, dépendance. Quant à l'énergie qui permet l'acheminement des travailleurs sur leurs lieux de travail, il s'agit en majeure partie du pétrole également, dont ils emplissent les réservoirs de leurs voitures, sous forme de carburant sans-plomb ou de diesel. Plus rarement prennent-ils le train, lequel fonctionne soit au pétrole soit à l'électricité, mais dont la qualité de service n'est pas garantie (ce qui ne joue évidemment pas en sa faveur) du fait des réformes successives depuis les années 1990.

En 2014, selon l'Insee, dans l'arrondissement de Sarlat, pour se rendre au travail, 82,3 % des déplacements se sont faits en voiture, camion, fourgonnette, 6,4 % à pied, 2,2 % à deux-roues, 1,3 % en transports en commun. 7,9 % de la population n'avait pas à se déplacer pour se rendre au travail.

Un mot concernant les énergies renouvelables. La matière première peut-être l'eau, le vent, le soleil, les déchets d'exploitations agricoles ou les ordures ménagères... Mais, là aussi, les matériels nécessaires pour prélever ces éléments et les transformer en énergies ne sont pas fabriqués sur place. Dépendance encore.

Le gouvernement veut privatiser les barrages hydrauliques. On en trouve quelques-uns sur la rivière Dordogne. Sont-ils concernés ?

Dans le domaine ô combien stratégique de l'énergie, le Sarladais est complètement dépendant non seulement du reste du pays, mais plus simplement des rapports actuels de domination au sein de l'économie capitaliste mondiale.

Mais ces rapports lui sont favorables.

Revenons à notre brave soldat français, peut-être périgordin, patrouillant au nord du Mali ou dans tout autre pays d'Afrique. Il n'est paradoxal qu'à première vue que la majeure partie des habitants du Niger ou du Gabon n'ont pas accès à l'électricité ou au carburant, alors que sont extraites chez eux les matières premières nécessaires à leur production, tandis que les Français peuvent, pour une partie non négligeable, en bénéficier sans trop de difficultés, du moins pour le moment. Les échanges économiques entre les régions du monde sont des échanges inégaux. En l'affaire, les classes dominantes occidentales ont fixé les règles, par l'épée, le fusil et le canon, au cours des siècles derniers et jusqu'à nos jours. Elles ont colonisé toutes ces riches contrées, les ont pillées, les pillent, en fonction de leurs intérêts. Il est bon de le rappeler à notre époque.

Certains fuient leurs pays détruits par des entreprises occidentales alliées à des politiciens corrompus, qui leur ont pris leurs terres (ou lorgnent dessus), les ont condamnés au chômage ou à mourir sous les coups de bandes armées ou de la police. Ils sont souvent traités, dans nos pays dits civilisés, comme des sous-hommes, pourchassés et persécutés encore. A ceux qui commettent ces actes, contraints ou volontaires, à ceux qui rejettent les maux rongeant la société française sur ces pauvres hères, je dis de se rappeler le contexte économique et l'histoire de la mondialisation capitaliste ; je dis que les humains ont toujours migré pour trouver une vie meilleure. Les Périgordins sont allés dans les grandes villes trouver du travail, comme par exemple les Creusois ou les Aveyronnais. Ils ont eux aussi subi la xénophobie. N'oublions pas.

Comme le dit le chanteur : « *Etre né quelque part, pour celui qui est né, c'est toujours un hasard... On choisit pas les trottoirs de Paris, de Manille ou d'Alger pour apprendre à marcher...* »

N'oublions pas non plus de citer les personnes de bonne volonté qui viennent en aide aux migrants, ce qui peut désormais leur valoir de sérieux problèmes judiciaires !

Même si les journaux d'ici n'en parlent jamais, les travailleurs africains, asiatiques, est-européens ou sud-américains se révoltent déjà contre le sort auquel les dirigeants de l'impérialisme occidental et de leurs pays les condamnent. Il y a de nombreuses grèves et mouvements sociaux, souvent sauvagement réprimés. Soyez certains que, tôt ou tard, leur colère jaillira, encore plus fort, pour revendiquer des droits et une vie digne.

Ils demandent et demanderont à être payés au même niveau que dans les pays d'Europe de l'Ouest. Ils exigeront d'avoir accès à la santé, à l'éducation, aux loisirs. Pourra-t-on alors toujours consommer du cacao, du pétrole, du sucre à si bon marché ?

De quel côté serez-vous ? Avec eux ? Avec les multinationales qui les exploitent et les Etats, occidentaux ou locaux, qui les oppriment ?

Simples réflexions afin de contribuer au débat, qui doit évidemment continuer, dans le respect de la liberté d'expression de chacun.

Se vêtir

Seuls quelques producteurs font fabriquer des vêtements ou assimilés (comme par exemple avec de la laine angora, à Millac) à partir de matières premières locales. Mais ces produits sont plutôt destinés à des clientèles aisées ou à des touristes.

Tous les habitants du Périgord Noir se vêtissent et se chaussent via le système capitaliste mondialisé. Les matières premières sont la plupart du temps d'origine étrangère. Quant aux lieux de production, ils sont situés notamment en Asie et en Afrique du Nord. Seules certaines marchandises de qualité supérieure sont assemblées en France.

Etre soigné, se laver, laver

La main-d'œuvre mettant en place le maintien de la santé des habitants du Périgord Noir est payée essentiellement par des fonds publics, directement (agents hospitaliers) ou indirectement (médecins libéraux, paramédicaux, pharmaciens, etc.).

Un petit détour concernant les fonds publics. Ils proviennent de la richesse monétaire issue de la production des entreprises nationales en France et à l'étranger et des entreprises étrangères en France. Pour constituer ces fonds publics, l'État et divers organismes prélèvent une partie de la valeur ajoutée (VA) qui devrait aller à la rémunération du travail. La part de la VA destinée au profit n'est même pas écornée. Bien plus, comme on l'a montré dans un chapitre précédent, les profits sont engrossés par des dizaines de milliards d'euros d'argent public, versés sous diverses formes et prétextes, chaque année.

Le Sarladais importe tout ou partie du matériel et des médicaments nécessaires à la santé de la population. A noter qu'il exporte beaucoup plus en ce domaine que dans d'autres, avec la présence de deux usines du secteur médical : Porgès-Coloplast et Suturex & Renodex.

Encore une fois, les seuls agents économiques qui obtiennent un bénéfice réel des activités liées au besoin de se soigner sont, outre quelques cadres de la fonction publique hospitalière, les propriétaires des établissements commercialisant des médicaments ou du matériel médical (les pharmacies par exemple).

Quant à « se laver » et à « laver » sa maison ou sa voiture, etc., ces besoins sont accomplis via des produits comme l'eau. Malgré les dénégations jésuitiques de certains politiciens, il faut bien faire le constat que l'eau est devenue une marchandise. Elle est placée en régie de service public ou en délégation à des grandes multinationales du secteur (comme Veolia à Sarlat-La Canéda). Elles prélèvent un viatique intéressant et intéressé sur l'adduction et l'assainissement, avec en plus un réseau peu entretenu – il n'y a qu'à voir la quantité d'eau perdue ou gaspillée (fuites) avant d'arriver chez l'usager. Le Périgord Noir n'est pas épargné par ce problème.

Quant au matériel électroménager nécessaire à « l'entretien » des êtres humains et de leurs biens, il est produit ailleurs, notamment dans des pays à bas coût de main-d'œuvre. Les seuls agents économiques tirant un bénéfice de ce secteur sont, encore une fois, les patrons des entreprises commerciales ou de transport. Notons qu'il s'agit de plus en plus de groupes de taille nationale ou mondiale, qui se rémunèrent généreusement en permettant à des locaux d'ouvrir un magasin sous leur enseigne (franchise).

Les produits ménagers ne sont pas non plus fabriqués sur place. Comme pour le secteur de la santé, une forme de résistance est illustrée par la place prise par les méthodes de grand-mère (vinaigre blanc, bicarbonate, « huile de coude », etc.). En ce domaine comme en d'autres, cela peut contrecarrer le recours excessif et ruineux à l'économie marchande dominée par les multinationales.

Se divertir

On aborde ici les besoins non primaires, ceux qui, à première vue, semblent moins importants que les premiers. Il est vrai qu'on peut se passer pendant quelque temps de s'amuser, de se divertir, alors qu'on ne peut pas arrêter de respirer plus de quelques secondes, ou de boire plus de quelques jours.

Ceci dit, à plus long terme, il est clair que le degré de développement d'une société se mesure à sa capacité à développer les moyens de satisfaire ces besoins non primaires pour des couches toujours plus larges de la population.

Il s'agit d'abord de faire naître des désirs et des besoins qui soient les plus élevés possible, car cela développe les capacités de la population. Or personne ne peut faire naître par sa seule volonté de tels besoins pour les autres. C'est tout simplement la société elle-même qui, par son progrès, ou par son recul, fait progresser ou reculer les exigences des individus à ce sujet.

Ensuite il s'agit de permettre que ces besoins soient satisfaits une fois qu'ils ont émergé dans la conscience des individus.

Aujourd'hui, on assiste plutôt à un endormissement forcé des esprits. C'est dû au fait que, en l'état actuel des choses, l'économie est incapable, pour des raisons monétaires ou structurelles, de diffuser au-delà d'une étroite minorité de la population certains loisirs satisfaisants des besoins spirituels élevés.

Exemple tiré de mon expérience à *L'Essor Sarladais* : le pass Culture proposé il y a quelques années par le Cias Sarlat-Périgord Noir, la mairie de Sarlat et un club de bienfaisance. Il n'a, selon les dires d'un responsable, pas rencontré le succès escompté, alors qu'il proposait des entrées au théâtre notamment, mais aussi des loisirs dits plus populaires.

Ce manque d'intérêt pour les loisirs dits intellectuels, souvent considérés comme élitistes ennuyeux et incompréhensibles, permet à certains politiciens réactionnaires de considérer que c'est de la faute des pauvres s'ils sont pauvres et incultes. En effet, n'ont-ils pas tout à disposition ? Au centre culturel de Sarlat, au Festival des jeux du théâtre, et dans les grandes scènes de Paris ou de Bordeaux, n'y a-t-il pas des tarifs réduits pour les demandeurs d'emploi, les personnes au RSA ? Mais non, ils préfèrent manger des pâtes, et du Nutella ! Ils ont tous le dernier écran plat dans leur salon. Superbe mépris de classe, qui se rencontre hélas chez certains élus, et pas des moindres, en Sarladais.

Soulignons immédiatement que le niveau de connaissance général de la population est plus élevé dans les pays d'Europe de l'Ouest, globalement, que dans les pays sous-développés. Ceci n'est pas un jugement de valeur ethnocentriste. Il ne faut pas confondre « l'intelligence » (une notion très floue et relative) et « le niveau de connaissance » dans des domaines comme l'écriture, la lecture, l'algèbre, les sciences, l'histoire, etc.

L'économie des pays dits développés a besoin de travailleurs plus formés que les économies des anciennes colonies. La production des services, des biens et des produits les plus sophistiqués (matière grise, recherches fondamentale et technologique, technologies de pointe) est accomplie essentiellement dans les citadelles de la Triade (Europe de l'Ouest, Amérique du Nord, Japon). Ce niveau culturel général plus élevé provient simplement du fait que le système éducatif, s'il est loin d'être satisfaisant (voire parfois honteux vues les conditions de travail et d'apprentissage dans certaines classes à près de trente élèves), est globalement meilleur que dans les pays du tiers-monde. De plus, les meilleurs travailleurs de ces pays migrent fréquemment pour se faire embaucher dans des pays occidentaux. C'est une autre forme de pillage.

Les pays de la Triade accaparent une part énorme du PIB mondial consacré à l'éducation, rapportée à leur poids démographique. Cela est évidemment lié au fait qu'ils s'approprient également une part énorme de la richesse (du PIB) rapportée à la population. Rien d'illogique, on l'a dit : l'économie capitaliste a été créée et façonnée en fonction des besoins des classes dirigeantes de ces Etats de la Triade.

Revenons aux besoins en divertissements. Il faut reconnaître qu'ils sont assouvis de manière plutôt médiocre, en général. Ceci dit, en cette affaire, les moyens sont nombreux et il serait oiseux d'entrer dans les détails. Tout au plus pouvons-nous souligner que ces biens ne sont en général pas produits en Sarladais, hormis certains biens culturels plutôt réservés à une élite ou aux touristes (théâtre, visites de sites culturels et préhistoriques).

Le matériel Hi-Fi et vidéos ne vient évidemment pas du Périgord Noir, dans la même logique que pour l'électroménager.

Faire du sport, prendre soin de son corps

Il y a des clubs de sport qui fonctionnent grâce à l'argent public (subvention des collectivités) et au bénévolat de travailleurs ou de petits patrons. Ils sont dépendants de matériels produits ailleurs (ballons, équipements, chaussures, etc.). Parfois même, les sportifs sarladais doivent migrer vers une autre contrée (Brive ou Périgueux) pour trouver un équipement disponible. C'est le cas pour les nageurs, en dehors de l'été, en l'absence d'une piscine couverte publique dans tout l'arrondissement de Sarlat.

La santé est en difficulté face aux offensives des grandes firmes de l'agroalimentaire qui vendent des drogues douces, insidieuses, peu chères à produire (grâce à l'exploitation des ressources des pays du Sud) et très rentables. Elles ont par exemple pour nom : sucre, graisses. Couplée à la sédentarité, en expansion du fait des modifications des techniques de production et de la hausse de la productivité (ce qui en soit n'est pas un mal, au contraire), cette offensive provoque une épidémie d'obésité et de malbouffe qui a des conséquences en termes de santé publique.

L'accès à la satisfaction du besoin d'avoir une activité physique est également mal réparti dans la population. Des différences de classes et de catégories sociales sont patentes.

Des différences de sexe également. Bien des femmes sont, encore aujourd'hui, assujetties à la double journée de travail : à la maison et en entreprise. Elles ont donc du mal à trouver du temps pour se divertir. Au début du XXe siècle, la CGT revendiquait notamment « les trois huit » : huit heures de sommeil, huit heures de travail et huit heures de loisirs. On en est encore loin pour bien des individus (et c'est aussi à cause du chômage ou de l'autre face de l'oppression capitaliste, la surexploitation) et surtout pour les femmes !

Il est possible de faire du sport seul, sans passer par un club, notamment en courant. Cette activité demande peu de matériel, et a des bienfaits majeurs, nonobstant quelques risques de traumatismes articulaires. A ce sujet, il faut relever le manque d'équipements consacrés à l'athlétisme ou à la culture physique en Périgord Noir. Certes le sud-est de la Dordogne une zone rurale. La nature est partout, et constitue un vaste champ d'exploration. Mais elle doit être partagée, notamment avec les amateurs d'un autre loisir très pratiqué, la chasse ; ce qui peut parfois poser quelques problèmes, par exemple pour une balade dominicale dans une belle forêt du Sarladais !

La chasse est très fréquente et se heurte, on l'a dit, à certains problèmes de cohabitation avec d'autres populations : riverains, promeneurs, joggueurs par exemple. Les cas de personnes tuées pendant une activité de chasse, qu'ils soient chasseurs ou non, sont très fréquents. Le matériel n'est pas produit sur place.

Parmi les autres loisirs très ancrés, citons évidemment le ramassage des champignons, un véritable sport national à certaines périodes ici. Contrairement à la chasse, il ne nécessite pas d'équipement spécial et onéreux. Mais là aussi, les pratiquants se fournissent sur le marché pour acquérir bottes, paniers et autres couteaux.

En matière de course à pied, la piste cyclable (Véloroute Voie verte) reliant Sarlat à Cazoulès est particulièrement intéressante. Les cyclistes y ont la priorité. A Sarlat, quand le centre E.Leclerc a déménagé vers la gare, il y a quelques années, le vaste espace dédié à ce magasin et au parking est resté un bon moment sans emploi, hormis pour le stationnement de véhicules. Certains habitants ont alors espéré une nouvelle destinée pour ce terrain idéalement situé, en entrée de ville, entre deux infrastructures dédiées au sport : la voie verte et le stade de rugby. Ils ont rêvé de sa reconversion en une aire de loisirs agrémentée d'espaces verts, de pelouse et d'arbres, de bancs et de tables pour pique-niquer, avec un parcours sportif, des jeux pour les enfants, des panneaux pour expositions, etc. Évidemment, un tel plan avait de nombreux désavantages : des travaux coûteux, des frais d'entretien, aucune recette (au niveau monétaire s'entend) pour le propriétaire du terrain, ni pour les collectivités. Aucune chance donc qu'il devienne réalité. La zone accueille désormais de nouveaux commerces, ce qui sans contredit manquait à Sarlat. Pour les promenades dans la ville même, les Sarladais devront se contenter de la voie verte et du jardin du Plantier.

Le Périgord Noir compte évidemment de nombreux pratiquants de cyclisme, de marche ou de tennis. Là aussi, dépendance vis-à-vis du reste de l'économie mondiale, pour acheter le matériel nécessaire.

Pour la natation, on l'a dit, il faudra attendre encore la construction d'une piscine couverte en Sarladais, hormis l'été, ou aller dans une grande ville des alentours… Ou se faire construire une piscine chez soi, ce qui n'est pas permis à tout le monde !

Encore moins que les autres, ce chapitre n'a la prétention d'être exhaustif. Passons donc sur quelques activités très pratiquées en Périgord Noir. On peut également se rendre dans un club de musculation, de fitness ; « prendre soin de son corps » est possible dans quelques officines d'esthétique.

En général, il semble que, parmi les besoins dits non essentiels, « faire du sport » et « prendre soin de son corps » sont plutôt plus satisfaits par rapport à ceux liés à l'exercice de l'esprit via des abstractions (culture, art). Un des indices qui le laissent à penser : la population du bassin de vie de Sarlat est globalement plus en faveur de la réalisation d'une piscine couverte dans la cité de La Boétie que de celle d'une médiathèque intercommunale.

Les deux équipements sont nécessaires. Mais les partisans politiques de l'austérité, en Sarladais, notamment des élus de la majorité de Sarlat (mais pas le maire-président de l'intercommunalité porteuse du projet), ont clairement critiqué le choix de la médiathèque. Ils ont prétendu que c'était un projet trop onéreux et qui ne servirait pas à grand-chose à l'époque du « numérique ». Ils ont clairement défendu l'idée d'un abandon du projet. Ce faisant, ces élus, essentiellement de droite ou centriste, ont paradoxalement pu se mettre à dos une partie de ceux qu'ils sont censés défendre : les patrons du BTP, lesquels demandent toujours, comme de juste, de nouveaux chantiers publics.

Le coût du capital, sous toutes ses formes, sur l'économie et les budgets de l'État et des collectivités, ces élus ne l'ont évidemment pas évoqué, ni à ce moment-là, ni jamais !

Disons-le encore, il faut les deux : médiathèque et piscine. Concernant le centre aquatique, pour employer une périphrase, il faudrait d'ailleurs qu'il ne soit pas sous-dimensionné dès sa création (si celle-ci arrive un jour...). Cela risque fort d'être le cas si l'on continue de s'orienter comme semblaient le souhaiter les élus (pour des raisons d'économies budgétaires), vers un bassin de 25 mètres et un équipement minimal...

Se cultiver, partager son savoir, créer quelque chose

Ce sont des besoins que peu de gens pensent même à satisfaire, tant beaucoup sont pris dans les multiples tâches de leur vie de tous les jours. Et pourtant, ces besoins devraient être prioritaires. Je suis persuadé qu'une bonne politique économique et sociale passe par un investissement majeur dans la production de biens et services à même de satisfaire les besoins en culture et en créativité des populations.

Les hommes politiques sérieux répondront : si le pays est attaqué, il sera mieux défendu par des avions de chasse et des bombes que par des peintres et des écrivains. La Défense, voilà la priorité. C'est ainsi que l'on consacre chaque année presque quarante fois plus d'argent public à financer des armes de mort et à mener des guerres un peu partout qu'au budget du ministère de la Culture.

Ces messieurs très sérieux ont raison à plus d'un titre. Au sens premier : pour faire la guerre, il vaut mieux des militaires. Leur argument est « la raison d'Etat ». La France est un pays guerrier, son histoire le prouve. Passer en quelques siècles d'un royaume concentré autour de Paris à un empire présent sur les cinq continents et tous les océans ne s'est pas fait uniquement grâce aux paroles évangélisatrices des missionnaires et aux discours enflammés sur les droits de l'homme.

Dans un deuxième mouvement, au sens second, l'opinion de ces hommes politiques sérieux permet de rappeler que toutes les avancées en matière d'accès des masses à la pratique artistique, à la pratique intellectuelle, se sont faites contre l'État, contre les classes dominantes et contre les autorités intellectuelles ayant le monopole du savoir (on pense évidemment à l'Église). Ce n'est pas le lieu ici de rappeler le combat séculaire, et toujours d'actualité, des hommes de pensée, des artistes, du moins ceux qui prennent leur rôle au sérieux, contre les réactionnaires.

Faisons un rapide tour d'horizon des moyens de satisfaction des besoins en savoir, en instruction. On ne reviendra pas sur le fait que, là aussi, la dépendance vis-à-vis de l'économie extérieure au Périgord Noir est quasi totale.

Dans une école sarladaise...

Il y a évidemment la cellule familiale, unité de base de l'éducation et de l'instruction, mais qui subit son environnement. Il y a ensuite le réseau des écoles, des collèges et des lycées, des centres aérés.

Il existe un réseau de bibliothèques et médiathèques bien animé. Le navire amiral, la médiathèque de Sarlat, peine à se faire, mais le chantier est lancé.

Il y a quelques magasins culturels (librairies, bouquineries, papeteries, etc., pardon pour les oublis). Les producteurs locaux (écrivains, musiciens, etc.) de contenus sont assez nombreux, mais ils ont bien du mal à se faire connaître et à vivre de leur art face aux grosses machines éditoriales et musicales nationales et internationales.

Regret ici, encore, que, souvent, les individus ne cherchent pas plus à aller vers le loisir qui élève, qui permet de comprendre le point de vue de l'autre, de dépasser les contradictions... Ce manque d'intérêt est le signe d'un mode de production ayant atteint ses limites et qui enferme les gens dans un mode de vie aliénant, oppressant et, au final, une pensée réduite. Cela vient aussi mettre en valeur la faillite des intellectuels, notamment au XXe siècle et en ce début de XXIe siècle. Beaucoup ont oublié leur rôle : éclairer le peuple, l'élever vers des considérations, vers une intelligence, supérieures.

Travailler, être reconnu

« L'activité laborieuse n'est autre chose que la lutte de l'homme contre la nature. Dans cette lutte, l'homme utilise les forces de la nature – la force animale, celle de la vapeur, de l'électricité, des réactions chimiques, etc. – pour soumettre la matière brute à ses fins. » Cette manière de voir est de Lev Léontiev, dans son ouvrage déjà cité. Il n'invente rien, ne faisant que se conformer aux raisonnements d'une longue tradition de penseurs matérialistes. La formulation apparaîtra un peu datée aux tenants des conceptions écologistes, mais l'idée demeure valable.

M. Léontiev poursuit : « Le travail est la condition naturelle de la vie humaine. Au cours de l'histoire, un régime social se substitue à un autre, mais le travail des hommes reste toujours la condition *sine qua non* de l'existence sociale.

« Le travail est l'apanage exclusif de l'homme, il présente deux caractéristiques essentielles. En premier lieu, il s'avère être une activité dirigée, tendant à la réalisation d'un but fixé à l'avance. En second lieu, il est nécessairement lié à la production des instruments. « L'homme est un animal fabricateur d'outils » [...]

« Le travail n'est pas seulement le processus grâce auquel l'homme s'est dégagé du règne animal, mais celui aussi par lequel les hommes sont liés objectivement entre eux au sein de groupes, de sociétés déterminées. L'activité productive de l'homme, sa lutte contre la nature s'effectuent toujours dans le cadre de tels ou tels rapports sociaux. Le travail est la base de ces rapports. Le travail est donc la base sur laquelle repose la société. »

Après cette longue citation, avertissons déjà que la « valeur travail », selon Marx et ses successeurs, n'a rien à voir avec le fantasme bourgeois véhiculé par Sarkozy lors de sa campagne électorale lors de l'élection présidentielle de 2007. La « valeur travail » marxiste indique que c'est au fond la quantité de « travail » qu'elles contiennent qui donne leur valeur (leur prix) aux marchandises. Pardon pour ce raccourci un peu cavalier (mieux vaut lire *Le Capital* ou d'autres écrits pour se faire une meilleure idée).

Le travail est donc un besoin humain. Les chômeurs, les précaires, tous ceux qui sont éloignés du travail, sont privés d'un besoin élémentaire. Parfois ils croient échapper à une activité nocive pour leur santé. Ils ont raison. Les travailleurs en poste peuvent pour beaucoup témoigner de la nocivité du travail, qu'elle soit le fait des conditions matérielles d'exercice et/ou des relations humaines toxiques au sein de l'entreprise. Cependant rares sont les travailleurs à vouloir être au chômage, considéré comme une situation pire que l'exploitation ou le harcèlement d'un chef. Le chômage est un gaspillage honteux de forces humaines qui, mises au service de la collectivité, pourraient améliorer la vie de tous.

En réalité, ce à quoi veulent échapper certains chômeurs qui rechignent à chercher un emploi, c'est au travail aliéné, exploité, destructeur physiquement et moralement, du régime capitaliste.

Certains les dénigrent et les traitent de « fainéants ». Quand ce sont des prolétaires comme eux, il y a de la colère et de l'incompréhension. Mais parfois ceux qui profèrent ces calomnies bénéficient de conditions de travail et de rémunération éloignées des minima. Parfois ce sont eux-mêmes des exploiteurs, qui ont sucé le sang des salariés. Ils devraient avoir honte... Et, s'ils sont honnêtes, réfléchir aux raisons qui font que certains prolétaires se tuent à la tâche, ou se suicident devant un travail insupportable, tandis que d'autres survivent de bouts de chandelle ou de l'aide caritative sans pouvoir retrouver un emploi.

Tant que la société ne fournira pas à chaque individu un travail épanouissant et valorisant, lui permettant d'être reconnu et de vivre en assouvissant tous ses besoins, elle ne connaîtra pas la paix sociale.

Produire (esquisse)

Le Pays Sarladais n'est pas producteur de machines-outils ou de matériels agricoles. Il existe quelques fraiseurs et autres métallurgistes qui peuvent réaliser des pièces ou des machines simples, mais le gros du matériel dont ont besoin les quelques entreprises de production et les agriculteurs provient des firmes multinationales, surtout étrangères (sans que cela ait pour moi une quelconque connotation péjorative, c'est simplement un fait que l'industrie française n'est pas une grande productrice de moyens de production). Elles prélèvent un profit industriel et commercial généreux, tout en rémunérant un réseau commercial.

Les matières premières nécessaires à l'activité industrielle ne sont majoritairement pas extraites sur place. Elles sont importées. Pour un domaine, l'industrie agroalimentaire, c'est différent (usine Euralis-Rougié, usine de première transformation France Tabac).

Ici aussi, déficit commercial, donc appauvrissement du Sarladais, ou plutôt de tous ceux, l'écrasante majorité, qui ne commercialisent pas ces biens.

Vivre et travailler en Périgord Noir

La vallée de la Dordogne

Recycler (esquisse)

Après moi, le déluge.

La production capitaliste, dans sa forme pure, ne se préoccupe pas du recyclage des matières premières nécessaires à la production des marchandises vectrices des profits. Pas plus qu'elle ne se préoccupe du devenir des vendeurs de force de travail une fois qu'ils ont accompli leur œuvre. Un système social minimal n'a été mis en place dans certains pays capitalistes que suite aux pressions populaires face aux dommages sociaux énormes provoqués par le capitaliste. Ailleurs il est encore plus embryonnaire. A notre époque, il est partout remis en cause, voire a déjà été partiellement ou totalement détruit pour faire place à des dispositifs ouverts en fonction des revenus des individus.

La question écologiste a existé dès les premières critiques du capitalisme, dans les écrits de Karl Marx et Friedrich Engels par exemple. Ces derniers ont souligné, dans bien des écrits, le danger pour les populations et leur environnement que constitue ce mode de production fondé sur l'anarchie économique, la concurrence et la recherche effrénée du profit. Recycler, nettoyer, moins polluer : toutes ces activités louables ont un coût qui ampute le profit capitaliste. A ce titre, il est vu comme un handicap, au même titre que les « charges sociales ». Cette logique à courte vue se retourne contre les populations et même souvent contre les bourgeois eux-mêmes, car la pollution ne connaît pas forcément les frontières des quartiers riches !

Nous n'avons pas détaillé, dans chaque texte de ce chapitre, les dégâts écologiques causés par la production nécessaire à la satisfaction des besoins ci-dessus évoqués. Du fait des efforts des défenseurs de la nature et de l'environnement, et des militants syndicaux ou écologistes, les dégâts provoqués sur les hommes, leur environnement et la planète en général sont désormais de plus en plus connus, dévoilés au grand public. En réaction, les politiciens font mine de chercher à réformer le capitalisme dans un sens moins polluant. Mais comment les serviteurs d'un tel système pourraient-ils donner des ordres à ceux qui les nourrissent ? Ils sont au service des grands trusts qui polluent la planète, et non l'inverse. Les dirigeants économiques n'ont cure des injonctions écologistes, et aucune police ou justice nationale n'ira embêter sérieusement les pétroliers ou les producteurs d'huile de palme, par exemple. Quant aux producteurs d'amiante, poison qui a tué des milliers d'ouvriers pendant des générations, si en Italie ils ont été poursuivis et parfois condamnés, en France le dossier est, à ma connaissance, classé, du moins à ce jour. Et ce n'est qu'un exemple abordé rapidement…

Les entreprises les plus riches du monde défiscalisent une partie de leurs profits via des fondations dédiées à l'écologie. Ils entendent ainsi se faire passer pour des entreprises soucieuses des problèmes environnementaux. La fondation créée par Nicolas Hulot, ministre d'Emmanuel Macron, est ainsi soutenue par des mécènes ô combien vertueux sur le plan écologique, qui ont pour nom EDF ou encore Total, entre autres. L'effet des actions menées par ces fondations est souvent considéré comme peu visible, si ce n'est quasiment inexistant.

La plupart du temps, pour se donner une posture écologiste, ceux qui nous gouvernent se rabattent donc sur la culpabilisation des populations. La politique écologique, vantée par les partis de gouvernement, Verts compris, devient une politique « de l'impératif » : « N'achetez plus de voiture diesel ! Utilisez moins votre voiture ! Achetez moins de produits avec des emballages ! Triez mieux vos déchets ! Si chacun fait un peu, tout ira mieux ! »

Cet emploi échevelé de l'impératif se retrouve ici, au niveau local, chez les responsables du Syndicat de collecte et de traitement des ordures ménagères (Sictom) du Périgord Noir. Ce syndicat gère plusieurs millions d'euros de budget, emploie des dizaines d'agents, et est compétent sur plan de cent communes. Il est contrôlé par le maire de Sarlat, lequel a placé à sa tête ses plus fidèles lieutenants. Bien que n'étant pas écologistes, du moins politiquement, ceux-ci font preuve d'un zèle remarquable pour appliquer cette « politique de l'impératif »... Evidemment, c'est toujours uniquement en direction des habitants, et jamais des fabricants de marchandises ou des commerçants adeptes des sacs en plastique. Dans cet effort de culpabilisation, ils sont bien aidés par les maires locaux, qui n'ont jamais assez de mots vigoureux pour pester après les mauvais trieurs, etc. Ils menacent de les verbaliser, ils les accusent d'être les responsables de l'augmentation de la taxe d'enlèvement des ordures ménagères, etc.

Sans entrer trop dans les détails, il est évident qu'une politique de recyclage de grande envergure pourrait être un secteur économique à développer, à notre époque. Il y a effectivement urgence, pas tant pour notre planète, qui existera encore des milliards d'années après que le dernier *Homo sapiens sapiens* aura disparu, que pour la vie des êtres humains, notamment des plus pauvres. Aux quatre coins du monde, ils subissent l'impact du réchauffement climatique ou des pollutions au plastique, aux produits chimiques, etc.

Il est évident qu'une économie vertueuse en matière de recyclage des matières premières aurait un impact bénéfique sur l'environnement. Si les emballages, les plastiques, etc., étaient correctement recyclés, le bénéfice écologique pourrait être certain.

Mais il faudrait pour cela forcer les multinationales du transport, de l'énergie, de l'agroalimentaire, de la distribution, à se coordonner entre elles et à rogner sur leurs profits pour mettre en place une production réutilisant une bonne partie des matériaux. Que deviendraient les profits de la filière pétrolière d'où vient le plastique ? Le propre du capitalisme étant la recherche d'un bénéfice maximal, il est certain que ces grandes sociétés richissimes ne se plieront pas à cette injonction des opinions publiques. A moins d'y être forcées par une pression sociale grandiose, qu'on ne peut qu'appeler de nos vœux.

Mais il est désormais techniquement possible de recycler, ou encore de transformer en énergie, la plupart des déchets. Cela a certes un coût, mais c'est faire le choix du respect de l'homme et de la nature. Et créer une société qui soit plus vivable.

Se reproduire

Terminons par une partie qui peut paraître comique, mais qui est on ne peut plus sérieuse en réalité. Tous les besoins cités précédemment ont pour but la reproduction de chaque individu pendant toute sa vie, la perpétuation de chacun dans son être, le maintien de la force vitale jusqu'à sa mort. La mort d'un individu, c'est la désagrégation définitive des rapports entre les divers éléments du corps et de l'esprit ayant permis le maintien de la vie pendant quelques dizaines d'années.

Karl Marx, et d'autres après lui, a constaté que les salaires des prolétaires sont généralement légèrement supérieurs ou inférieurs – suivant les périodes, les contextes socio-économiques, les rapports de force – à ce qui leur est nécessaire pour maintenir leur vie, celle de leur famille, et pour reproduire leur force de travail. Disons qu'ils sont la plupart du temps inférieurs à ce qui est nécessaire !

Cette force de travail est achetée par le capitaliste, ou l'État, dans le but de produire une marchandise, ou un service. Après la production, la vente de celle-ci créera un profit (lequel sera consommé de différentes manières par le capitaliste ou l'État).

Si le prolétaire est trop généreusement payé (suite à des grèves ou des luttes puissantes), le prolétariat tend à disparaître… mais aussi, surtout !, le profit du capitaliste. L'économie capitaliste est alors en danger, ce qui annonce des changements socio-politiques. Ces situations sont assez rares dans l'histoire. Si le salarié est trop mal payé, le capitaliste voit son profit s'accroître. Mais alors le prolétaire ne peut pas satisfaire ses besoins et il est mécontent, voire peut même mourir de faim. Il y a alors, là aussi, un risque de révolution et de crise de surproduction.

Les besoins ne sont pas les mêmes à travers l'histoire. Ils évoluent. Ceux d'un salarié de 2018 sont différents de ceux d'un prolétaire de 1870, car la société a changé. Même manger, boire, se loger ne peuvent être réalisés aujourd'hui de la même manière qu'il y a un siècle, au grand désarroi de certains grands patrons et économistes qui trouvent que les travailleurs européens se sont un peu trop embourgeoisés. Les progrès techniques et scientifiques, l'accroissement des capacités de production, tout cela a encouragé la population à exiger que ses besoins soient satisfaits d'une manière toujours plus qualitative.

Revenons au besoin qui donne son titre à ce paragraphe : « se reproduire ».

La reproduction est un besoin humain à divers titres. En tant qu'espèce animale, l'humanité est poussée par une pulsion de vie, comme toutes les autres espèces, à se reproduire. L'être humain a tenté depuis son apparition de ménager pour ce besoin un cadre le plus digne et respectueux possible des deux (le plus souvent) acteurs en présence en cette affaire. Bien sûr cela n'a pas été sans mal, ni violences, ni injustices, ni dérapages. Tous ces méfaits existent encore dans bien des endroits, dans bien des maisons. Il y a même un certain recul à ce niveau depuis quelques décennies (en gros depuis la crise pétrolière des années 70), et ce aussi bien dans les pays impérialistes que dans les pays dominés.

Depuis plus d'un siècle, sous la pression des luttes pour le socialisme et des luttes des femmes, les droits de celles-ci ont globalement progressé. Encore une fois, la situation demeure dramatique en bien des endroits. C'est surtout à cause, non des individus – mâles compris – mais plutôt des institutions, qu'elles soient étatiques ou religieuses (cela sans dédouaner les personnes se rendant coupables d'actes sexistes, machistes ou antifemmes en général). Ces institutions sont souvent des obstacles au respect des droits humains élémentaires et à la prise de conscience de tous.

Plus simplement, se reproduire peut aussi être un besoin pour un couple qui, amoureux, souhaite laisser une trace de son passage sur Terre. Avoir un ou plusieurs enfants est alors souvent vu comme un cadeau unique. Ces personnes espèrent que ces enfants leur apporteront quelque chose. N'entrons pas plus dans les détails.

Un autre aspect, maintenant. L'être humain est une espèce animale qui a pour particularité de travailler. De cette activité fondamentale de l'homme découle l'existence d'une économie. Se reproduire est donc un besoin pour le système économique capitaliste.

Ce système basé sur la propriété privée des moyens de production a pour but le grossissement du capital. Le capital est un rapport social, de domination, entre les différents agents de la production. Le capital est, au fond, du travail « mort » accumulé sous forme monétaire ou organique (machines, moyens de transport, bâtiments, terrains, etc.).

Le capital s'accroît en s'assimilant une partie de l'argent issu de la vente des marchandises ou des services. Cette vente a été permise par leur production. Celle-ci a été rendue possible uniquement parce que les prolétaires, les techniciens, les employés, dans un cadre de production donné, ont dépensé leur force de travail. C'est cette dépense qui est à l'origine de toute la plus-value, donc d'une très grande partie du capital créé dans la société capitaliste.

Pour se reproduire, le capital doit donc mettre en place les conditions sociales pour reproduire la marchandise apportant la force de travail : la classe ouvrière. Le capital commercial, bancaire – du tertiaire (services) en général – vient aussi fondamentalement de l'exploitation de la classe ouvrière, à laquelle s'ajoute l'exploitation des employés des entreprises de services.

On s'éloigne du Périgord Noir ? Pas du tout, car l'économie locale est pleinement intégrée, on l'a déjà dit, à l'économie capitaliste et les poches de résistance héritées du passé (petit artisanat, paysannerie notamment) se réduisent jour après jour.

Il n'est donc pas dans l'intérêt des capitalistes que la classe ouvrière soit poussée à la misère et à la destruction (baisse des effectifs absolus) par une trop grande exploitation, car alors ils perdraient leur poule aux œufs d'or. Mais le fait est qu'ils sont poussés par la concurrence et par le progrès technique à exploiter toujours plus leurs travailleurs, s'ils ne veulent pas disparaître eux-mêmes en tant que capitalistes. Ce faisant, ils scient la branche sur laquelle ils sont posés, car ils diminuent le pouvoir d'achat de ceux, les salariés, qui doivent acheter leurs marchandises.

Pour les capitalistes qui dirigent l'économie, et qui sont aujourd'hui, en même temps, des financiers, qu'il y ait trop de prolétaires, et donc un chômage de masse, n'est pas un problème immédiat (mais cela peut le devenir à moyen ou long termes). Cela permet de maintenir ceux qui ont un emploi dans l'inquiétude de le perdre et donc de les assagir sur le plan syndical et politique. Du moins est-ce le souhait des patrons et des gouvernements à leur service.

Les capitalistes doivent reproduire la classe ouvrière et même l'améliorer, augmenter ses compétences physiques et intellectuelles, afin qu'elle soit plus productive, plus ingénieuse et donc génère plus de profits. Il n'est évidemment pas innocent que les élus, notamment ceux du Sarladais, demandent souvent une amélioration des formations et filières d'études présentes en Périgord Noir.

Se reproduire, s'améliorer, est donc un besoin pour les individus, mais aussi pour la classe sociale dominant l'économie. Actuellement, au niveau mondial, la reproduction de la classe ouvrière n'est plus un problème. Du fait de la politique des Etats impérialistes et de leurs entreprises dans les continents dits du tiers-monde (Asie, Afrique, Amérique, Europe de l'Est), il n'y a jamais eu autant de personnes dépourvues de propriété des moyens de production. La survie de ces « pauvres hères » dépend donc seulement de la vente de leur force de travail, ou alors de petits jobs de vendeurs misérables.

Chaque jour qui passe, les rangs du prolétariat se densifient, du fait notamment des expropriations dans les campagnes des pays du Sud. De plus, des progrès médicaux ont permis une baisse de la mortalité des enfants ; des progrès agricoles ont amélioré le rendement ; cela amène une forte hausse de la population mondiale, essentiellement dans le rang des travailleurs salariés et des petits paysans.

Sur le plan des intérêts économiques et politiques des salariés, cet accroissement du nombre de prolétaires est un défi qui ne peut se régler que dans deux directions : soit le repli identitaire illusoire et la guerre contre les pauvres plus pauvres que soi ; soit la solidarité de classe internationaliste et la lutte globale contre le système générant la misère. Historiquement, au XIXe siècle, le mouvement ouvrier s'est engagé dans la seconde voie, travaillant à se développer via des « Internationales ». La première du nom a été fondée à Londres en 1864. Karl Marx en a été un de ses grands artisans.

Les problèmes de pauvreté et de survie qui touchent la majorité de la population mondiale ne peuvent laisser indifférents les Sarladais et les habitants du Périgord Noir. On l'a montré au cours de ce chapitre : la satisfaction des besoins dépend de toute l'économie mondiale. Peut-on vivre dans une bulle, entouré d'un monde en proie au chaos ? Le chaos n'est-il pas déjà présent en France, pour bien des familles qui peinent à joindre les deux bouts ?

La solution à tous ces malheurs ne sera-t-elle pas forcément internationale ?

Conclusion du chapitre

La France, et en son sein notre cher Périgord Noir, est un pays dit « riche ». Ce qui précède illustre qu'elle a un besoin vital des matières premières et des productions venues du reste du monde pour assurer le fonctionnement normal de la société. Cela est nécessaire à l'enrichissement des groupes dominants, mais aussi au maintien d'un ordre social le plus à même de permettre le bon fonctionnement de l'économie (et donc de la génération des profits, qui est le but visé par le mode de production capitaliste).

Ce mode de production est sujet à des crises régulières. Il n'est d'ailleurs toujours pas réellement sorti de la crise inaugurée au début des années 1970, et qui correspond à la remontée du chômage, mais aussi des dettes (envolée destinée à financer un maintien des profits capitalistes dans une période de surproduction).

Depuis non seulement des décennies, mais même des siècles, au bas mot, nos gouvernants envoient l'armée française, ou des auxiliaires, aux quatre coins du monde, sous divers prétextes, souvent mensongers, et notamment là où se trouvent les matières premières stratégiques : uranium (Mali, Niger, Tchad, etc.), pétrole (Moyen-Orient, Canal du Mozambique), minerais (Afrique centrale), caoutchouc (Afrique, Asie, etc.), etc. Ces pays dits « pauvres » ont, pour leur malheur, encore un peu trop de « richesses »…

Un des paradoxes n'est-il pas que les contrées dites « développées » le sont grâce à la surexploitation des régions dites « sous-développées » ?

Dans cette partie, j'ai souvent insisté sur la dépendance de l'économie sarladaise vis-à-vis de l'extérieur, sur le déficit de sa balance commerciale. Peut-on pour autant comparer l'économie négro-périgordine avec celle d'un département d'outre-mer (DOM) ou de ce que l'on appelait avant (toujours ?) une colonie ?

Dans les deux cas, autant en chiffre d'affaires qu'en quantité de marchandises, les exportations sont très inférieures aux importations.

Encore qu'il faudrait comparer précisément les proportions. Ainsi des données concernant tout le département de la Dordogne viendraient infirmer, apparemment, ce raisonnement. La chambre de commerces et d'industrie de la Dordogne évoque pour 2015 une balance commerciale positive de 23 millions d'euros pour le département entier (exportation : 854 millions d'euros ; importations : 831 millions d'euros). L'agroalimentaire et le secteur du papier sont les principaux secteurs exportateurs.

Cette donnée concerne, répétons-le, toute la Dordogne, et pas uniquement le Périgord Noir, lequel recèle il est vrai certains des fleurons exportateurs du département (Condat, Euralis, Delmon industrie, Porgès, Suturex & Renodex…). Elle ne prend en compte que les échanges avec l'étranger, et pas avec les autres départements du pays, comme je l'ai fait pour évaluer la dépendance du Périgord Noir.

Mais même si on conteste leur mode de calcul, ces résultats restent incontestablement meilleurs que ceux des territoires d'outre-mer, historiquement marqués, jusqu'à aujourd'hui, par le mercantilisme et le système colonial (qui a pris des formes variées).

Prenons ainsi le cas de Mayotte, département d'outre-mer de l'océan Indien. Il regroupe 260 000 habitants, soit 60 % de la population de la Dordogne, et trois fois plus d'habitants que l'arrondissement de Sarlat (le Périgord Noir), sur un territoire sept fois plus petit (2 273 km² contre 374 km² pour Mayotte). Ajoutons, pour cette brève présentation, que le PIB de la Dordogne est environ supérieur de six fois à celui de cette île, située dans l'archipel des Comores, qui se trouve dans le giron français depuis 1841.

La balance commerciale de Mayotte est beaucoup plus déficitaire que celle de la Dordogne. Mayotte ne dispose que de très peu d'activités agricoles, piscicoles ou industrielles exportatrices. Les emplois sont essentiellement dans la fonction publique et les secteurs privés associés (social, bâtiment, transports privés de personnes). Dans un article de *Mayotte Hebdo* du 20 avril 2018, on peut lire que les importations se sont montées à 547,9 millions d'euros en 2017, en hausse de 7,4 % par rapport à 2016. Les exportations ont également été en progrès, de 8,4 %, par rapport à l'année précédente. Elles s'élèvent à… 7,7 millions d'euros sur l'année. La différence, même avec un territoire métropolitain dit rural comme le Périgord, est flagrante.

En Sarladais comme dans les DOM, le poids économique et politique des dirigeants des entreprises commerciales est prépondérant. Ils composent le cœur de « la bourgeoisie locale » (c'est moins vrai en Terrassonnais, qui a été historiquement un peu plus industrialisée). Dans les deux contextes également, les services publics (santé, éducation, loisirs, etc.), sont généralement de moindre qualité et moins nombreux que dans les grandes agglomérations métropolitaines, ou qu'à Paris.

Certains éléments pourraient laisser à penser qu'en réalité, le Périgord Noir est une sorte de colonie intérieure, évidemment moins dépendante que les colonies ultramarines. Il y a effectivement des gens qui le pensent, et avec des arguments solides.

Il y a cependant également des différences. On a déjà commencé à les percevoir en comparant les balances commerciales. Le retour vers le Périgord Noir est beaucoup plus important, proportionnellement à la population, que dans les DOM.

L'histoire permet de l'appréhender plus clairement. Le Périgord Noir se situe au cœur du territoire national. Il s'est inscrit depuis des siècles dans l'histoire de la France. Il a fourni au pays des générations d'hommes et de femmes qui ont participé aux luttes sociales, économiques et politiques, aux progrès du pays, aux débats intellectuels. Il n'est pas question de dire que les DOM n'ont pas participé à cette histoire. Ils l'ont fait, et à une place ô combien plus difficile, car plus éloignée du centre du pouvoir, en tant que dominés, que colonisés, dans un contexte historique de conquête du monde par les puissances européennes.

Les réseaux des Sarladais avec le pouvoir sont plus étroits, plus anciens, que ceux des Ultramarins. Cela se ressent notamment au niveau de l'investissement de l'État dans le territoire. La dotation globale de fonctionnement (DGF) ne représentait en 2015 que 136 euros par habitant pour Mayotte, ce qui est moins qu'en métropole, et même beaucoup moins qu'à La Réunion. On pourrait découvrir la même tendance dans les dépenses par élève, ou les dépenses de santé, à Mayotte par rapport à la métropole. Elles sont inférieures.

Ces quelques données permettent de constater que la place du Périgord Noir est enviable par rapport à d'autres territoires, y compris français, et qu'il convient de ne pas trop sous-estimer la position et l'influence de cette contrée dans l'économie mondialisée. Rien d'illogique car, comme on l'a dit, à cause de l'histoire du développement de l'économie capitaliste, la France métropolitaine occupe une meilleure place que les territoires ultramarins dans la répartition du gâteau.

Vivre et travailler en Périgord Noir

Vivre et travailler en Périgord Noir

Conclusion et perspectives

L'économie ne doit pas être un domaine inaccessible, réservé à des spécialistes. De même que chacun fait de la prose, même sans le savoir, chacun « fait » de l'économie, à partir du moment où il vient au monde. L'économie est ce qui permet aux membres d'une société de pouvoir obtenir de quoi manger et, plus généralement, de vivre. C'est un processus social qui ne peut pas ne pas exister.

Les acteurs de ce processus, les êtres humains, n'ont souvent pas connaissance des lois qui régissent les phénomènes économiques dont ils sont les propres acteurs. Au fil des siècles, une science visant à mieux comprendre l'économie a été élaborée. Suivant les chapelles – des classiques aux marxistes en passant par les keynésiens –, les résultats auxquels elle aboutit sont souvent spectaculairement éloignés.

Je ne suis pas un spécialiste d'économie. Je n'ai pas fait d'études d'économie à l'université. Et pourtant, je me passionne pour les questions économiques. Elles m'intéressent non dans l'abstrait, sous l'angle de formules mathématiques compliquées devant permettre à certains savants d'acquérir une connaissance encore plus poussée du réel. Je ne dénigre pas ces matières, mais elles sont justement celles d'économistes formés à l'université.

Les quelques connaissances économiques que je possède ont été acquises par la lecture d'auteurs qui font de l'économie un domaine corrélé aux questions sociales et politiques. L'économie en tant qu'elle est reliée aux questions politiques, en tant qu'elle explique et permet d'agir sur les structures sociales, sur les rapports de pouvoir d'une société donnée.

Le constat fait dans ce livre est celui d'une société à l'économie entravée par des dysfonctionnements majeurs. Ils se manifestent par la présence d'un fort chômage, un manque et un recul des services publics et une production anarchique qui fonctionne de manière irrationnelle et polluante.

Si l'on jette un bref regard sur quarante ans d'évolution économique en Périgord Noir, le constat est globalement négatif. Les agriculteurs disparaissent, ne pouvant plus vivre de leur travail. Les toutes petites entreprises et bien des artisans sont pressurés et peinent à joindre les deux bouts. Les emplois salariés ne sont pas assez nombreux. Le niveau de la masse des salaires est bas. Des licenciements dans de grosses et petites entreprises ne sont pas remplacés par des emplois nouveaux, contrairement à ce que font croire les libéraux. Les rares emplois privés ou publics créés le sont souvent dans des formes de plus en plus précaires ou à temps partiel. Les services publics se restreignent et le nombre d'emplois publics se réduit. Pour tous les jeunes qui grandissent dans le territoire, l'alternative est, en gros, assez simple : soit faire des petits boulots saisonniers en attendant d'être embauché hypothétiquement dans une collectivité, soit quitter ce territoire pour faire des études et/ou trouver un emploi de meilleure qualité.

Que faire ? Par cet ouvrage, j'espère déjà avoir permis à certains de mettre des mots sur les maux, de prendre conscience un peu plus clairement de la situation et des enjeux. Ensuite, ce sera à eux d'informer, d'alerter leurs proches, leurs amis, leurs collègues… A eux de travailler à changer les choses par un effort collectif, politique (au sens noble du terme).

Dans un ouvrage à venir, il sera question des luttes collectives en Sarladais et en Périgord Noir. Ces luttes ont un caractère paradoxal : elles sont un symptôme des maladies dont souffre le territoire ; elles sont aussi une solution (voire LA solution) à ces maux.

A suivre…

Guillem Boyer, mai 2018

Vivre et travailler en Périgord Noir

Vivre et travailler en Périgord Noir

Le *who's who* éco du Sarladais

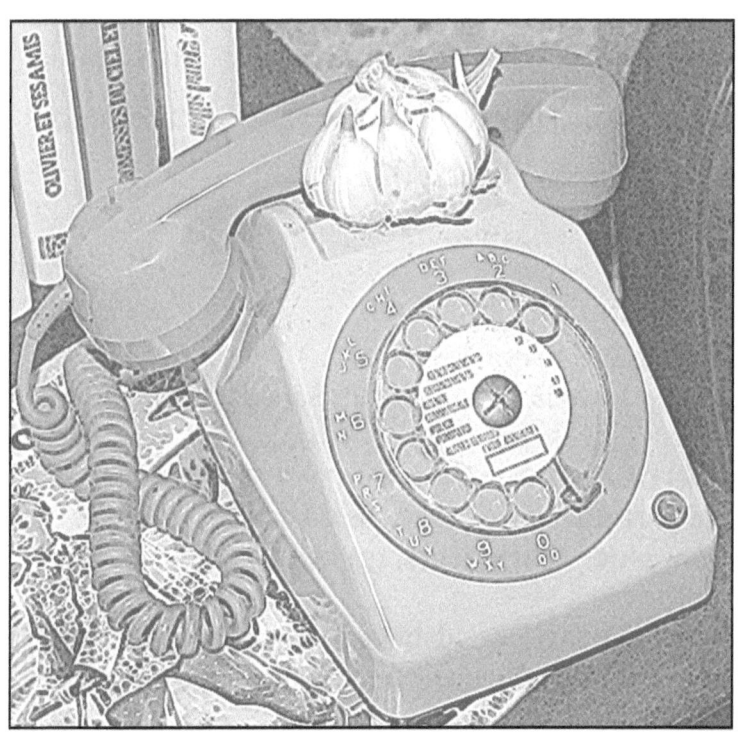

Introduction

Voici quelques-unes des personnes que j'ai rencontrées ou sur lesquelles j'ai travaillé concernant les questions économiques et sociales. Est parfois indiquée entre parenthèses l'année où j'ai été en contact avec la personne, ou la dernière année où la personne occupait avec certitude cette fonction ou cet emploi (parution : juin 2018).

A.
Alard André, maire de Carlux.
Albrand Isabelle, originaire du Sarladais ; directrice des routes au conseil départemental.
Allibert Gauthier, ex-journaliste radio à Bergerac ; désormais attaché de presse de la CCI.
Ampoulange Marie-Rose, responsable du Domaine de la Rhonie à Meyrals.
ANDRE Michel, président de la Sépanso.
ARNAUD Joël, directeur de la Fondation de Selves (2017).
Arpaillange Françoise, premier adjointe au maire de Cazoulès.
Arpontet Nancy, salariée agricole, élue à la MSA (2017).

Arvouet Jean-Yves, conserveur au Buisson-de-Cadouin.
Aschbacher Sébastien, entrepreneur sarladais.
Astié Jean-Luc, élu de Marquay.
Aussedat Etienne, patron du Mc Donald's de Sarlat, président d'AVenir Sarlat.
Auzou Jacques, maire de Boulazac, conseiller départemental, président du BBD.
Ayyad Nizar, directeur commercial de France Tabac (2015).

B.
Barbé André, directeur de la Semitour.
Barriat Paul-André, président des Vins de Bergerac. D'Issigeac.
Barrière Jean-Marie, syndicaliste FO, conseiller du salarié, salarié de la Papeterie de Condat (2011).
Barrière Sylvie, syndicaliste FO à France Tabac (2016).
Bastos Manu, entrepreneur de maçonnerie générale (2014).
Beaudoin Jacques, tabaculteur bergeracois, président de la coopérative Périgord Tabac (2015).
Baudouin-Clerc Anne-Gaëlle, préfète de Dordogne (2017).
Baxalle Philippe, boucher-charcutier à Belvès (2014).
Bay Christophe, préfet de Dordogne 2015/2016.
Bébin Fabienne, responsable du magasin Charme et Campagne à Sarlat, membre du bureau d'AVenir Sarlat.

Becret Marc, directeur général des services du conseil départemental (2017).
Bendicho Françoise, responsable des Restos du cœur de Sarlat (2017).
Berthomé Chantal, responsable de l'Espace Saisonnier de la Maison de l'emploi du Périgord Noir (2014).
Besse Patrice, assureur sarladais, responsable syndical.
Bohy Charley, directeur de l'hôtel Ibis de Sarlat (2017).
Boidé Thierry, dirigeant UMP/LR de Dordogne. Chef d'entreprise.
Bois Sylvie, présidente du Groupement des trufficulteurs du Périgord Noir.
Bombet Isabelle, secrétaire générale de la CC Sarlat Périgord Noir.
Bondonneau Romain, conseiller municipal de Sarlat, socialiste.
Bonneau Philippe, responsable du Case de Salignac. Syndicaliste CFDT.
Bonnefon Patrick, maire de Carsac-Aillac ; président CC Pays de Fénelon.
Bossi Carole, cadre de l'Apajh du Périgord Noir.
Bouchard Henri, maire de Castels, vice-président de la MSA 24/47, agriculteur.
Boucherie Florian, producteur de foie gras.
Boucheron Olivier, patron de Supervêt Sarlat.
Boulet Pierre, syndicaliste SUD, conseiller du salarié.

Bourdet Didier, secrétaire de l'UL CGT de Sarlat CGT.
Bourgeois Richard, ancien président d'Itinérances, association d'aide aux jeunes du Périgord Noir.
Bourgeon Thierry, journaliste culinaire, conseiller municipal de Castels.
Bousquet Dominique, vétérinaire, maire/conseiller général de Thenon, dirigeant des LR de Dordogne.
Bousquet Jean-Luc, hôtelier aux Eyzies, président du syndicat patronal Umih 24.
Boussat-Michelet Dominique, directrice de la MFR du Périgord Noir.
Boyer Thierry, agriculteur, président de la Ferme des producteurs de Vialard.
Bozzi Gwen, assureure MMA.
Branche Jean-Baptiste, directeur de l'hôpital de Belvès, de l'Ehpad de Villefranche, directeur adjoint de l'hôpital de Bergerac.
Brard Claude, ancien président de l'Apajh du Périgord Noir.
Brel Philippe, entrepreneur du BTP.
Bretout Guy, syndicaliste CGT à la Papeterie de Condat, désormais retraité.
Brondel Claude, maire de Villefranche-du-Périgord.
Broucaret Eric, directeur de la Main Forte, association d'insertion à Sarlat.

C.
Caballero O., gérant des Grottes de Maxange.

Cabanel Marliès conseillère municipale Sarlat, responsable d'un commerce.
Canitrot Béatrice, directrice de Périgord Voyages, à Carsac-Aillac.
Carcenac, patron de laboratoires d'analyses médicales.
CARLE Philippe, ex-directeur Sictom, conseiller municipal de Sarlat.
Carrier François, ancien patron des foies gras Delpeyrat, ancien président du CASPN et du tribunal de commerce.
Cassagnole Jean-Claude, maire de Domme.
Castagnau Jean-Claude, maire de Vézac.
Cayla Jean-P., président de la Main Forte.
Cazeau Bernard, ancien président du conseil général, sénateur.
Chambon Laurent, directeur d'hôtel, négociant en truffes.
Champou Franc, cafetier sarladais, conseiller municipal.
Chanquoi Pierre-Henri, éleveur à Grèzes, responsable syndical agricole.
Chanteloube Thierry, négociant en truffes.
Chapoulie Alain, boucher.
Chatenoud James, ex-directeur de France Tabac, président de l'Association interprofessionnelle du Sarladais.
Chaulet Laurent, syndicaliste CGT à Euralis-Rougié.

Chaumard Isabelle, ex-agent du conseil général ; dénonce des pratiques répréhensibles à plusieurs niveaux du conseil général (2013).
Chaumel Jean-Marie, maire de Saint-Vincent-de-Cosse.
Chavatte Guillaume, loueur de vélos.
Chemin Laurent, directeur de Manpower Sarlat (2011).
Chopard Thierry, ancien commandant de la compagnie de gendarmerie de Sarlat.
CHRISTIAN Dominique, ancienne sous-préfète de Sarlat.
Cloup Etienne, commerçant et conseiller municipal à Sarlat ; élu à la CCI.
Cluzel Etienne, entrepreneur du Sarladais.
Colardeau-Trichet Sophie, adjointe au maire de Sarlat, entrepreneuse.
Colbac Francis, maire de Trélissac, coprésident du SMD3.
Colomy Philippe, président de la Fédération nationale des loueurs de canoë-kayaks professionnels (2012).
Commarque (de) Hubert, propriétaire du château de Commarque.
Constant Jean-Baptiste, ancien sous-préfet de Sarlat.
Coq-Lefrancq Hélène, architecte, conseillère municipale de Sarlat.
Cora Laurent, président d'Itinérance.
Coudoumié Jean-Pierre, maire de Saint-Martial-de-Nabirat.

Courrèges-Clercq Pierre, secrétaire général de l'UD FO.
Crouzille Jean-Philippe, patron sarladais, ancien conseiller municipal, ancien président du FCSMPN.
Cuvillon Michel, Calviacois, rédacteur du *Poil à gratter gratuit*.

D.
Dain Rebecca, employée de la Maison de l'emploi du Périgord Noir.
Davezac Amélie et Charlotte (filles) et Guillaume (père), production de safran à Saint-Cybranet.
De Coster Emmanuel, expert-comptable.
De Coster Muriel, ancienne maire d'une commune du Val-d'Oise, membre du Rotary-club Sarlat-Périgord Noir.
Dejean, propriétaire d'un camping à Castelnaud-La Chapelle.
Delafollye Elise, ancienne chargée de mission au Pays du Périgord Noir.
Delage Bernard, ex-journaliste retraité, dirigeant d'Itinérances.
Delage Fabienne, ex-employée municipale de Sarlat. Ex-présidente de l'Association des œuvres sociales du personnel communal de Sarlat.
Delage Franck, journaliste sarladais.
Delaigue Nathalie, patronne du magasin Yves Rocher de Sarlat ; dirigeante d'AVenir Sarlat.
Delbourg Pierre, propriétaire du supermarché E.Leclerc de Sarlat.

Delcamp Marie-Odile, maire de Gourdon.
Delibie Didier, maire de Marquay, président de la Caisse locale du Crédit Agricole.
Delibie Jean-Claude, propriétaire d'hôtel, ex-président du Club hôtelier du Pays de Sarlat (Hotels Collection Sarlat Dordogne Perigord).
Delmon Louis, ancien maire de Sarlat de 1973 à 1989.
Delmon Pierre, maire de Terrasson, industriel.
Delpech, famille d'imprimeurs éditant le journal *L'Essor Sarladais*.
Delrieux Benjamin, conseiller régional, apiculteur.
Demoures Philippe, curé de Sarlat.
Deroche Michèle, responsable de l'AIS.
Diboine Olivier, directeur du Carrefour market de Sarlat.
Doursat Jean-Pierre, maire de Marcillac-Saint-Quentin, agriculteur.
Droin Jean-Fred, conseiller départemental et municipal de Sarlat.
Druillole Matthieu, cadre du Parti socialiste et du conseil départemental.
Dubernat Bernadette, présidente d'Inner Wheel Sarlat (2016).
Dubois Jacqueline, députée de la circonscription du Périgord Noir.
Dubois Jean-Pierre, producteur fermier de foie gras à Paulin.
Dubois Jean-Pierre, maire de Salignac-Eyvigues.
Dubos Patrick, huissier de justice à Sarlat.

Dubost Frédérique, ancienne procureure de la République de Bergerac.
Dufour Sarah, animatrice en santé publique à l'hôpital de Sarlat.
Duneau Michel, ancien industriel, amateur de peinture et de danse.
Duret Charles, artisan à Domme. Président de Valoris'Art (2013).
Dutard Francis, ancien conseiller général de Saint-Cyprien et ex-maire de Meyrals.
Duval Franck, directeur du Sictom du Périgord Noir, adjoint au maire de Sarlat.

F.
Faujanet Gérard, responsable socialiste de Sarlat ; commerçant.
Faugère Gisèle, ex-responsable d'une agence de voyage à Sarlat ; élue municipale.
Faure Claudine, présidente de la MSA 24/47, maire de Lacropte.
Fauvel Christophe, de Bergerac, président de la CCI et du Medef Dordogne puis Aquitaine dès 2016.
Fenaux Daniel, ex-directeur du service Economique du conseil départemental de la Dordogne.
Fernandes Pierre, responsable de l'antenne du Périgord Noir de Dordogne Habitat.
Flaquière Maryline, commerçante dans le centre de Sarlat ; conseillère départementale.
Flaquière Vincent, maire de Simeyrols.
Fontaliran Nathalie, conseillère régionale LR.

Francès Yannick, agriculteur, responsable syndical.

G.
Gauthier Thierry, entrepreneur sarladais.
Gayant René, commerçant et propriétaire sarladais.
Gayerie Magalie, agricultrice, syndicaliste agricole ; de Saint-Rabier.
Gazard-Maurel, agriculteur, responsable d'organisation agricule (FDCuma 24).
Genson Charles, ex-directeur commercial à Euralis-Rougié.
Germain Alain, producteur de foie gras, Turnac, Domme.
GILBERT Agnès, attachée de communication de la Papeterie de Condat (2013).
Girardi Laurent, patron de magasins d'informatique à Sarlat ; membre d'AVenir Sarlat.
Gombert Xavier, ex-directeur de la coopérative Sarlat Périgord foie gras ; désormais coresponsable d'une brasserie artisanale à Vézac.
Gomez Emilien, ex-journaliste en Sarladais.
Granger Jean-Philippe, président de la chambre d'agriculture.
Gratadou Frédéric, salarié de Suturex & Renodex, responsable FO.
Gravier Christophe, directeur du Comité départemental du tourisme.
Grenaille Alain, militant écologiste sarladais.
Grezis-Farfal Christine, directrice de Trait d'Union, association d'insertion à Sarlat.

Guibert Anne, directrice de la Mission locale du Périgord Noir.
Guirardel Henri, ancien président de l'Amicale laïque de Sarlat.
Guy Ghislaine, responsable d'une agence intérim. Membre de l'AIS.

I, J.
Inizan Frédéric, ancien élu écologiste de Sarlat.
Jalal Noureddine, radiologue et commerçant sarladais.
Jalès Rémy, maire de Cénac-et-Saint-Julien.
Janicot Monique, directrice territoriale 24 de l'Agence régionale de Santé.
Jardel Vincent, commerçant sarladais.
Jaubertie Eric, directeur général de l'Apajh du Périgord Noir.
Joudou Yves, directeur général adjoint du Conseil départemental, infrastructures, transport.

K.
Kervaut Sophie, commerçante sarladaise, membre d'AVenir Sarlat.
Kusters Gé, hôtelier de plein air à Saint-Léon-sur-Vézère, président du Syndicat de l'hôtellerie de plein air de la Dordogne.

L.
Labarbe Thibault, responsable de l'antenne de Sarlat de la CCI.

Laforcade Michel, directeur général de l'Agence régionale de Santé Nouvelle-Aquitaine.
Lagarde Philippe, maire des Eyzies-de-Tayac-Sireuil.
Lagoubie Vincent, pharmacien sarladais, membre d'AVenir Sarlat.
Lagrange Jocelyne, ancien maire de Domme.
Lajugie Michel, conseiller départemental de Salignac, ancien agriculteur.
Landat Gérard, commissaire aux comptes.
Lapié Jean-René et Virginie, propriétaires de la charcuterie Vaux. Membres d'AVenir Sarlat.
Laquièze Jean-François, agent immobilier à Saint-Cyprien, membre du Rotary-club.
Lasfargue Francis, photographe et élu sarladais.
Lauvie Michel, correspondant local de *L'Echo*.
Laval Christian, agriculteur, président de l'Association foncière pastorale libre entre Céou et Quercy.
Laval Jean-Marie, ex-responsable de l'antenne du Périgord Noir de la chambre d'agriculture.
Lavelle Pierre, président honoraire de l'Association mandataire judiciaire du Périgord.
Lavergne Pascal, ex-patron des établissements Lavergne.
Lavialle, ex-maire de Belvès, président du Foyer du Bercail de la Barde.
Lebas Pierre, responsable de la production à Suturex & Renodex.

Lebon Alain, Marcillacois, président de l'Association des chambres d'hôtes du Sarladais.
Le Barbier Claudine, ancienne maire, conseillère générale et régionale de Belvès.
Leclaire Jacques, président du Festival des jeux du théâtre de Sarlat, ancien propriétaire d'hôtels.
Lefebvre Thierry, directeur de l'hôpital de Périgueux/Lanmary/Sarlat/Domme.
Le Goff Anick, conseillère municipale de Sarlat.
Leguay Irène, infirmière et syndicaliste.
Léon Alexandre, directeur de l'Association foie gras du Périgord.
Leuger Alain, expert-comptable.
Libson Mathieu, secrétaire général de la sous-préfecture de Sarlat.

M.
Maceron Pierre, ex-syndicaliste et militant politique, responsable d'une association de Résistants et Amis.
Magnanou Christophe, ancien commandant des sapeurs-pompiers de l'arrondissement de Sarlat.
Magnanou Nicolas, syndicaliste CGT à Euralis-Rougié.
Maillot Antoine, directeur logistique à Suturex & Renodex (2016).
Malaurie Christian, patron de Traditions du Périgord.
Manet Christophe, professeur de commerce vente au lycée Pré-de-Cordy.

Manet-Carbonnière Nathalie, maire de Valojoulx, conseillère départementale.
Manière Clotilde, chargée de clientèle Adie, association de microcrédit.
Margat Marie-Louise, adjointe au maire de Sarlat chargée du Social.
Mariaud Eric, ancien directeur territorial ERDF Périgord.
Marillesse Christophe, ancien directeur du centre hospitalier de Sarlat.
Marseille Emmanuel, directeur d'Agrobio Périgord.
MARTIN Patrice, directeur général des services de la mairie de Sarlat.
Martinat Armelle et Jean, propriétaires de l'hôtel Le Montaigne à Sarlat.
Martinet Jean-François, élu de Sainte-Nathalène, responsable d'une association d'usagers du train en Périgord.
Marty Jean-Claude, ancien maire de Bézenac.
Marty Nicole, présidente de l'Association du Comité de défense de l'hôpital public et de la maternité de Sarlat.
Marty Sylvain, directeur du SMD3.
Massèdre Dominique, propriétaire de chambres d'hôtes, présidente de l'Office de tourisme Terre de Fénélon.
Masset Christophe, ancien commandant de la compagnie de gendarmerie de Sarlat.
MATHIEU Laurent, maire de Montignac.

MATHIEU Pascal, directeur du Foyer de la Barde, maire de Prats-de-Carlux.
Melot Philippe, premier adjoint au maire de Sarlat, président du Sictom du Périgord Noir.
Mercier Jean-Claude, patron sarladais.
Mérillou, bijoutier et commerçant sarladais.
Mertz Roland, ancien pâtissier sarladais.
Mesturoux Philippe, directeur délégué du lycée Pré-de-Cordy.
Meunier Jean, ancien combattant ; responsable du piégeage.
Meynier Patrick, ancien président de la Chambre de Métiers et de l'artisanat.
MICHEL Francis, responsable administratif du Festival des jeux du théâtre et du club hôtelier de Sarlat.
MICHEL Thomas, maire de Saint-Pompon, ancien président de la CC Domme/Villefranche.
Minard Claire-Lise, gérante d'un camping à Proissans.
Mizrahi Alexandre, patron de Kpar3.
Mokhtar Mickaël, assureur à Sarlat. Membre du BNI, association de mise en relation d'entrepreneurs.
Molène Ibrahim, président de l'Association des musulmans du Sarladais, agriculteur.
Mollet Jean-Marc, ex-patron du Bricomarché de Sarlat.
Monribot Karine, ancienne présidente de l'association de commerçants Cap Sarlat.

Montet Jean-Luc, responsable financier de la mairie de Sarlat et de la CC Sarlat-Périgord Noir.
Moreno Cyril, inspecteur du travail et militant syndical.
Muhlach-Chen Gilles, directeur du Pôle international de la préhistoire aux Eyzies.
Musset Bernard, ancien sous-préfet de l'arrondissement de Sarlat.

N.
Naillon Jean-Marc, professeur, ancien président d'un syndicat apicole.
Negrevergne Jérôme, cafetier sarladais, membre de l'association de commerçants AVenir Sarlat.
Nouvel Roger, ancien inspecteur d'académie et président d'honneur de l'Apajh du Périgord Noir.

O.
Obré Jean-Claude, président de l'Apajh du Périgord Noir.
Odendall Marc, financier, proche conseiller du pape.
Ozil Dominique, ancien directeur de la plateforme Courrier de Sarlat.

P.
Panetta Corine, ancienne présidente du tribunal de grande instance de Périgueux.
Parnière Jean Claude, ex et ultime conservateur des hypothèques du centre des finances publiques de Sarlat.

Passerieux Alain, maire de Beynac-et-Cazenac.
Paturle Fabrice, négociant commercial dans l'agroalimentaire. Ancien correspondant local de *Sud Ouest*.
Pauliat Jacques, ancien secrétaire général de l'UD FO 24.
Pautiers Patrick, correspondant local de *L'Echo*.
Peiro Germinal, ancien député de la Dordogne, prés, dent du conseil départemental de la Dordogne.
Peiro Jean-Manuel, agent immobilier.
Peretti (de) Jean-Jacques, maire de Sarlat, président de la CC Sarlat-Périgord Noir, ancien ministre.
Perez Hervé, directeur de Porgès-Coloplast.
Perusin Jean-Michel, géomètre, maire de Sainte-Nathalène, vice-président de la CC Sarlat Périgord Noir chargé de l'urbanisme.
Peyrat Jérôme, énarque, maire de La Roque-Gageac, président de l'Office de tourisme Sarlat-Périgord Noir.
Picard Bruno, musicien et artiste de rue sarladais.
Pinquier Sylvie, chef greffière du Tribunal d'instance de Sarlat.
Pistolozzi Brigitte, conseillère départementale secteur Domme Belvès Villefranche.
Piveteau François, ancien directeur d'Euralis Périgord.
Planche Bernard, négociant en truffes.
Platon Nicolas, directeur du service Communication du conseil départemental.
Plaud Alain, responsable du service Economie à la chambre d'agriculture.

Pomarel Jean-Pierre, propriétaire des murs de Carrefour Market et de la zone commerciale La Croix Rouge.
Pons Patrick, charpentier de Carlux.
Pouquet Alain, président du Syndicat de défense de la noix du Périgord.
Possamaï, propriétaire de magasins et du centre commercial du Pontet.
Purseigle François, sociologue spécialiste de l'agriculture.
Pustelnik Guy, directeur d'Epidor, établissement public de bassin de la rivière Dordogne.

Q, **R.**
Quaillet Sylviane, écologiste, conseillère départementale suppléante.
Raulet Jean-Luc, responsable du pôle Social de la mairie de Sarlat et de la CC Sarlat-Périgord Noir.
Raynaud Jean-Pierre, agriculteur, vice-président du conseil régional, de Rouffignac.
Rejou Patrick, technicien truffe à la chambre d'agriculture du Lot.
Rekkas Bouahlem, directeur de l'Office de tourisme Sarlat-Périgord Noir.
Rilievo Alain, agriculteur de Daglan, élevage de veaux en bâtiment.
Rilievo Christophe, major, commandant la brigade de gendarmerie de Sarlat.
ROBERT Didier, patron du garage Renault Sarlat.

Roche Sandra, de La Roque-Gageac. Coordinatrice d'Avenir Sarlat.
Rol David et Jean-Michel, entreprise de fraisage à Sarlat.
Rond Patrick, entrepreneur du BTP de Sarlat.
Rossillon Kléber, propriétaire de sites touristiques dans la vallée de la Dordogne.
Rougié Alain, fils de Jean Rougié, ex patron de Rougié.
Rougié Jean, ancien patron d'une entreprise de transformation de foie gras. Mort en janvier 2013.
Roulland Jean-Jacques, trufficulteur, organisateur de la fête de la truffe à Campagnac-lès-Quercy.
Roulland Jean-Luc, président de la MFR de Salignac.
Rouquie Bertrand et Marie, producteurs et transformateurs de lait à Sainte-Nathalène.
Rousseau Dominique, ancien maire PS de Bergerac, directeur de l'association Soleil et santé Dordogne.
Roussel François, coprésident du SMD3 ; maire de Neuvic (droite).
Rousselot-Soulière Anne, directrice déléguée de l'hôpital de Sarlat.
Roux Gérard, analyste de la banque de France de Périgueux.
Roux Viviane, secrétaire de la section PCF de Terrasson (2012).
Royère Remy, patron de Sarlat travaux publics.

S.
Saint-Exupéry (de) Angélique, propriétaire des Milandes.
Salinié Patrick, maire de Saint-André-Allas, vice-président de la CC Sarlat-Périgord Noir.
Scherpereel Sylvain, ancien chargé de mission au Pays du Périgord Noir.
Secondat François, patron du Cellier du Périgord.
Secrestat Benoit, ancien secrétaire fédéral du PS, maire de Proissans..
Sermadiras Patrick. Propriétaire des jardins d'Eyrignac.
Sibé Séverine, ancienne présidente du tribunal d'instance de Sarlat.
Simoes Maryvonne, présidente de Trait d'Union.
Simon Jean-Paul, maire de Savignac, ex entrepreneur de restauration du bâti ancien.
Six Christian, artisan, maire de Saint-Cyprien.
Souillac Bernard, ancien patron des établissements Souillac, à Sarlat.
Soulhié Gérard, ancien maire de Vitrac, professionnel du tourisme.
Suire Frédéric, directeur de l'organisme de formation Agir Concepts !

T.
Tabanou Eric, directeur de l'usine France Tabac.
Teillac Gérard, agriculteur, président du Comité régional de développement agricole du Périgord Noir.

Tétu Matthieu, commandant de la compagnie de gendarmerie de Sarlat.
Theil Roland, président de l'Amicale laïque de Sarlat.
Thibal Maziat Alain, président de la CAF de la Dordogne (2014).
THOMAS Jean-Sylvain, producteur de foie gras d'oie à Prats de Carlux, président de la coopérative Sarlat Périgord Foie gras.
Tisserand Thérèse, présidente de l'association du service d'aide à domicile du Sarladais.
Touchaleaume Gérard, ancien responsable de l'antenne de Sarlat de la chambre de métiers.
Touron Jean Max, patron de plusieurs sites touristiques en Dordogne et dans le Lot.
Trichet Xavier, patron de la Coverpa.
Tripied Laurent, chef d'entreprise du Sarladais, créateur de Kpar3 et de Bziiit.
Troquereau Thierry, directeur d'une agence Crédit agricole à Sarlat.

V.
Valette Jacques, patron des Foie gras Valette.
Valette Marie-Pierre, adjointe au maire de Sarlat, chargée de l'économie.
Valls Joaquin, directeur de Suturex & Renodex.
Vanière Julien, adjoint au maire de Sarlat chargé du numérique.
Varlet Jean-Claude, ancien chef du centre d'incendie et de secours de Sarlat.

Vary François, délégué syndical CGT Coloplast.
Vaunac Françoise, gérante d'une société de location de canoës-kayaks et dirigeante d'un syndicat professionnel.
Vaunac Michel, patron du BTP de Sarlat. Président du club de rugby CASPN.
Veaux Michel, animateur de Cédants et repreneurs associés.
Vedel François, responsable de la filière tabac, basé à Paris.
Veyret Katia, directrice de la communication de l'Office de tourisme Sarlat-Périgord Noir.
Veyssière Florian, boulanger à Sarlat.
Vialle Arnaud, patron du cinéma Rex, membre d'AVenir Sarlat.
Vialle Maïté, ancienne patronne du Rex ; organisatrice de festivals ésotériques.
Vidilles François, directeur de la Maison de l'emploi du Périgord Noir.
Villefer Frédéric, dirigeant d'une laiterie à Saint-Cyprien et opposant du maire Christian Six.
VINCENT René, président de l'association de défense des victimes de l'amiante Cerader 24.

W, Z.
Windhausen Jan Paul, fleuriste.
Zamperini Christian, patron d'un restaurant au Buisson ; membre de l'Umih et de la CGPME.
Zinamsgvarov Nicolas, directeur de cabinet du maire de Sarlat.

Une remarque ? Une critique ?
Une suggestion ? Une information ?
Une précision ?

Si vous souhaitez contacter l'auteur :
Guillem Boyer guillemboyer52@yahoo.fr
Egalement via Facebook ou Twitter (@guillemsarlat).
Blog : impressons.over-blog.com
Téléphone : 06 80 85 57 85

Couverture. Quelques acteurs de l'économie du Sarladais.
De gauche à droite et de haut en bas : Joaquin Valls, Etienne Aussedat, Jean-Jacques de Peretti, Germinal Peiro, Hervé Perez, Jérôme Peyrat, Virginie Lapié, Thierry Gauthier, Didier Bourdet, Maryline Flaquière, Jacqueline Dubois, Philippe Melot, Magalie Gayerie, Franck Duval et Marie-Louise Margat.

www.ingramcontent.com/pod-product-compliance
Lightning Source LLC
Chambersburg PA
CBHW031918240526
45464CB00021B/19